U0462037

马克思主义研究译丛 典藏版

“十三五”国家重点出版物出版规划项目

马克思

MARX

[英]特瑞尔·卡弗(Terrell Carver)/著
刘建江 王 晶/译

中国人民大学出版社
·北京·

马克思主义研究译丛 典藏版

编委会

总　序

“马克思主义研究译丛”问世已逾十五个春秋，出版著作数十种，应当说它已经成为新世纪我国学术界有较大影响的翻译介绍国外马克思主义最新成果的大型丛书。为适应我国哲学社会科学繁荣发展的新形势，特别是满足马克思主义理论研究和教学的迫切需要，我们将继续加大这套丛书的翻译出版力度。

“译丛”在不断成长壮大，但初衷未改，其直接目的是为国内学术界乃至整个思想文化界翻译介绍当代国外马克思主义研究的最新成果，提升我国马克思主义理论研究水平，并推动建构有中国特色的哲学社会科学体系，包括学科体系、教学体系和话语体系等；而根本目的是借鉴当今世界最新文明成果以提高我们民族的理论思维水平，为实现中华民族伟大复兴的中国梦乃至推动人类文明进步事业提供思想资源和理论支撑。

“译丛”的鲜明特征是与时俱进。它站在巨人的肩上不断前行。改革开放后，我国学者翻译介绍了大量国外马克思主义研究成果，特别是徐崇温先生主编的“国外马克思主义和社会主义研究丛书”等，将20世纪国外马克思主义的主要理论成果介绍到国内，对推动我国学术研究发挥了巨大作用。20世纪末，特别是进入21世纪后，世界格局出现重大转折，国外马克思主义研究也随之发生了很大变化，形成了一大批新的研究成果。我们这套丛书的使命，就是要在前人工作的基础上，继续进行跟踪研究，尽快把这些新的思想成果介绍到国内，为人们研究有关问题提供参考。

我们所说的“国外马克思主义”是“世界马克思主义”的一部分。“世界马克思主义”有广义和狭义之分。广义的“世界马克思主义”是指自 1848 年马克思恩格斯发表《共产党宣言》以来的所有马克思主义，既包括经典马克思主义，也包括中国的马克思主义以及其他国家的马克思主义。狭义的“世界马克思主义”则是中国学者通常指称的“国外马克思主义”，即马克思、恩格斯、列宁等经典作家之后的中国以外的马克思主义。

160 多年来，世界马克思主义对人类社会的发展产生了巨大影响，不仅在实践上改变了世界格局，而且在思想文化上影响深远。仅从思想文化角度看，其影响至少表现在五个方面。第一，它是当今世界上最大的话语体系。如“经济—政治—文化”“生产力”“经济结构”“资本主义”“社会主义”等，已经成为世界通用的概念。不管人们是否赞同马克思主义，都离不开马克思主义的概念和分析方法。第二，它影响并带动了世界上一大批著名学者，包括卢卡奇、葛兰西、哈贝马斯、沃勒斯坦等。正是这些思想家在引领世界思想潮流中发挥着不可替代的积极作用。第三，它深刻影响了当今世界各国的哲学社会科学，包括哲学、经济学、社会学、政治学、法学、新闻学等。第四，它深刻影响了世界各国的社会思想文化和制度文化，包括文学、艺术、新闻、出版、广播、影视以及各种具有社会主义性质的制度文化。第五，它深刻影响了世界各国的大众文化，包括大众语言、生活节日，如三八国际劳动妇女节、五一国际劳动节、六一国际儿童节等。应当说，在当今世界上，马克思主义已经深入人类文明的方方面面。

160 多年来，世界马克思主义本身也在发生着巨大变化，从资本主义一统天下局面下的经典马克思主义发展到社会主义和资本主义两种制度并存局面下多种形态的马克思主义。20 世纪以来，在资本主义国家，先后出现过社会民主主义模式的马克思主义、与苏联模式相对应的“西方马克思主义”，以及近几十年来出现的“新马克思主义”“后马克思主义”等；在社会主义国家，则先后形成了苏联模式的马克思主义、中国化的马克思主义，以及其他各具特色的马克思主义。

尽管世界马克思主义形态纷繁多样，但其基本的立场、观点、方法和价值指向是相同的，这就是在资本主义向社会主义转变的历史大潮中不断批判资本主义，寻找替代资本主义的更好方案，探索社会主义发展的正确道路。中国作为当今世界上最大的社会主义国家，同时也是最大的马克思主义理论翻译和研究大国，认真研究借鉴当代国外马克思主义的最新成果，对于推进中国特色社会主义事业和人类文明进步事业，都具有十分重要的意义。

世界潮流，浩浩荡荡。进入 21 世纪以来，中国的发展一日千里，世界的变化日新月异。全球发展中的机遇与挑战、中国发展中的成就与问题，都在不断呼唤马克思主义的理论创新。

从世界范围来看，全球化的深入推进、信息技术的广泛应用促使人类社会发展进入了一个全新的时代。同时，以中国为代表的新兴经济体的迅速崛起，以及世界各具特色的社会主义的新一轮发展，正在引发世界格局的重大变化。这些都为马克思主义、社会主义的发展提供了极好机遇。同时，也应当看到，尽管今天的世界是"一球两制"，但资本主义仍然占据主导地位，社会主义主导人类文明的时代尚未到来。时代的深刻变化向人们提出了一系列亟须回答的重大课题。比如，究竟应如何定义今天的时代？对此，国外学者给出了各种答案，诸如"全球化时代""后工业时代""信息时代""后现代社会""消费社会"等。又如，随着经济全球化、政治多极化和文化多元化的深入推进，人类世界交往的深度和广度都远远超越了以往任何历史时代，由此引发一系列全人类性的问题。如全球经济均衡发展、国际政治民主化、生态环境保护、人的全面发展、后现代状况、后殖民状况、多元文化、世界体系重构、全球治理等问题，越来越受到国际社会的普遍关注，也越来越多地进入思想家们的理论视野。近些年来，随着中国的发展以及资本主义世界金融危机的普遍爆发，马克思主义、社会主义又重新焕发生机，并受到世人的广泛关注。《共产党宣言》《资本论》等马克思主义经典著作又引发世界思想界乃至社会大众新一轮的研究热潮，特别是对"中国模式"的研究方兴未艾。关于社会主义、资本主义以及二者关系问题，马克思主义经典文本等的研究仍然是当代国外左翼学者普遍关注的问题。所有这些问题以及国外学者所做出的回答，都从不同方面反映了人类社会发展的时代潮流。了解这些思想潮流，有助于我们认识、研究当今中国和世界发展的问题。

从中国现实来讲，随着改革开放的深入进行，中国经济社会的发展突飞猛进，国际地位空前提高。中国正在逐步从世界舞台的边缘向中心迈进。中国化的马克思主义理论成果也不断推出。随着中央组织实施的马克思主义理论研究和建设工程不断向纵深发展，我国的理论研究与改革开放实践进程交相辉映，这使我国哲学社会科学在理论与实践、历史与现实、国内与国际、研究与教学的结合上愈加深入，愈加科学，愈加丰富，愈加具有实践性、时代性和民族性。中国思想界从来没有像今天这样朝气蓬勃而又富有创造精神。然而，也应当看到，我国的现代化建设还面临各种困难与问题、风险与挑战，如社会不公、贫富分化、权力腐败、物质主义泛滥、人文精神失落、生态环境破坏等。为解决这些发展中的突出问题，中央提出了“四个全面”战略布局、“五大发展理念”等。要把这些发展的新理念、新思想、新战略等变为现实，还需要做深入的研究。这是我们理论研究面临的首要任务。再者，我国这些年的经济社会发展成就斐然，但国际话语权还很小，这是制约我国走向世界的关键。中华民族要实现伟大复兴的梦想，就必须在未来世界文明的舞台上有所作为，不仅要解决好自己的发展问题，还要关注人类的命运。这就需要站在世界潮流的高度看问题，特别是要把握和处理好社会主义与资本主义的关系，既要做好社会主义与资本主义长期并存、相互影响的准备，又要培养担当精神，主动引领世界文明的发展，为构建人类命运共同体，最终实现社会主义新文明对资本主义旧文明的超越，做出我们中华民族的新贡献。而要赢得世界的话语权，乃至引领世界文明潮流，就需要认真总结人类现代文明发展的经验，特别是要总结中国特色社会主义建设的经验，把这些实践经验上升到思想理论和学术研究的高度，形成一套现代化的国内外人们普遍认同的价值理念、思维方式、话语体系、学术体系、学科体系等，使之能够进入世界各国的学术研究领域、教学教材体系乃至变成大众的生产生活方式。正是在这样的背景下，中央提出了构建有中国特色的哲学社会科学体系的历史任务。

作为 21 世纪的中国学者，要承担时代赋予我们的使命，就必须始终站在学术前沿，立足中国，放眼世界，不断汲取人类一切优秀的思想学术成果，以丰富自己的头脑，创新马克思主义理论，为推进中国和世界的发展提供理论智慧。

正是出于上述考虑，我们力求站在世界潮流发展的高度，结合我国现代化建设和理论研究的实际，从国外马克思主义研究的最新成果中选择有时代性、创造性、权威性、建设性的作品，译介给我国读者。这应当说是“译丛”选题的基本原则。

至于选题的内容，主要包括以下四个方面：一是有关基础理论研究成果，即关于马克思主义经典文本和思想发展史的研究成果，如关于马克思恩格斯的文本、基本观点及其发展历程的研究成果，关于国外马克思主义发展史的梳理分析，以及马克思主义中国化的研究成果，等等。这些成果的翻译引进可以帮助我们更加深入地研究马克思主义经典著作，推进马克思主义基本理论和马克思主义发展史、传播史的研究。二是有关重大理论问题研究成果，即关于人类社会发展历史、规律和未来趋势方面的新成果，如关于社会主义的发展、资本主义的走向、人类文明转型、现代性与后现代性等的研究成果。这有助于我们科学把握人类社会发展的规律、现状和趋势，推进马克思主义基本理论的创新与发展。三是有关重大现实问题研究成果，如关于经济全球化、政治民主化、生态问题、后殖民主义、文化多元主义、人的发展问题、共享发展问题等的研究成果。这有助于我们回答和研究一系列重大社会现实问题。四是海外有关中国道路、理论、制度的研究。这是近些年来国外学术界研究的新亮点，也应当成为我们这套丛书的新亮点。翻译介绍这些成果有助于我们了解国际思想界、学术界乃至国际社会对中国改革开放和现代化建设的认识，从而有助于加强与国际学术界的交流互鉴，提升我们在国际学术界的话语权和影响力。除了这四个方面之外，其他凡是有助于马克思主义研究的新成果，也都在选题之列。当然，由于所处的社会文化环境不同，国外学者的思想认识与我们的观点不尽相同，也不一定完全正确，相信读者会用科学的态度对这些思想成果进行甄别和借鉴。

为更好地完成丛书的使命，我们充实调整了顾问与编委队伍。邀请国内著名的世界马克思主义研究专家作为丛书顾问，同时，邀请国内一批著名的专家学者作为编委，还适当吸收了青年学者。这些学者，或精通英语、德语、法语、日语，或对某一领域、学派、人物等有专门研究，或对国内某一地区、某一方面的研究有一定的权威性。有这样一支语种齐全、研究面广、代表性强的老中青队伍，加之广大学者的积极支持，我们有信心把丛书做得更好。

“译丛”自2002年问世以来，得到我国学术界乃至社会各界同人的广泛关注和大力支持。其中有的译作在社会上产生了较大影响，对推进我国马克思主义理论学科建设发挥了积极作用。这套丛书还日益受到国际学术界的重视，不少国际著名学者表示愿意将自己的新作列入丛书。为此，要衷心感谢所有关心、帮助、支持和参与丛书工作的朋友！需要说明的是，由于这方面的研究成果很多，而我们的能力有限，只能有选择性地陆续翻译出版，有考虑不周或疏漏乃至失误之处，也请大家鉴谅。希望新老朋友们继续为丛书推荐书稿、译者，继续关心、支持我们的工作，共同为繁荣发展我国哲学社会科学和理论研究事业奉献智慧与力量。

杨金海

2016年6月16日

于北京西单

献给（目前）我的六个（外）孙子女

致　谢

非常感谢我的学生和同事这么多年来为这本书的写作所做出的巨大贡献，正是由于他们无私的帮助，这本书的写作过程才变得如此有趣。同时，衷心地感谢为本书最终定稿做出很大贡献的两位兢兢业业的审稿人。最后，特别感谢政治出版社（Polity Press）那个认为，（对于马克思）我“可能有（很多）话要说”的乔治·奥厄斯（George Owers）编辑。

译者前言

人们常说翻译是件费力不讨好的事情，是在给别人做嫁衣，但我却乐此不疲，或许是由于作者的思想魅力使然，又或许是因为自己“盲目自信”之故，我在攻读博士学位期间就向特瑞尔·卡弗承诺自己将在一年内将此书翻译完毕并介绍给中国读者。好在功夫不负有心人，我没有辜负作者对我的信任。记得和卡弗教授相识是在加拿大约克大学（York University）举办的纪念《资本论》第一卷出版 150 周年的国际学术会议上，在会议期间，我的合作导师 Daniel Goldstick 向我引荐了卡弗教授。在得知我对其新著《马克思》非常感兴趣，并且有意将它介绍给中国读者时，卡弗教授欣然答应授权给我翻译他的著作，并在此后积极地帮助我拿到了出版社的翻译授权。

在译著即将付梓之际，我想感谢卡弗教授对我的信任、鼓励和帮助。在翻译的过程中，每当我遇到困难或对其思想把握不准的时候，卡弗教授都不厌其烦地通过电子邮件和 Skype 向我答疑解惑。在本书中，作者的主要用意在于将马克思描述为一位参与日常政治活动的“实践者”，而不是一位仅仅给后人留下思想的“思想者”。以一些主要的政治学概念为关键词，作者向我们系统而详尽地阐释了马克思的主要政治思想，为我们刻画了一个不同的全新的政治马克思的形象。需要注意的是，本书中所使用的“激进主义”（activism）和“激进分子”（activist）等词，与一般意义上的贬义词“激进”不同，它意在阐明马克思政治思想所强调的政治实践和行动主义。需要特别指出的是，本书的所有观点也谨代表作者本人的观点。

此书译者刘建江系华中科技大学马克思主义学院讲师，王晶系华中农业大学马克思主义学院讲师。

刘建江

2020年1月10日于武汉喻家山

中文版序言

我非常高兴能将拙著，即由政治出版社于 2018 年 1 月出版的《马克思》介绍给中国读者。我也非常感谢本书的译者刘建江先生和王晶女士所付出的辛勤劳动。自 1978 年实行改革开放以来，中国的经济增长和社会发展速度非常惊人，这与马克思和恩格斯在《共产党宣言》中所说的“仿佛用法术从地下呼唤出来的……”① 如出一辙。我非常有幸于 2005 年第一次造访中国，并在此后的多次造访中见证中国所发生的巨大变化。

毫无疑问，马克思和恩格斯的著作是中国政治思想的重要部分，也是探讨关于中国现在和未来政治的重要组成部分。我非常荣幸能向中国学者和学生介绍我对马克思和恩格斯政治思想的粗浅之见。我也非常期待聆听各位专家和读者的批评意见。可以肯定地说，我在中国所经历和看到的公众参与和学术勤勉（intellectual diligence）的结合（于我而言）是一种激励。

我在本书中提及的“马克思”并不是迄今为止在全球范围内为人所普遍熟知的那个马克思。在本书中，我的叙述方式是将马克思描述为一位参与日常政治活动的“实践者”（do-er）而不是一位仅仅为后人留下思想的“思想者”。在我看来，马克思从来都不是一位职业哲学家、经济学家或理论家，而是一位左翼新闻工作者、国际运动组织者和优秀的社会评论家。本书围绕着我们今天在思考全球政治问题时所使用的和马克思所使用的一些相同概念（但以他自己的语言来呈现，并在他自己的创作语境中进行描

---

① 马克思，恩格斯．共产党宣言//马克思，恩格斯．马克思恩格斯文集：第 2 卷．北京：人民出版社，2009：36.

绘与理解）组织起来。这样，我们就可以把我们（现在对这些概念）的想法和他（对这些概念）的理解进行比较。最后，我希望本书能以积极的方式帮助人们重新理解马克思。

特瑞尔·卡弗

2018 年 10 月 29 日于英国布里斯托

目　录

马克思-恩格斯年表 …… 1
导言:另一个马克思 …… 4
第一章　使马克思成为马克思 …… 19
第二章　阶级斗争与阶级妥协 …… 37
第三章　历史与进步 …… 70
第四章　民主与共产主义/社会主义 …… 99
第五章　资本主义与革命 …… 125
第六章　剥削与异化 …… 151
跋 …… 179
附录　关于全集和经典形成的注释 …… 183
参考文献 …… 194
索　引 …… 203
译后记 …… 233

马克思-恩格斯年表

年　份	马克思	恩格斯
1818	5月5日①出生于普鲁士（今德国）莱茵省特里尔市	
1820		11月28日出生于普鲁士莱茵省巴门市（今德国贝尔吉施地区乌珀塔尔市）
1836	进入波恩大学	
1837		中学辍学，进入家族企业
1838	进入柏林大学	
1841	从耶拿大学获博士学位	在柏林服兵役并旁听大学课程
1842	在科隆为《莱茵报》撰稿	
1843	与燕妮·冯·威斯特华伦（燕妮·马克思）结婚；开始记笔记、做摘录和写评注（去世后以《黑格尔法哲学批判》② 为题发表）	

① 英文原文为8日。——译者注（全书脚注皆为译者所加，以下不再一一标注）

② 这部手稿没有马克思本人所加的标题。这个标题是编者依据马克思在《德法年鉴》上所发表的《〈黑格尔法哲学批判〉导言》一文，以及在《1844年经济学哲学手稿》的“序言”中的内容，给这部手稿冠以《黑格尔法哲学批判》这一标题的（马克思，恩格斯．马克思恩格斯全集：第3卷．2版．北京：人民出版社，2002：649－650注释1）。

续前表

年 份	马克思	恩格斯
1844	移居巴黎，继续写作手稿（去世后以《1844年经济学哲学手稿》① 为题发表）；与阿尔诺德·卢格（Arnold Ruge，1802—1880）合编《德法年鉴》杂志（其中收录和发表了他本人和恩格斯各2篇文章）	写作《英国工人阶级状况》；带着《国民经济学批判大纲》前往巴黎拜访马克思
1845	与恩格斯一起出版《神圣家族》；移居布鲁塞尔，并继续与恩格斯一起写作手稿（去世后被编入作为一部著作的《德意志意识形态》② 之中）	与马克思一起参观曼彻斯特
1847	出版《哲学的贫困》和《关于自由贸易的演说》	为共产主义者同盟（Communist League）起草文件
1848	（匿名）发表《共产党宣言》（简称《宣言》）；受革命政府邀请重返巴黎，之后移居科隆	与马克思一起创作《宣言》和创办《新莱茵报》
1849	移居伦敦	
1850	编辑《新莱茵报。政治经济评论》	在曼彻斯特经营家族企业
1851	写作《路易·波拿巴的雾月十八日》，并于1852年出版；开始为美国和其他一些报纸撰稿	协助马克思处理新闻工作和参考咨询事务
1857	回归大量的“政治经济学”研究［去世后以《政治经济学批判大纲》（*Grundrisse*）为题发表］	

① 这部手稿在马克思生前并未公开发表过，也没有马克思本人所加的标题。1932年，苏联出版的《马克思恩格斯全集》历史考证版第1部分第3卷以德文原文发表了这部手稿，并冠以标题《1844年经济学哲学手稿》（马克思，恩格斯．马克思恩格斯全集：第3卷．2版．北京：人民出版社，2002：664－666注释55）。

② 这部手稿（或者说著作）的全部内容（只有其中的部分内容在《威斯特伐利亚汽船》杂志上发表过）在马克思、恩格斯生前并未公开发表过，尽管他们曾多次为出版这部手稿在德国寻找出版商，但由于书报检查机关的阻挠，以及出版商对他们在这部手稿中所批判的哲学流派及其代表人物的同情，这部手稿最终未能出版。这部手稿也没有一个总的标题，其现在的题目（《德意志意识形态。对费尔巴哈、布·鲍威尔和施蒂纳所代表的现代德国哲学以及各式各样先知所代表的德国社会主义的批判》）源于马克思在1847年4月6日所发表的声明《驳卡尔·格律恩》中对这部手稿的称呼（马克思，恩格斯．马克思恩格斯文集：第1卷．北京：人民出版社，2009：805－808注释182）。

续前表

年　份	马克思	恩格斯
1859	发表“删节版”的《〈政治经济学批判〉序言》①	发表关于马克思《政治经济学批判。第一分册》的书评
1864	成立国际工人协会（International Working men's Association，IWMA）（并当选协会临时委员会委员）	
1867	出版《资本论（第一卷）》	发表关于马克思《资本论（第一卷）》的书评
1869		从商业中隐退，并移居伦敦
1871	发表《法兰西内战》	
1872	修订《资本论（第一卷）》（法文版）	
1875	写作“批评意见”（去世后以《哥达纲领批判》② 为题发表）	
1883	3 月 14 日于伦敦肯特什城逝世	发表《在马克思墓前的讲话》
1895		8 月 5 日于伦敦普林姆罗斯山逝世

① 这篇序言曾于 1859 年 6 月 4 日发表在伦敦出版的德文报纸《人民报》上，但发表时做了某些删节（马克思，恩格斯．马克思恩格斯全集：第 13 卷．北京：人民出版社，1962：699 注释 1）。

② 这部手稿（或者说著作）在马克思生前并未公开发表过。1891 年 1 月，恩格斯将这一手稿发表在 1890—1891 年《新时代》杂志第 9 卷第 1 册第 18 期，并写了序言（马克思，恩格斯．马克思恩格斯文集：第 3 卷．北京：人民出版社，2009：678-679 注释 211）。

导言：另一个马克思

1 自18世纪40年代初以来，卡尔·马克思的著作由于其多面性和多用性，就一直吸引着政治人士及其他各类读者［尽管在其有生之年（1818—1883），他的读者相对较少，且很少有名气］。他的第一批大众读者，是在19世纪末国际社会主义运动的党派背景下发展起来的。自此之后，从1917年俄国的布尔什维克革命（the Bolshevik revolution）直到1989年的“柏林墙倒塌”（the fall of the Wall），他在共产主义事业接班人的竞争者和国家结构中，一直占据着标志性的地位。20世纪的这种“马克思崇拜”现象以一种更为有限的方式延续至今，尽管现在大多已变得越来越边缘化，且越来越空洞和脆弱。所有这些在马克思逝世以后的现象（发展）当中，历史“真实的”马克思、肇始于他的各种马克思主义、作为运动旗帜的标志性的马克思，同马克思主义运动、领导者和国家中的现实政治之间的关系，一直是复杂的政治、意识形态和学术磋商与冲突的焦点。这些（冲突）过程包括冷战、铁幕①之间的大国对抗，可怕的大量的民族解放、革命、颠覆（活动）、干预和政权更迭，以及全球范围内的大量暴力。

然而，直到20世纪30年代后期，作为历史人物的马克思和他的学术遗产才开始引起广泛的、具体的和令人崇敬的学术兴趣。马克思——作为“伟大的思想家”和未来的革命家——在20世纪50年代被批评，60年代被复活，70年代被重构，80年代后期开始被后马克思主义者重新
2 解读。20世纪90年代以及21世纪以来，一些人认为，马克思是全球化的主要理论家，在全球性研究和国际政治经济学中占据着重要地位。在2008年的全球性金融和经济危机期间及之后，马克思（的名字）被激进

① 意指昔日西欧资本主义国家与中东欧共产党执政国家之间想象的屏障。

社群和社团、政治经济学家和大报新闻从业者广泛援引，甚至还被搬上了国际新闻杂志的封面，并在电视纪录片中展出。在过去 10 年间，主张后殖民主义和“去殖民主义”的学者们在如何看待马克思的问题上存在着明显的分歧：一方主张无可救药的（irremediably）欧洲中心主义、“白人文化”和西方化，另一方主张以全球性视野取代早期的殖民地剥夺和殖民附属策略。不管怎么说，以某种形式，或者某种方式，马克思回来了！

但是，作为一个世界性的政治参照点和大众文化中易于识别的形象，以及作为世界各地教育课程和学术辩论中的著名人物，马克思从来没有离去——尽管他曾试图（离开）——也永远不会离去。然而，鉴于他所处的那个时代的政治文化和统治制度早已消失，他必然会成为一个幽灵。或者更确切地说，他生活于其中的历史背景和生活经历的消失，导致了迄今为止人们（学者、评论家、广播员、媒体知识分子，以及马克思主义激进分子和警醒的反马克思主义者等）对其作品——包括他生前出版过的著作以及他逝世后遗留下来的卷帙浩繁的手稿材料——的不同阐释方式。虽然过去几十年间，他的作品确实获得了“自己的生命”，但读者所了解的关于马克思的生平和他们所不了解的，以及他们以为自己所了解的，总是在影响着他们对马克思的看法，这也是事实。而这反过来又会影响他们（希望从）与这位“伟人”及其作品的诠释性互动中所得出的结论。

关于马克思最基本的传记事实——生平、婚姻、死亡，青年时期的乐观主义、中年时期的艰辛、老年时期的痛楚——几乎是毫无争议的，但是，对于他在不同的传记叙事中出现的人生故事必然会产生争议。倘若马克思有一个学术职位（正如他在学生时代所期望的那样）并且著有一系列哲学、经济学或社会学（这一般是他的著作在图书馆的书架上或者虚拟分类系统中的分类方式）等方面的大部头巨著的话，那么，对于他的一生到底在做什么、他想让别人去完成什么等问题，就不会有这么多的争议了。作为一名学者的马克思，他的活动和生活经验之间，以及我们对他的看法和 3
对他的作品的接受之间，将会有一个更好的契合。他会独自坐在书房里，写下他认为值得被写下来的东西。但是，作为一名政治活动家——事实上是一个以毫不含糊的措辞蔑视未来激进知识分子的人——马克思给学术研究带来了独特的问题。

尽管传记式的努力使这一切得以平复，但无处不在的“卡尔·马克思：伟人与斗士”（引用早期传记的标题）[1] 在各个方面都产生了解释性的脱节。考虑到他早年激进的政治承诺（通常被概括为启蒙运动和法国革命理想)，为什么他会对德国哲学做出如此热忱且卓越的贡献呢？考虑到他的著名论断“至今一切社会的历史都是阶级斗争的历史”[2]，为什么他没有社会学的阶级理论呢？考虑到他对国际社会主义运动的承诺，以及他在国际工人协会中所扮演的重要角色，为什么他要在如此晦涩难懂的（《资本论》）“经济学”上耗费如此多的时间和精力呢？

在他所处的那个年代，马克思被认为是一位令人敬畏的知识分子，但他个人却把这视为一种与生俱来的力量。事实上，在非常有限的圈子里，做出这些判断和观察的人并不多（有时甚至在事实发生很久之后都没人做出评价)。在他的有生之年，他曾多次向读者解释自己是谁，以及（在被审查的出版物中）他在做什么。事实证明，即使在其职业生涯的晚期，他的读者群体也很小。虽然他本人简短的自传和自述在关于他的传记叙事中被反复引用，但他的自传和自述与他——多年来——所经历的——政治上被妖魔化、有时被图标化，以及学术上以极不相同的方式被“改造”——没有多大关系。马克思一直被描绘为一个不民主的、反犹主义的、狂热的“红色恐怖”思想家。与之相反，人们也经常怀念他，并把他当成世界范围内的、工人阶级领导甚至是农民主导的民族解放和工业现代化革命中不可或缺的“伟人”。如果不用术语化的语言来表达的话，在学术界，他一直被视为一位“伟大的思想家”，并且充满了学术智慧，正如上文所描述的那样。但自 20 世纪 90 年代以来，他的形象在国家庆典、公共纪念物和家庭半身像中变得不那么常见了，却在纸质版的教科书、著作集和通俗的“人性化”的传记[3] 中更为常见。这些（众多的）“马克思”之间差别巨大，每一个都值得研究。

4 因此，以通常传记的写作方式（从他的早年生活及所受的影响着手进行阐述，总结他早、中、晚期的作品，叙述他为人所熟知的生命周期中的里程碑事件，收集那些“幸存”下来的关于他的奇闻逸事，并全面总结他的“思想”对于哲学、社会学、政治理论、经济学的贡献）写一本关于马克思的书，就会有点误导读者。正如我们已经注意到的，以及在随后的章节中将会发现并进行详细论述的那样，鉴于马克思的政治活动家立场和随之而来的反学术立场，当我们以他当时的语境来研究他的著作时，这些学术类别（在他那里）是没有多大意义的。不管怎样，他非常清楚地阐明，“思想”其实并不是他真正想要做的事情：在早年一个用于自我阅读的“自我笔记”中，他写道，“哲学家们只是用不同的方式**解释**世界，问题在于**改变**世界”，这一论断在他逝世后给他带来了极大的名望[4]。此外，鉴于马克思诞生已经 200 年了，他在 19 世纪中叶的欧洲所面临的政治和社会背景，对于我们今天来说并没有那么直接的意义。因此，在我们开始研究“马克思问题”之前，我们需要对我们正在做的事情进行长时间的认真研究和审视。

一、比以往更多的马克思

马克思的著述颇丰，其中大量论著被保留了下来。此外，人们写了大量关于他的文字，但这只是在他逝世（在他生前几乎没有人写过关于他的文章）之后才大量出现的。根据他的话语——同时注意到其他人对他的评价（无论是赞同还是批评）——重构马克思，从那时起就一直在大规模进行。最近，这个为人们所熟悉的进程已经提速了。我在这本关于马克思的介绍性的书中所采用的方法并不是严格地关注马克思所写的内容，而是关注他在写这些东西的时候在“做”什么。因此，他在这本书中并不被视为哲学家、经济学家、政治“思想家”或需要“教化”的令人敬畏的知识分子。在写作过关于马克思（文章）的作家中，很少有人像马克思（在24岁时开始了他政治活动家的“职业生涯”，并持续终生）一样是政治活动家。即使其中一些评论员是政治活动家，他们也并没有按照马克思的方式行事，其主要原因还是时代的变迁以及由之而来的政治形势的变化。

这意味着“马克思所写的”（或者通常是在评论中所说的以及“马克 5
思所想的”）东西已经被框架化。这与其说是脱离了当时的写作语境，不如说是被插入作者自建的语境当中，而不是马克思本人当时的创作语境当中。从广义上讲，这种（在马克思）逝世后形成的语境是（关于作为知识分子的马克思的）学术传记和知识分子（对于马克思，而不是马克思对于自己）的评论得以进行的语境之一。一般而言，这些论述都是这样推进的：假定在思想和写作之间总有惊人的巧合，仿佛马克思总是把他自己所想的东西全部写下来，并且仅仅思索他所写下的那些东西（好像所有他写下来的并且保留下来的东西——这是一个很偶然的过程——就构成了他个人的整个世界）。然而，在这里，你的作者不是某某某博士，你也不可能穿梭时空，在“（当时的）语境中”[5] 重塑马克思的生活体验。相反，在本书中，我要聚焦当下（也就是站在读者当下所处的位置），以便从（我希望看到的）作者和读者之间共有的观点出发来看待马克思。此外，我采取这种视角旨在——稍微有点格格不入——说明今天的我们与马克思的共同之处（或者至少是有争议的共同之处），而不是在历史意义上他是如何的不同，以及在学术意义上他看起来是多么的奇怪（正如学术传记中所展现的一般趋势那样）。当然，在这两个方面还有许多的不同需要加以考虑：穿梭时空回到过去并不能找到马克思，如果那样可以的话，他就可以用生动活泼的话语，在对话中说服我们“融合我们的视野”。

于是，我为本书所选的章节主题并不是我们通常所谈论的关于马克思的那些无论是在学术方面，还是在政治方面的主题，例如辩证法、唯物主义、唯心主义和科学。相反，本书的篇章结构源自当今流行的概念，在大多数语境中，这些概念在自由民主政体中十分常见。但是，这些概念同时也源自马克思在联盟政治中的激进主义语境，因为在当时自由主义和民主都具有显著的煽动性。

所以，鉴于在马克思逝世后，他的名声被建构为让其成为永恒的、独一无二的教条，我们与马克思的共同之处并不在于——遵循这一逻辑——他逝世以后让他最为出名的那些东西以及在政治上的效力。现在可以称作激进观点和激进政治的东西在他晚年发生了显著的变化，早期让他与激进分子“合拍”的那些东西即使是在当时也变得不那么有趣了。然而，我的观点并不是要证明马克思不再是激进分子了——远非如此。自
6 20 世纪 90 年代末发生的金融危机以来，人们对马克思的兴趣在很大程度上使马克思得以“复苏”，并使当前的激进主义得以发挥作用。一方面，与冷战时期相比，这是一个可喜的变化，那时马克思的激进主义被认为是永远不会起作用的东西，更为糟糕的是，它必然会释放出难以想象的邪恶，并导致文明的衰败。另一方面，或许最不激进的马克思（在政治上与众不同，在学术上独一无二）才是真正有价值的在我们的处境中与我们对话的人。我——欣慰地——注意到，当今很少有人会认为，他①——并且只有他——能够“拯救我们”（他曾公开表示，这并不是他的工作）[6]。

因此，本书围绕着“在马克思的文本中”以及当今（无论是在学术语境，还是在激进主义语境中）所使用的那些概念和思想组织起来。所以，在一定程度上，本研究的组织形式与对马克思的“生平和思想”进行传统的学术性和完全激进主义的叙述方式相对，后者往往是通过数十年来的文本式（通过伟大作品）和语境式（通过政治失败和个人苦难）的研究来实现的。本书的组织形式也与显性的主题式的“读者”相对，其引入完整的或节选的文本，却很少关注过去或现在的语境，从而通过抽象概念对马克

① 指马克思。

思的语言文字进行强行的“哲学的”或“理论的”解释。本书的出发点是经常出现于新闻中的当今的政治问题，然后阐述多年来“一个马克思”是如何被建构起来，并用以解决层出不穷的政治问题的。但是，随着这些问题的具体展开，我充分关注到马克思本人的社会主义的激进主义和政治战略。

马克思和恩格斯在工作上建立了一种被公认（尽管有些误解）的合作关系，但这里是把他们二人作为独立的个体和知识分子来看待的，而不是假定他们总是协同一致的，或进行任务分工，或撰写一些互补性的论述，以至于其中一个成为另一个的代言人，对他们二人内容的引用可以互换[7]。因此，作为朋友和同志，他们的活动、论著和思想之间的关系，是历史性的，是有文本依据的。整体而言，这里的目的在于呈现另一个“马克思”——一个通过当前所使用的（无论是激进主义意义上的，还是学术意义上的）概念与当下对话的人。马克思的激进主义并没有聚焦到狭隘的（最终是宗派的）马克思主义（甚至是马克思式）的概念上，而是集中于如何影响当时的受众、以便在政治上有所作为的问题上。有趣的是，这些概念往往与今天出于同样的目的仍在使用的概念相一致，但这些——在 7
主流政治中——由于引用了马克思主义语言的概念，现在通常不会再出现了。换句话说，今天的社会民主党人、“进步分子”和社会自由主义者与这个词汇有很大的重叠，因为那是当时马克思大部分激进主义活动所处的环境。当然，这需要进行一些历史上的校正，尤其是要理解和把握马克思时代的民主和自由——不仅仅是一种社会主义或共产主义的“出路”——按照定义是一种危险且激进的、不道德的颠覆者和叛逆的麻烦制造者。

这种方法也抵制了传统的、政治的和学术的教育学，并以各种方式假定，对于晦涩难懂的哲学辩论的归纳是接触马克思（理论）的必要前提。事实上，在恩格斯晚年，他本人也鼓励了这种形式，并发表了关于历史唯物主义、唯心主义、辩证法、科学等方面的类似讲座式的材料[8]。后来的评论家们在这一框架下，提出了一些在学术上饶有趣味的调查和论证，但这些——正是因为那个原因——与马克思所追求的政治旨趣并不协调。这种恩格斯式的接受在总体上限制了读者对马克思思想的理解，因为这需要进行许多艰难的初步研究。此外，它还将政治问题与哲学关切叠加在一起，并从中抽离出政治关系，这在某种程度上与马克思的研究方式相反。这种马克思激进主义的哲学化，已经削弱了他所运作的政治思维模式，并抑制了他试图在其读者群中所激发出来的政治参与。

此外，本书的研究也将抵制自20世纪20年代以来就一直用于讲述马克思的“文本崇拜”的方法，因为学者们一直在寻求新奇和惊喜。虽然进行文本研究并没有错，且实际上它可能是极具启发性的，但这一学术事业往往会逐渐削弱马克思本人真正发表的作品（实际上马克思的作品只有两部是与恩格斯公开合作写成的）的权威性和吸引力。马克思大部分著作的生成史和出版史是非常复杂的。但是，从总体上看，他更喜欢重新开始新的领域和挑战，而不是去回顾并重复利用他曾经（或许不是为了子孙后代而）搁置起来的东西。带着对自己特有的刻薄脾性，马克思曾经在出版物上评论道，“既然我们已经达到了我们的主要目的——自己弄清问题，我们就情愿让原稿留给老鼠的牙齿去批判了”[9]，而他自己则——非常有个性地——继续前行。马克思的这一脾性经常使他的家人、朋友和同事感到沮丧。

8 以下各章节的专题讨论，将会因人们不太熟悉的文本引用和摘录而变得生动有趣起来。这些引用和摘录都来自马克思的新闻工作（作品），他正是借助于这一独特的载体来奋力改变世界的。事实上，在他的全部作品中，能算作新闻工作的（作品）——在一个出版物的政治干预的意义上而言——将在相关时再加以探讨。因此，一些传统意义上的马克思的“哲学的”“社会学的”“理论性的”“经济学的”“历史学的”作品将看起来相当不同，并更像是针对他的政治干预。类似的考虑也将适用于他的信件，特别是在将他特定的新闻活动与集体的激进主义承诺一起进行阅读时，这样我们就可以看到他的政治思想是如何在一个特定的媒介和一个预期的受众中进行运作的。

总体而言，我的目标是以一种全新的方式与马克思相遇，并从事对马克思重要文本和重要语境的学术研究，同时也使读者注意到他的观点和思想在当今政治实践和学术文化中所起到的作用——即使是以不可信的形式。难以想象现代还有哪一位“伟大的思想家”能比马克思对生活、死亡和思想产生更大的影响力。但是，这些“众多的马克思”其实都不是真正的马克思。他的思想——或者更确切地说，我们以出版物的形式发表的他的思想——无论是在全球范围内的政治变革中，还是在特定的文本和学术论文中，都留给其他人去思考和反复思考。虽然我的方法并不是为了回答这一根本不可能存在的问题——“如果马克思现在还活着的话，他会说些什么?”但是，这确实引发了一个实际的问题，即“阅读马克思是如何激励我重新进行思考的”。

二、问题与初步行动

在概述我们与马克思的共同之处，并让他与我们进行有意义的对话时，我们（起初）会遇到一些困难。本书的许多内容都与那些困难直接相关。因此，经过我们的一番思考和调整之后，马克思开始变得有意义了。所以，我们在这里所做的不是给读者提供他当时的创作语境，而是提醒作为读者的我们应当注意的语境预设与假定。这样的话，马克思对于我们来说，就不会显得那么陌生。通过这种方式，我希望首先能培养读者的批判性思维，使其思考为什么他们会觉得马克思有趣——而不仅仅只是出于历史的或好奇的原因。

于是，这里存在一个关于本书的文本类型的问题，因为本书既不是一 9
本传记（关于一位具有伟大思想的知识分子），也不是一本教科书（要成为一名知识分子所必须知道的东西）。相反，本书是一本论文集，其内容涉及我们在阅读马克思并深入挖掘其思想时所必须思考的主题。但是，在马克思卷帙浩繁的著述中，我们并非总能找到熟悉的文本和通常的角度——为了弄清问题并获得一般信息——我们在行文时也会反复述说。如果这种方式有效的话，我将表明，马克思所思考的事情是如何以及为何会使我们极感兴趣，以及这同（被人们所建构的）“众多的马克思”与读者大众对话方式的根本区别。当然，马克思在他那个时代做着他所做的事情，他做事的方式与现如今我们任何人的做事方式都不相同。或者是出于完全相同的原因，但无论如何，我们中间的任何两个人，都不会依据同样的原因和运用同样的方式来思考当今的政治问题。我相信读者会接受，本书在当前的定位中也适当地考虑到了历史的差异，从定义上讲，这并不是不合时宜的或者毫无意义的。

现在有比以往任何时候都要多得多的关于马克思的学术传记，也有更多可供阅读的档案文献（不仅仅是关于马克思本人的）作为这些传记的重要组成部分。而这些在多年以前是任何人都根本无法想象的。除此之外，还有一些关于政治的入门读本，精确地对马克思“教义”和他的“主义”（好像马克思和马克思主义是作为一个整体而出现的一样——但事实上并非如此）的基本原理进行了详尽的阐述。如果（在本书中）我们谈论的仅仅是关于马克思这个人（并把这个“主义”作为后来的一个学术抽象和政治课题）的话，那么，我们需要进行解释的问题就会少一些。最重要的是，这项研究将避免在没有确切的历史依据的情况下，将各种不依赖于马克思的马克思主义——包括恩格斯对马克思（已发表的）思想的当代总结——又重新附加于马克思本人身上。那些希望从马克思主义开始并回到马克思，然后再行进到我们自身的人们，都有资格这么做[10]。但是，本书的标题和论点是要坚持马克思——以及他的和我们的行动主义——并把对更为复杂的马克思主义内部斗争的探讨留给其他场合及群体。

我一直控制着对二手研究著作的引用，是为了符合对话式的阐述方式，（我希望）指引读者去阅读我认为容易理解的和有助于扩大理解并促进讨论的有用材料（首选新近出版的著作）。对于马克思及其著作的第一手参考文献，我使用了剑桥大学出版社（Cambridge University Press）出版的两卷关于马克思政治著作的选集（《马克思早期政治著作选》《马克思晚期政
10 治著作选》）和“标准”的英文版《马克思恩格斯全集》（50卷本）[11]。剑桥大学出版社出版的马克思的政治著作选集收录的内容经典且具有重大意义，是平装本，价格也很合理。而“标准”的英文版《马克思恩格斯全集》则更加完整（尽管在马克思的个案中，真正构成“完整”的是一套有争议的全集，它在近百年的时间里，涉及了众多的政治纷争）。那些有权限使用图书馆的人，将可能找到我所使用的这些资源。我希望这是一个公平的折中，那些对马克思感兴趣的读者将像我们一样，能够找到大量的关于马克思的英文资料，并能够用英语去阅读马克思。而就可读性方面而言，这实际上比马克思的母语——德语或任何其他语言的版本都要多。当然，还有许多其他流行的选集版本或马克思和恩格斯的系列卷本可以找到，无论是纸质印刷的、二手的还是网络在线的[12]。

我在本书中提供了一个有用的时间表，列出了马克思和他整个职业生涯中的好朋友、合作者——恩格斯一生中的重要时期，从而提供了一个传记的和文献的主线，以支撑本书的主题章节。此外，全书所提到的那些传记参考书目，可使读者进一步了解一些细节。这五个主题章节将成对地呈现选定的观点，首先是在当前的语境中，然后通过介入读者可能会遇到的接受问题，再回到马克思本人的语境中。因此，马克思现实生活中的激进主义将通过一系列有用的概念加以总结，这些由马克思所采用的概念，在今天也为我们所使用。这将避免虚假地宣称他的“思想”是一个统一体（或意图如此），宣称他的思想通过纯粹知识方面的斗争而变成了整齐的“理论”（或者是科学的或政治的“学说”），或者说，它——（马克思的）思想——才是真正的政治激进主义。

虽然学者们不倾向于在自己的叙述中加入想象的元素，但是在这里它

确实被使用了。以我对马克思所采取的“激进主义分子”的方法来看，这
里必然有一些推测性的重构的元素。马克思活跃于一些名气不大的组织和
小团体中，它们的建立与消亡并没有引起当时人们太多的注意，因此，叙
述性的重建工作因为没有记录可查所以要比许多“记录在案”的工作困难
得多。在对话（对话式、交谈式的写作中）方面——他很多活动时间都用
在这上面——人们并没有把一切都记录下来（或者，确切地说，通常什么
都没记下来），更重要的是，写下来的东西（并且发表，至少偶尔如此）
也是非常依赖语境的，几乎总是受到审查，并且经常遭到人身攻击。许多
与马克思有关的人，本身就被历史学家们遗忘了，这和他本人的经历一点
都不一样，虽然这不是他自己的过错。从某种程度上说，将他与在他传记 11
中“跑龙套”的那些人相提并论（事实上，他当时的地位还远远低于在他
传记中“跑龙套”的那些人）需要很大的努力，因为传记作家是依赖文本
类型，并以马克思为中心来建构其整个人生故事的。倘若我想在这本书中
谨慎行事，我就会坚持遵循“页面上的文字”（当然，在它们印刷的一致
性上，这些文字与马克思本人所写的那些真正的书页完全不同，甚至与出
版商实际制作的书页都不一样）。然而，我在这里冒着风险——在试图重现
当时短暂的行动主义——去填补记录中的一些空白，尤其是因为当时记载
的档案会落入警察和法院之中，它们无论如何都会在政客和间谍的协助下，
将这些激进主义生成它们自己的“幽灵般的”“红色恐怖”的版本。

或许本书的类型像一部纪录片或历史剧：有些对话是一字不差的，但有些报道是符合当时（或许）发生的事情的精神的。总的来说，我的目标是获得某种意义上的生活体验，而不是已死的文本。然而，如果这能成功的话，那并不是因为我说服了任何一个人，使其相信马克思是正确的，或者说马克思（的文本）始终具有很强的可读性。更确切地说，（通过阅读本书）如果任何一个读者能把注意力从马克思身上进行转移，并去思考（或者更好的是，重新思考）当今紧迫的政治问题，那么，这就是我成功的时刻。

三、本书的主要内容①

上面所提出的问题和主题在第一章“使马克思成为马克思”中进行了

① 该部分的原标题是“How It Works and What It Does”。

更为详尽的阐述，同时也为第二章至第六章中的主要概念配对奠定了基础。通过这些主要概念来审视马克思的激进主义，我们可以将他的话语和他所从事的事业联系起来。

第一章“使马克思成为马克思”解释了我们是如何得出“马克思永远存在”这一结论的。本章反驳了传统的认为（人们所）建构出来的马克思必然是违背“真实”的马克思的观点。相反，它解释了第一个在具体的政治策略中作为一个“人工制品”的马克思是如何“由马克思本人”所制造的，以及随后“众多的马克思”是如何由历代的传记作家、评论家、政治家和激进主义分子所建构的。但在这一过程中，我们遇到了关于他生平的一些基本的传记信息，使我们更为熟悉他的活动以及他所处的时代。考虑
12 到政治激进主义在不同的历史背景下所发生的变化，这种方法需要对什么才是政治有一个更为广泛的认识。本章还详细阐释了马克思是如何以及是以何种方式成为一个学术研究的主题的，从而使他的作品——和他的政治（事务或活动）——通过各种（主要是哲学的、社会学的、经济学的和历史学的）学科构架折射出来。此外，在很大程度上，这些构架构成一种作为意识形态的马克思主义，揭示了它的起源是准学术性的而不是实践性的（尽管有相反的主张）。但是，这就引发了合成和参照的问题，也就是说，我们对马克思的理解以及我们对他著作的理解，难道只能参照（他逝世以后）人们对他所进行的建构，以及他自己的“主义”和意识形态吗？随后的章节将以目前出现的这些概念为出发点，试图在马克思的“日常”语境中（并通过对这些现象的回溯），对激进主义分子的马克思（现象）进行回应。

第二章“阶级斗争与阶级妥协”，介绍了与马克思相关联的、最为重要的且今天仍在使用的一个概念，即阶级斗争。这一概念也是马克思的生活、思想和政治（生涯）中最为核心的一个概念。本章简要地回顾了当代政治发展过程中常见的阶级理论，展示了政治计划与学术分析是如何结合在一起的——同时也以巨大的张力——并将其（阶级）确立为一个“社会问题”。政治上的阶级斗争，与种族、性别、性取向、宗教等方面的“身份政治”，有时是对立的，有时又在某些方面处于一种交叉的关系（尤其是自20世纪50年代以来更为显著）。相比之下，阶级妥协通常被认为同马克思的革命活动呈负相关，但在这一语境之外，它通常被理论化为与反威权主义的宪政主义和社会福利国家的成就呈正相关。总的来说，本章认为，这些开明的自由的成果，继1848—1849年的欧洲动荡之后，在历史上以一种最大限度地减少或消除斗争和冲突的方式——反对保守的反动的统治者

和统治机构——被接受，而这一方式正是自由民主革命实际上借以实现的方式。按照惯例（但实际上与事实相反），这些成就往往被理解为和平妥协的结果。在这一过程中，马克思变得更为现实（就斗争方面而言），并且他作为一个政治活动家（就做出妥协方面而言）也积攒了不少个人经验。

第三章“历史与进步”，阐述了当代政治中的自由主义民主和资本主义必胜信念，再现了一些马克思主义的行动主义者——和许多学者——一直在与之做斗争的“无历史”现象，尤其是近年来那些在关注当前情况 13
下，对决策和判断持谱系和解构主义方法的人。这种对偶然性和非决定论的关注根源于马克思的文本，也根源于“其他的”关于马克思主义和马克思主义史的旧版本。在那里，决定论和科学的概念形成了一个强有力的政治组合，但最终沦为了20世纪批评的牺牲品。马克思的政治关注点在于生产、分配、消费和交换这些无论在任何时期的日常生活中，还是在对历史（包括史前史）的任何审视中，都至关重要的元素。这些元素使历史发生了革命性的变化，至少在确立辩论的一个基本参照点方面是如此。在当代政治中，进步或许不像过去那样是一个强有力的观念，但任何对人类境况有所改善（以及人类所必须居住于其中的行星状况）的关注，都会引发一些定义上的问题，例如，即使是微不足道的政治调整，“为了（使人类）变得更好”又是以哪种类型的社会为基础的。马克思很容易被当成一个空想家而遭到忽视——事实上，关于他这方面的一些观点被认为是虚假的——但是，与之相反，很少有人会采取这种批判的路线来支持（社会）停滞或倒退的观点。“我们现在都是马克思主义者了”这句流行语是有道理的。

第四章“民主与共产主义/社会主义”，呈现的是现在一个日益重要的结合点。在马克思的整个职业生涯以及随后（人们对他的）接受中，他和其他人都饶有兴趣地在他作为共产主义者（或后来的社会主义者——这类术语在过去不稳定也不明确）的观点和作为民主的倡导者和革命者的观点之间画上一条清晰的分界线。这在理论和实践上都存在着实质性的争论和分歧。然而，马克思想把自己与其他左翼思想家的自由主义者（宪政民主的倡导者）区别开来。他认为，民主政府不应该把经济和社会问题仅仅留给市场关系，或者只留给有组织的慈善或个人的慈善。事实上，他和这样的自由主义者在一起工作，因为在当时所有拥护宪政的人都被定义为叛国者、反叛者和革命者——这是由独裁的、非宪法的和被神职人员控制的政权给他们命名的。不过，随着威权主义让位给了（通过斗争）非常有限的民主化形式，以及公共辩论领域（仍然被严加审查）的共同发展，自由主 14 义者在自己和激进的、仍具有革命性的前社会主义者和共产主义同盟之间，画出了一条清晰的分界线。本章引导读者认识并理解这一令人困惑的二元区分，并对马克思非常有限的——但在方法论上非常有趣——拒绝讨论共产主义社会——甚至是作为通往共产主义社会过渡阶段的社会主义社会——进行细致的回顾。

第五章“资本主义与革命”，论述了马克思在当今时代毋庸置疑的力量，即对资本主义最犀利、最彻底的批判。马克思认为，资本主义——一种自我膨胀的螺旋式的追求利润的生产方式——本身就是一场对人类事务极其重要的革命。在他看来，这场革命反映在政府、法律和政治制度形式的长期转变中，以及社会生活得以进行并对个人“具有意义”的宗教、知识和文化实践中。马克思把这些实践描述为意识形态的形式。通过这些形式，人们可以设想和实施斗争。他的一生都在从各方面入手研究这一全球性的革命现象。在所有这些方面中，资本主义的消极方面可以被消除，但生产效率的提高、科学技术的改进与有序化，符合所有人的利益。这使得他直接反对私有财产制度，正是这种制度导致了财富和权力的不平等，同时他也反对——他在辩论和竞选中说——民主将起作用，并最终会战胜它而获得胜利。本章阐释了马克思所说的革命的含义，与通常的普遍的消极观点——社会变革中的暴力是不合理的——不同，它不是对历史事实的现实评价；它也不像常见的自由主义的观点（民主只是一种形式或程序，或是一种用于唤起“多数派”的机构和制度），它也不是对人类繁荣和可具体化的一揽子可能政策的实质性的看法。

第六章“剥削与异化”，探讨了成熟时期作为“经济学家”的马克思与青年时期作为“人道主义者”的马克思的差异，这是二战后学术界创立的概念。马克思的巨著——《资本论》（第一卷）——是对一个在逻辑上可以进行解释的体系的彻底控诉，该体系现在仍然在制造越来越严重的不平等现象和灾难性危机，并影响着全世界。他的目的在于推翻有产的精英们与支撑他们在政府和社会中的权力和影响的当代社会科学——“政治经济学”。因此，马克思的著作致力于在资本主义的背景下，精确地、政治性地界定和阐明剥削的含义。但是，他的推理与当时的政治经济学家的话语 15 过于接近——因而与当今的经济学相去甚远——以至于今天理解起来并不容易。相比之下，异化则源于马克思留下的手稿笔记和草稿，他对这些主题和问题的思考——对他和我们来说都至关重要——分析得更加精确，更加具有实证意义。有点自相矛盾的是，他的“思想”（而不是同时而来的激进主义）的这一“早期”版本是今天最为常见的，它是现存的对资本主义社会的批判范例。这是因为，他在这些编辑性的伪造的文本中所表现出来的“哲学”特征，似乎超越了他后来对“政治经济学”的详尽批判与今天的经济学假设之间的脱节。本章还探讨了不同的读者创造不同的“马克思”的方式，甚至为马克思的经典创作新的“作品”。

“跋”作为本书的结语，回顾和评估了上文所详述的各种概念和对这些概念的细致接受，并探讨各式各样的“马克思”在未来的“可用性”。

注释

[1] 请参见过时但经典的马克思传记，Boris Nicolaevsky and Otto Maenchen-Helfen, *Karl Marx: Man and Fighter* (London: Methuen, 1936)；该英文译本是第一版，因为 1933 年的德文文稿在反共产主义纳粹政权的统治下不能够出版。

[2] 马克思，恩格斯．共产党宣言//马克思，恩格斯．马克思恩格斯文集：第 2 卷．北京：人民出版社，2009：31.

[3] 关于一部有自我意识的“人性化”的传记，请参见：Francis Wheen, *Karl Marx* (London: Fourth Estate, 1999).

[4] 马克思．关于费尔巴哈的提纲//马克思，恩格斯．马克思恩格斯文集：第 1 卷．北京：人民出版社，2009：502.

[5] 斯珀伯．卡尔·马克思：一个 19 世纪的人．邓峰，译．北京：中信出版社，2014.

[6] 马克思在《资本论》第一卷第二版跋（1873 年）中评论道，他并“没有为未来的食堂开出调味单”。（马克思．第二版跋//马克思，恩格斯．马克思恩格斯文集：第 5 卷．北京：人民出版社，2009：19.）

[7] 对于马克思-恩格斯问题的分析方法，请参见：卡弗．马克思与恩格斯：学术思想关系．姜海波，王贵贤，等译．北京：中国人民大学出版社，2016；对于选择性的叙述方式，请参见：S. H. Rigby, *Engels and the Formation of Marxism: History, Dialectics and Revolution* (Mancheester: Manchester University Press, 1992).

[8] 关于这一背景知识的探讨，请参见：Terrell Carver, *Engels: A Very Short Introduction* (Oxford: Oxford University Press, 2003), ch. 5；恩格斯对“唯物主义”的理解——正如大多数解释和理论化延续所做的那样——将关于物质运动的物理学（作为独立于人类能动性的力量）与作为“经济学”的社会活动（包括物质力量和物质，但显然只是由人类行为产生的）进行了合并；哲学意义上的“唯心主义”是这样一种观点，即现实和对现实的认识，是依赖于精神的，或其他非物质的方式。

[9] 马克思．《政治经济学批判》序言//马克思，恩格斯．马克思恩格斯文集：第 2 卷．北京：人民出版社，2009：593.

[10] 关于这一文本类型的新近例子，请参见：Justin P. Holt, *The Social Thought of Karl Marx* (Los Angeles, CA: Sage, 2015).

[11] 具体请参见马克思-恩格斯年表。

[12] https://www.marxists.org/archive/marx/index.htm.

第一章　使马克思成为马克思[1]

在马克思逝世以后，（学术型的和其他类型的）读者所知悉的作为 16
“马克思”的马克思所经由的语境，并未被勤勤恳恳的传记作家（通过马克思遗留下来的档案文件）发现。这种语境首先是由马克思所创建的，并在他生前一直被他人建构，然后在他逝世接近 30 年后，又重新被他人建构。这一（传记性的和文献性的）语境对大家普遍认为马克思是谁，或者在更多的情况下，马克思曾经是谁，产生了深远的影响。可以说，在影响我们对马克思的认知方面，马克思之后的传记作家和文献编纂者——在担当这一角色时——比他本人发挥了更大的作用（即使他本人也曾试图为自己树立声望）。更确切地说，他一生中各个不同阶段的自述已经被以各种方式范式化（assimilated），以强化那些或多或少经过授权的传记作家——从第一次世界大战以来——所认为的我们应该了解关于他的“生平和思想”的观点[2]。

当然，由于马克思当时还在世，还在思考，还在写作，所以，以一种交织着不确定性和偶然性的“日常”语境来书写马克思是很恰当的。马克思本人也并非从一开始就知道他能成为后世语境中的“伟人”或“伟大思想家”。即使当他向假定的读者展示自己并回顾自己的一生时，他的视角与传记作家的视角也是不同的。他的视角是前瞻性的，以行动为导向；传记作家则以回顾性的眼光去看待一些“业已完成”和“被知晓”的事情。这些叙述都是一种措辞，既非偶然的日常的（因为呈现在读者面前的是一个
已经结束的人生故事），也非公共宣传性的自传式的（因为马克思的自我 17
刻画也肯定如此）作品。

本章根据上述分析对我们关于马克思的所想和所知进行了回顾和反思。然而，与其他关于马克思的传记不同的是，本章是从马克思本人在生前是

如何展现自己的生活开始的。然后，我们可以看到，马克思以“日常”视角对于自己的看法与传记作家所建构的“众多的马克思”之间存在的偏差。马克思论著的全球性流通和传播，也使得马克思在任意版本——包括真实的和想象的——中的形象（但是在各种常常不一致的“伟人”和“伟大思想家”的表象中）比以往任何时候都更加明显[3]。在这里，我们将详细讨论这些“众多的马克思”，并在此基础上适当地顾及传记的“基础知识”，以便我们能够对马克思的生平和所处的时代有所了解（因为我们可以看到他和其他人是如何进行创作的）。这样，我们读到的关于马克思的内容和马克思的原著，以及我们现在对政治的看法，都可以在接下来的概念性章节中以一种很好的方式进行对话。

一、马克思的自传式叙述之一[4]

马克思的第一次传记性自我塑造很少被传记作家和评论者注意到，然而，当29岁的他开始回顾自身，并出现在预期的公众视野中时，这一塑造在他的早期活动中标示出一个引人关注的问题（interesting point）。即使下文所阐述的自20世纪中叶以来的传记事实，对于许多读者[5] 来说已经相当熟悉。但是，我所关注的马克思本人对于这些传记事实的看法，将给它们带来迥然不同的意义。这些传记事实既不是通往具有伟大意义的巨著之路的无足轻重的垫脚石，也不是被随意弃置、潜藏在档案馆里的哲学杰作。相反，它们是被马克思当作其职业生涯中作为一个初露头角的作家/活动家来推介自己——和他即将问世（并且是第一次独立撰写）的短篇著作——以及作为一个热衷于政治的欧洲知识分子的标记而被提及的。

马克思1818年出生于莱茵兰地区的特里尔市（当时的普鲁士莱茵省），在接受完传统的德国式“中学”教育后，进入波恩大学（同时也有一些不光彩的“学生时代”所经历的事件）学习法律，后来转到位于普鲁士首都的柏林大学（他在那里更为节制）。从总体上看，马克思所追求的（如果用20世纪的术语来说）依旧是一种被公认为古典自由主义的议程和启蒙价
18 值观，即对人民主权、差额选举、代表制和责任政府，以及在司法独立前提下的法律面前人人平等的思想的倡导。或者更确切地说，任何追求这一议程的人都是在严格的国家审查机制下，在反对宪法的君主专制主义和类似的宗教体制的敌对的政治氛围中这么做的。毫无疑问，这种自由主义和

共和主义折射出（至少是）少数特里尔人所持有的价值观。在那里，马克思的父亲（亨利希·马克思）、他父亲的朋友亦即马克思未来的岳父（路德维希·冯·威斯特华伦）——都是专业人士——他们自己也受到了一些怀疑和监视，以寻找可能的颠覆趋向[6]。

然而，这些权利和自由（从某种程度上说）仅仅是在第一次世界大战后才在宪政制度中确立起来的，因而在19世纪二三十年代的语境中，未被他早年的传记作家做适当的描绘。这是因为在20世纪初，权威人士和统治阶层对至少一部分民众参与代议制机构的强烈敌意已基本消失。但是，即使在改革派看来，在一战后的宪政体制中建立起来的权利和自由，在三月革命时期（1848年3月的西欧和中欧革命之前）的德国也远比50年后更激进。在马克思的早年时期，自由主义还远未受到当权者的重视，它本身也确实具有煽动性和叛逆性。对于已经建立起来的宗教-政治统治的政权来说，这是自几十年前的法国大革命以来连续地向极端主义和恐怖主义的灾难性滑坡。事实上，1815年后复辟的普鲁士政权完全否认和压制了拿破仑对莱茵兰的占领和引入的共和党的原则和价值观，尽管在人们的记忆中，共和党机制的“那些日子”被一些人悄悄地尊崇为一种进步和“开明”的现代性引进。

马克思拒绝追随他父亲的脚步去从事法律研究，而是转向哲学。他阅读了大量经典作家和已故的G. W. F. 黑格尔（1770—1831）（黑格尔是当时中欧最著名的、最典型的德国现代哲学家）的著作。在23岁时，马克思提交了关于古希腊哲学的博士学位论文给他从未上过的耶拿大学，并且随后放弃了在大学谋求教职的期望（由于政府对“革命的激进主义”和潜在的叛逆行为的敌视）。1842—1843年，马克思进入政治新闻行业。在当时普鲁士政府新闻审查制度还比较宽松的那一短暂时期，他为莱茵地区中 19
产阶级（middle-class）的报纸，即《莱茵报》[7]，撰写了许多揭发（政府）黑幕的新闻报道。这其中包括一系列关于莱茵省农业贫困状况的文章，关于新闻出版自由、离婚法和类似的民事问题的社论，以及表面上是出于单纯的知识兴趣、实则是以政治为本位对各种“思想学派”展开批判的文章。由于该报纸的其他编辑和财政支持者失去了战斗的勇气，马克思成为《莱茵报》的主编，并“咬紧牙关”同持续不断的警察骚扰做斗争。

在普鲁士政府查封了科隆这家（在当时）自由的报纸，马克思和燕妮结婚并在莱茵兰的温泉小镇（spa town）度完蜜月之后，马克思于1843年秋天再一次以勇者无畏的精神踏进了同一个政治/思想的领域。1844年，他参与合编了《德法年鉴》[8] 的“特刊号”（仅仅出版过一期）。值得一提的是，当时这一卷《德法年鉴》是高度协作的产物，即使是从现在来看，它也可以被称为一本十分罕见的政治论文集。离开了德国的压抑气氛和警察镇压，马克思和妻子以及其他德国激进分子移居巴黎，他们希望在那里自己的活动不会引起如此多的社会关注。由卢格和马克思（按此顺序）联合编辑出版的《德法年鉴》“合刊”（第一期和第二期）包含以下内容：两位主编之间关于政治主题的通信[9]；激进诗人海因里希·海涅（Heinrich Heine，1797—1856）和乔治·赫尔韦格（Georg Herwegh，1817—1875）的政治贡献；国际共产主义理论家莫泽斯·赫斯（Moses Hess，1812—1875）的“巴黎来信”；马克思的新闻记者同事费迪南德·克里斯汀·伯奈斯（Ferdinand Coelistin Bernays），也被称为卡尔·路德维希（Karl Ludwig，1815—1876）的论文；东普鲁士（激进的）自由派约翰·雅各比（Johann Jacoby，1805—1877）的论文；以及来自曼彻斯特刚崭露头角的恩格斯和作为主编之一的马克思（当时的马克思和恩格斯并没有任何真正的联系）各2篇文章[10]。这样做是为了规避德国各州的审查制度，并将这卷杂志传播给讲德语的“国内人”，以便宣传并尽可能地补充一个既有知识分子，又可在某些情况下在便宜简陋处聚居的流亡海外的激进集体。这项政治计划的主要目的在于推翻莱茵河以东的旧秩序的君主制和宗教机构，从而使政治秩序自由化，使当地经济现代化，并建立民权、共和统治和自由贸易。

在德国严格的审查制度的压力下，马克思冒险与他的新朋友、合作
20 者——恩格斯合写了一本篇幅很短的书，并于1845年在莱茵河畔的法兰克福出版了。这本书就是《神圣家族，或对批判的批判所做的批判。驳布鲁诺·鲍威尔及其伙伴》[11]。在书中，他们二人以论战的方式进行写作，试图比那些就背景和受大学教育程度而言与马克思本人都无太大差异的激进分子更加“激进”。事实上，这本书的副标题中的鲍威尔正是马克思在波恩大学期间的导师和政治伙伴——他主张理性主义，并以一个几乎没有隐藏的无神论者的身份对基督教以及普鲁士君主制进行了攻击。毫无疑问，鲍威尔被波恩大学解雇了。考虑到审查制度和狭隘的目标受众，恩格斯和马克思的带有讽刺性的著作引起了轰动（但只是在一个很小的范围内）。而对于那些看起来像是温和派的知识分子来说，这一影响只与国外激进的边缘居民有关。

马克思在当时的共产主义著作中接受了教育——这些著作在很多方面都是乌托邦式的——马克思将他对新闻事业的关注与贫苦工人[12] 融合在

一起，并加入了更为抽象——不太“日常”——的可行性政治解决方案。1845年春，他和他的家人被驱逐出法国（这个也许并不令人感到意外），随后他们移居——另一个自由的/激进的/共产主义协作地——布鲁塞尔（那里的警察不那么多疑，当然也不那么高效）。

1845—1846年，这两位激进分子和自称的共产主义者[13]（马克思和恩格斯）——与其他志同道合者一道——忙于对那些胆敢进行回击的批判对象——尤其是鲍威尔——敢于用毫不欣赏的措辞来回应这本棘手的书（《神圣家族》），起草一份批判的续篇并予以沉痛的还击。在他们看来，这些回应仅仅只是哲学上的批评，而忽视了那些越来越清晰可见（正如马克思的新闻工作在当时的审查制度范围内所表明的那样）的痛苦和贫困的经济现实所带来的紧迫关切。但是，经历了与各式各样的合作者和出版方一系列既艰辛又费力，且成效甚微的交涉（除了留下了一整箱未完成的写作手稿之外）之后，马克思开始向读者讲述一些关于他自己的事情。1847年4月8日和4月9日[14]，马克思在《德意志-布鲁塞尔报》[15]和《特里尔日报》[16]上分别刊发了一份公开声明。这份声明所描绘的具体细节如今鲜为人知，即使是在当时，他的这些叙述也颇令人费解；然而很明显的是，马克思的自我亮相已然起步。在愤怒地谴责一位将他的著作和言论归功于他本人所极力反对的观点的报社记者的过程中，马克思首次向这 21
位不知名的读者表明了他对自己及自己活动的看法。显而易见的是，他对这一点相当笃定：无论是就他过去（短短四年时间里）的成就还是他对未来的期许而言，他的著作确实言之有物。或者说，他很希望读者能这么想。

他那份当时没有标题的声明（指《驳卡尔·格律恩》。——译者注）开篇就告诉读者，他用法语写了一本书[17]，正准备出版。在这本书中，他将对一位欧洲思想界和政治界的重要人物——皮埃尔·约瑟夫·蒲鲁东（Pierre-Joseph Proudhon，1809—1865）进行评述。蒲鲁东出版的著作《经济矛盾的体系，或贫困的哲学》[18]已经得到了广泛的评论和注解，而对于受过良好教育的德国人来说，法语、法国文学和法国政治思想都是真正国际化的和独一无二的东西。此外，谈及社会问题和带有社会主义倾向的著作，法国作家——尤其是包括现在被归为乌托邦主义者[19]的思想家——都是具有权威性的。在这份声明中，马克思所提及的正是他的下一个回击：《哲学的贫困。答蒲鲁东先生的“贫困的哲学”》[20]。

在一种有趣的宣传倾向中，马克思通过诋毁倒霉的德国人卡尔·格律恩及后来的社论标题，促使蒲鲁东成为一位颇具欧洲声望的重要作家（因此，他自己也成为一位重要的、著名的和机智的反对者）。格律恩 1845 年创作了一部对法兰西和比利时两国的社会运动进行全面考察的著作①，并将蒲鲁东那本被马克思加以回应的著作②翻译成了德文。在处理了竞争权威（关于社会运动和蒲鲁东的最新著作）之后，马克思直截了当地告诉他的读者：

> 我批评蒲鲁东的文章是用**法文**写的。蒲鲁东可以自己来答复这篇批评。他在他那本书没有出版以前写给我的信里，并没有表示，如果我要进行批评，他会委托格律恩先生及其伙伴为他进行报复。[21]

读者现在知道，“前《莱茵报》的编辑”——这个马克思在其文章中谨慎复述（rehearse）的惯用语和事实，是蒲鲁东脍炙人口而又饱受争议之
22 作的最新观点和评论的“首要”（go-to）来源了。他们还可以推断出，那位著名的法国人已经——碰巧——在此之前与这位德国著名的记者马克思就这一问题事先通过信了。此外，很明显的是，与其他不那么具有进取心和天赋的德国人相比，他（马克思）不仅精通法语，还具有成为一位与欧洲思想界和政治界的主要人物相提并论的竞争者的雄心壮志。

在反复强调这一说法的同时，马克思当时不仅没有把格律恩先生视为他任何意义上的竞争对手，而且也非常蔑视他的德文著作③及其假定的心胸狭隘的无耻之徒的联合，因为后者主张，“国外社会主义”的主题就是有能力为“日耳曼世界”的利益而发声。最后，与马克思本人的报刊文章——马克思明确将其称为普遍利益的思想里程碑——相比，格律恩被说成是一个不可信（而非可靠）的知情评论员。

这在与蒲鲁东的“经济学”联系在一起的时候，显得尤为突出。将蒲鲁东带有黑格尔风格的关于“经济矛盾的体系”的著作界定为“经济学”，根本不是一种偶然；倒不如说，这是马克思给读者提供的一个信号，即让他们打起精神来阅读他接下来将要发表的、在这一重要问题上对这位伟大人物的批判（这一批判也标志着社会主义思想从乌托邦主义到现代实践性的重要发展）。读者即将看到，针对并超越蒲鲁东拙劣的、黑格尔式的——也即德国式的——哲学，是马克思的专长[22]。

---

① Karl Grün, *Die Soziale Bewegung in Frankreich und Belgien: Briefe und Studien*, Darmstadt: Theodor Ferdinand.

② Pierre-Joseph Proudhon, *Système des contradictions économique, ou Philosophie de la misère*, 2 vols, Chez Guillaumin et Cie.

③ 卡尔·格律恩的这一德文著作是指《法兰西和比利时的社会运动》（马克思. 驳卡尔·格律恩//马克思，恩格斯. 马克思恩格斯全集：第 4 卷. 北京：人民出版社，1958：43）。

二、马克思的自传式叙述之二

下一个使马克思成为“马克思”的描述与马克思本人对“经济学”的介入相一致。这一“经济学”就是他在 19 世纪 40 年代所研究和探讨的政治经济学[23]，以及他在 1848—1849 年混乱的革命事件中激动人心的新闻报道（以及偶尔的演讲）的理论和学术背景。与恩格斯一起，马克思在科隆复活了他早年的激进报纸，将其命名为《新莱茵报》[24]，并作为“通讯记者”远赴维也纳了解工人运动的历史。创办这一报纸的目的在于让德国人了解法国最新发生的大事件，即“七月君主制”被暴力推翻了，并成立了“第二共和国”。该报的其他编辑则在德国的无数个州和庞大的奥地利帝国 23
中发现了类似的反君主专制的叛乱和革命，并最终将 1849 年之后的政治倒退和有针对性的镇压全都记录了下来。到那时，马克思和他的家人——还有许多其他人——已经迁往伦敦。和其他人一样，他们几乎身无分文，且处于无国籍的危险境地。

在 1859 年之前的一段时间里，马克思用法语和英语与研究这一问题（指政治经济学。——译者注）的权威人士有过书信往来。在欧洲大陆三月革命令人陶醉的岁月里，即使这些权威人士在政治上不如那些本该激进的知识分子那样声名显赫，但他们也比蒲鲁东要有趣得多。马克思在《〈政治经济学批判〉导言》[25] 中的对话者，例如亚当·斯密（Adam Smith，1723—1790）、大卫·李嘉图（David Ricardo，1772—1823）和其他相关人物都已离世，同时，他们——除极少数者外——还被认为是一群不够关注社会问题（除非是以明显的非社会主义者的方式）的知识分子，尽管他们偶尔也会对“穷人”的处境表达疑虑和担忧。

然而，这些政治经济学家——正如马克思所努力表明的那样——在由现代自由贸易和商品生产社会所奠定的实际效用上比社会主义和共产主义者所能做到的更具影响力：社会主义者认为公共控制应当比所谓的“市场”自发调节性能更为有效。马克思又一次将语言重新转换为——考虑到他自 1849 年就政治流亡到英国，这显得有点事与愿违——德语，并由此转向德语受众。考虑到 19 世纪 50 年代作为“流亡者”（*émigré*）的马克思一家所面临的困难，他使用德语（进行创作）就变得可以理解了。但是，与他先前作为下一位代表着欧洲普遍利益——其法语水平与蒲鲁东相当——的社会主义者的自我形象相比，这一转换是值得注意的。

此外，在这一时期——1859 年早期——马克思依靠恩格斯，并利用在德国出版物上撰写的书评作为掩护，将自己作为一位重要人物推向全世界。马克思本人自传性的文本（1859 年《〈政治经济学批判〉序言》[26]）和恩格斯同年对马克思的《政治经济学批判》所做的总结性书评[27]，都比马克思所写的那本薄薄的、没有多少证据可以表明影响力的
24 书册①本身拥有更为广泛的（讲德语的）现代读者。但是，这一序言和（在较小程度上的）书评均已然获得了更广泛的、来自大众的和学术界的关注——或是直接关注或是通过改述的形式——尽管只在 20 世纪的出版物中才是如此。

马克思第一次（也是唯一一次）有意识的自我回顾[28]，在这一序言中以几段相当不连贯的段落（显然，他面临着出版商给定的最后期限）勾勒了出来。同时，不同于 1847 年发表在报纸上的声明，他在这一序言中主要以一种相当充实而又精确集中的方式来讲述他自己的一生。当然，这一序言是发表在已经经过严格审查的出版物上的，而且从任何意义上讲，它的类型都是对一个非常严肃（的确相当沉闷）的主题所做的严谨（科学）的批评[29]。从方法论上看，马克思的这一批评，与其说是经验的和量化的（方法论上的“转变”要追溯到 19 世纪 70 年代后期），不如说是哲学性的和批判性的[30]。

在第一次世界大战期间，马克思的第一位传记作家弗兰茨·梅林（Franz Mehring）手头上就有这一序言的文本。而在现在看来，这些生平细节和书目式的列举可能通过众多后续的传记注释、梗概和著作的重复使读者对其过于熟悉了。然而，将这些文字陌生化依然是很有价值的：读者应当关注马克思对其早期新闻报道的冗长说明，因为即使是专门研究马克思的专家[31]，他们都很少注意到这一点；马克思对黑格尔《法哲学原理》批判的“导言”[32]（而不是他另一篇发表在《德法年鉴》上的导言——《论犹太人问题》[33]，这篇文章如今已得到了充分的研究）的重视以及他对他的那些挑起论辩的大胆言行（比如他第一次与他人合著的《神圣家族》的刻意回避）。

今天的大多数读者也许会很好奇，马克思在写作《1844 年经济学哲学手稿》[34] 和以一本书的篇幅完成的研究成果——《德意志意识形态》[35] 的过程中究竟发生了什么。因为 20 世纪的编纂者们对这两部著作不以任何

① 是指马克思 1859 年在柏林出版的《政治经济学批判》一书（马克思. 政治经济学批判//马克思，恩格斯. 马克思恩格斯全集：第 13 卷. 北京：人民出版社，1962：3-177）。

其他的方式暗示，而仅仅是以注释的形式加以提及，以表明马克思的这些文字是被其弃置的、对“德国哲学的意识形态见解”进行批判的手稿。而现如今，这两部“著作”不仅被视为马克思的经典著作，而且还在各大学生“必读”书目排行榜上居高不下，尽管它们都是20世纪的编纂者们剪切粘贴的人造产物，只不过恰巧在1932年分别出版了[36]。

当然，马克思热衷于向读者指出哪些著作文章——即使没有一本书那 25
么大的篇幅——是读者能够实际阅读的或者至少是想要阅读的：他特别提到了现如今在经典著作榜单上排名首位的《宣言》[37]。然而在1859年，(马克思用法语写成的）《关于自由贸易的演说》[38] 还与前者有着同样明显的地位，而现在却鲜有再版，读者也很少再阅读或提及它[39]。（马克思用法语写成的）《哲学的贫困》倒是广受推崇，但是，与对一篇文献而非一个在当时并不重要的人物的科学且严肃的批判相比，它并不算是论辩性的。

下述文献信息相当令人关注：马克思指出，1848—1849年，他从事的颇具革命性的《新莱茵报》的出版工作，打断了他的经济学研究，并且他一直为《纽约每日论坛报》(*New-York Daily Tribune*）撰稿（其中一些文章由恩格斯执笔），也使得他的研究工作时断时续。但是，由于这一新闻报道主题，他写道：“由于评论英国和大陆突出经济事件的论文在我的投稿中占很大部分，我不得不去熟悉政治经济学这门科学本身范围以外的实际的细节。”[40] 考虑到马克思正将自己定位为一个对政治经济学颇为热心的评论家，我们在此处可以推断出他对获得一群严肃而有学问的读者的支持产生了兴趣。所以——如果我们从另一个角度来研读这些评论——再联系到他本人对自己活动的评价，我们就会知道，他对新闻行业的提及是非常重要的了。

今天的读者还会注意到《政治经济学批判大纲》[41] 的缺失，这在当时是由别人将他的“经济学”手稿加以编辑之后出版的，现在它已经变得如此经典以至于人们在引用它时普遍将其视为一本“书”(而即便是在第一次出版时，它也是作为马克思手稿的合辑在1939—1941年分为上下两册出版的，它从不是一本书)。同样值得注意的是，被弃置的“导言”(1857年)[42]（也在1859年《〈政治经济学批判〉序言》中被提及）从来都不是(《政治经济学批判大纲》）这本书的导言，而是上文所提及的（以分开的形式)、写成并已出版的半卷的手稿[43]。总的来说，通过将自己的研究经历（以及文中所提及的马克思的丰富多样的著述）与“诚实研究”[44] 保持一致，马克思框定（并结束了）其自传性的阐述，而这看起来也确实可

26 以被人们所接受。但是，在解释他是谁以及他有何计划时，他对出版自己的著作和拥有较高出版量的新闻工作的关注，与他在接下来的几年时间里成为一个“伟人”和“伟大思想家”的经历形成了鲜明的对比。

三、将马克思偶像化[45]

在19世纪60年代，马克思以一名社会主义者和共产主义者的身份重新投入组织工作，并为美国和欧洲大陆的一家报纸从事“左翼”新闻工作。虽然他并不是1864年成立的国际工人协会的创始人，但他是该协会的一位早期的追随者和颇具影响力的理事会成员。自早年树立国际共产主义愿望以来——就像1847年底在伦敦秘密举行的两场半关于（处于萌芽期的和仅仅渴望成功的）“共产党”的国际组成部分的会议一样——马克思就作为一位出色的作家、令人敬畏的思想家和有经济头脑的批评者而闻名。这样，他就成了一名委员会委员、联合运营者、不知疲倦的记者和评论员。但是，他本身至多代表了一种趋势，他本身并不是一个派系的领导者。然而，作为一个国际组织，（从理论上看）国际工人协会在任何方向上都是不统一的，尤其是在民族主义优先事项和跨国争端方面，更不用说在不同版本的共产主义、社会主义和改良主义或空想主义等方面了。但随着19世纪60年代的发展——在某些地区——与之相适应的是原始劳工联盟和原始政治党派力量的不断壮大，反对宗教宽容的不平等性（合法性之前的一个阶段）在德国各州取得了相应的进展（在马克思和恩格斯不在英国的情况下）。

1872年，一些人——并非马克思本人，也不是处于宣传经理人模式的恩格斯——主动开启了一场为他们二人构建“名人身份”（并且这一组合是非常值得注意的）的过程（这或许稍微有点出人意料）。他们推动这一进程，意在将马克思打造成一位标志性的社会主义之父，尤其是德国社会主义运动主流的创始人。这也是为了利用马克思作为前一年巴黎公社所谓的“恐怖分子”的捍卫者，以及他——作为作者（用英语）对国际工人协会所发动的事件所做的流传甚广的颂词——在国际舞台上短暂的“声名狼藉”（notorious）的时刻[46]。这一时代思潮与一个原本非正式的“马克思党”（Marx Party）——一个由1862年大赦后结束流放回国的、1848—1849
27 年的德国革命者组成的松散联盟——有关。后来，这些人团结在马克思曾经的朋友、差不多同一时期的威廉·李卜克内西（Wilhelm Liebknecht，1826—1900）和后来更年轻的奥古斯特·倍倍尔（August Bebel，1840—

1913）的周围（请注意，他们二人各自的政治观点也有所不同）[47]。他们做了一个完全可以被规避的决定，即出版一部鲜为人知的（马克思的）文本。

这些决定造就了我们所熟知的那个“马克思”。《宣言》（又名《共产主义宣言》）在1872年的大规模出版和流通，以及包含作者署名的带序言的“特别版”的出现，都在接下来的岁月里引发了（人们）对《宣言》的再版和翻译——而这一过程正是将马克思塑造为一位世界性的历史人物的过程[48]。在那之前，在德国社会主义有限的圈子之外，马克思几乎不为人所知（也几乎不受欢迎）。即使是在那个时候，他的“党派”（事实上是他的崇拜者）也只是一个较大的运动中的一个小小集团而已。

从1872年出版的《宣言》德文版序言——这一序言是马克思和恩格斯被催促所写成的——中，我们可以看出，他们对于再版这本相对有点散乱的23页的小册子感到困惑。毕竟，他们都已经写下了不少关于斗争岁月的文字，这本小册子也是为一个委员会写的。同时，考虑到他们的斗争在很大程度上仍在继续，回顾过往究竟又有什么意义呢？难道《宣言》其实根本就没有太多的宣言？难道重点不是重新再写一本书？“这些原理的实际运用，正如《宣言》中所说的，随时随地都要以当时的历史条件为转移，所以第二章末尾提出的那些革命措施根本没有特别的意义。如果是在今天，这一段在许多方面都会有不同的写法了……其次，很明显，对于社会主义文献所作的批判在今天看来是不完全的，因为这一批判只包括到1847年为止；同样也很明显，关于共产党人对待各种反对党派的态度的论述（第四章）……已经过时……但是《宣言》是一个历史文件……”[49] 在所有可以用来给马克思做宣传并使人直截了当地了解当代政治的所有文字中，对于马克思和恩格斯而言，这本长期被遗忘、早已在印刷机上凉透了的小册子并非一个明智的选择。这一文本的“一般原理”虽然被广泛认可（但它 *28*
并没有在新的序言中被列举出来），它只在与巴黎公社运动相关时才被提及。接下来，读者就被引导到另一篇事实上最新的文章——《法兰西内战。国际工人协会总委员会宣言》——中去了。

然而，李卜克内西、倍倍尔及其伙伴（在19世纪70年代初期）比恩格斯（在1859年）更善于“包装”马克思，并且当时读者的“兴趣”也确实是怀旧的，但这种兴趣却不在于作为一个有血有肉的人的马克思及他在革命中的所作所为。因为在那时，这一系列活动的目的是不一样的。它的目的在于使马克思（和整个社会主义政党组织以及“马克思党”潮流，即使后者在其内部仍有冲突和分歧）在当时变得更加出名并且在现在得到更多的共同认可。到 1872 年，发生在 1848 年的事件和人物已经逐渐湮没于历史之中，使得制造一个革命的“光辉岁月”之复兴成为一种可能。从这个角度来看，这个小小的同盟需要一些令人振奋的东西来提升事业，而这一事业并非关于个人的英雄事迹，而是要确立一位经历过那段“光辉岁月”并与社会主义真理同在的人物。只有极少数人了解《宣言》这本小册子，而且要找到并且阅读它几乎是不可能的。但是，这本小册子确实是一个非常好的选择。幸运的是，后来关于另一起叛国罪的审判，使这一文本摆脱了审查员的管控，成为公共档案的一部分[50]。

即使到了 19 世纪 70 年代，除了为德语读者印刷的、非常罕见的版本外，马克思的任何一篇篇幅成章的论文、任何一本短篇书籍以及任何一部独立卷次的著作几乎都是难以获取的[51]。尽管我们并不知晓其中的缘由，但毫无疑问，依然会有一些著作能在二手书店和读者之间的传阅使用中焕发生机。马克思和他的著作距离成为（学术）研究的对象（不局限于偶尔的尊重性评论）还有很长的一段路要走，而他的“思想”——正如《1872 年德文版序言》当时所指涉的那样——针对的是当时持续变化的政治环境，并在这种环境中得到了检验。即使是面对大多数经过（表面上）无可争议的、科学的批评的“学术产物”，这也依然适用。考虑到他当时依旧在世并在从事政治活动——在通信和组织事务上——他不可能成为一个被人崇拜的偶像，而且他以自己的名誉拒绝了这一点。在马克思逝世以后，恩格斯用法语在两封不同的信中，不同程度地重复着他无意中听到的、马克思自己的声明即“不是马克思主义者”[52]。这句话与我们所知道的（甚至在当时还算不上是）“伟人”的其他内容相符。

29 选择一些不合时宜（“过时的”）的材料——如同当时的《宣言》所说的那样——能有效取代对当时一系列问题带有内部倾向性的辩论。它通过强调一种所谓的共同遗产来实现这一目标，这种遗产离过去足够久远，在现在也不会引发争议。对马克思作为第一作者的关注与“马克思党”关于重新出版马克思文本的工作大同小异，尽管马克思是一名（自愿的）流放者，但他作为《资本论》作者在“学术上”难以被理解以及他作为一个政治操盘手有着令人生畏的名声。在 1845 年以前，恩格斯是他们二人中更有成就、更出名的那一个。到 1872 年，他就不知不觉地从公众的视野中滑到了他自己所定位的“第二小提琴手”的地位了。

《宣言》的再版并没有将马克思造就为“伟人”。但是，这也从另一个角度表明，在这本相当“激进”（outré）的小册子再版之前，“伟人”马克思也并不存在。这一可读性很强的文本在接下来的 20 余年里成功地使这个人“伟大”起来了，虽然其中真正的原因根本不是他或者恩格斯——就我们所知道的而言——所希望看到的。但是，简单的图景总是最容易被“理解”的——这个人之所以伟大，是因为他撰写了人民的宣言，而人民的宣言造就了伟大的作者。这两者结合在一起，成为马克思主义历史中标志性的形象。

四、逝世，复活

在19世纪70年代，国际工人协会近乎不存在。除翻译（并修订了，1872—1875）法文版《资本论》[53] 外，马克思几乎没有创作什么实质性的内容，同时，关于他生平故事的叙述也随着他身体的日趋消损以及亲人的相继离世而逐渐消失。1883年马克思逝世以后，情况相当戏剧性地同时向两个方向发生了转变。恩格斯以全新的介绍性文字和序言对马克思著作的再版，在相当大的程度上遵循了上文所提及的政治路线。然而，恩格斯本人的著作，经过他自己的介绍和传播，连同他的事业、思想、学术负债（debts）和评注一起，被认为是直接来自马克思，并且是对马克思“思想”的有意补充。恩格斯是一个体系的建立者，他把马克思描绘成一个科学家和哲学家，这是众人在19世纪七八十年代都在构想的事情[54]。恩格斯的“墓前演讲”材料[55] 为马克思的伟大奠定了基调，他的其他著作——如《反杜林论》[56]、《社会主义从空想到科学的发展》[57]、《家庭、私有制和国家的起源》[58] 和《路德维希·费尔巴哈和德国古典哲学的终结》[59] ——
将马克思再一次贴上了他在1872年就被嘉奖的“思想家”超脱于政治之上 30
的“伟大”的标签。恩格斯利用了他的相似地位，但并不是为了他自己。为避免出现混乱的情况，本来可能会成为问题的（马克思和恩格斯）两人之间谁才是正典（canon）①，被有效地以“马克思主义”的名义得以解决，而后者正是从合并的经典中产生的。尽管存在着各种政治分歧和党派争论，这一过程还是得到了卡尔·考茨基（Karl Kautsky，1854—1938）、格奥尔基·普列汉诺夫（Georgi Plekhanov，1856—1918）、安东尼奥·拉布里奥拉（Antonio Labriola，1843—1904）和其他众多理论家的大力支持和推动。在

① canon是指一批被公认为神所启示或默示（无误）的著作。英文“canon”一词来源于希腊文“kanÉ；n”，原指织工或木匠使用的校准小棒，译为“量尺”或“量杆”，后来延伸为法律或艺术的尺度或规范。在本书中，该词可被译为“正典”“经典”“标准”，也可被理解为“重要的”“主要的”之意。

19 世纪 90 年代末，一种“(马克思）主义”诞生了。

另一个使马克思成为“马克思”的重要发展是梅林对马克思–恩格斯未发表的遗作（也就是他们的档案遗产——这些档案遗产零散地存放在箱子里，由幸存的家庭成员和社会主义党的忠实支持者持有或“租借”出去）所做的整理工作[60]。梅林 1902 年为马克思和恩格斯所编纂的著作目录，不仅为他个人撰写马克思即伟大思想家的传记奠定了基础，而且正是由于这一传记——这种类型的典范之作——也使马克思（在世人面前）成为一个拥有自己“著作”的理论家。这些“著作”是与马克思的“生活”兴趣（life interest）和政治叙事相关联的。

然而，本书的后续章节采用了一种以呈现为中心（present-centred）的方式来探讨我们与马克思所共同使用的一些概念，并将其描绘为一位在其“日常（生活）”中的激进分子，而不是一位与“思想”搏斗的孤立的“思想家”。他的“伟大”之处的更深层次的内涵将在这个概念式的结构中进行揭示，这样就能避免把许多“合成”的“众多的马克思”与他激进主义的现实相混淆，同时也为各式各样的（已经进化成了“马克思”的）政治思想和学术灵感提供指导。

注释

[1] 这一章的内容是我发表在《古典社会学杂志》(*Journal of Classical Sociology*) 2017 年第 17 卷第 1 期上的删节版，请参见：Terrell Carver,“Making Marx Marx”, *Journal of Classical Sociology* 17: 1 (2017): 10–27.

[2] 麦克莱伦. 卡尔·马克思传. 王珍，译. 北京：中国人民大学出版社，2005; Terrell Carver, *Friedrich Engels: His Life and Thought* (London: Macmillan, 1989).

[3] 请参见本书导言部分。

[4] 这一部分所依据的资料请参见：Terrell Carver,“McLellan's Marx: Interpreting Thought, Changing Life”, in *Marxism, Religion and Ideology: Themes from David McLellan*, eds. David Bates, Iain Mackenzie and Sean Sayers (Milton Park: Routledge, 2016), pp. 32–45.

[5] 关于带有说明性插图的简短的新近出版的学术传记，请参见：Paul Thomas, *Karl Marx* (London: Reaktion, 2012).

[6] 对于当时德国特里尔地区当地的政治（氛围）栩栩如生的描写，请参见：斯珀伯. 卡尔·马克思：一个 19 世纪的人. 邓峰，译. 北京：中信出版社，2014.

[7] [*Rhenish Gazette*]

[8] [*German-French Annals*]

[9] 请参见本书第四章“民主与共产主义/社会主义”。

[10] 请参见本书第五章“资本主义与革命”。

[11] 马克思，恩格斯．神圣家族．马克思恩格斯全集：第2卷．北京：人民出版社，1957：3－268．请注意，在现在出版的《马克思恩格斯全集》中，此文的署名情况是马克思在前，恩格斯在后；然而，在当时（1845）出版的原书的扉页，署名的情况则是恩格斯在前，马克思在后。

[12] 对于“社会问题”的探讨，请参见本书第二章“阶级斗争与阶级妥协”。

[13] 同［9］.

[14] 马克思．驳卡尔·格律恩//马克思，恩格斯．马克思恩格斯全集：第4卷．北京：人民出版社，1958：42－45.

[15] [*German Gazette of Brussels*]（这是一份由德国侨民创办和编辑的、以侨居的德国政治流亡者为主要读者对象的，在布鲁塞尔出版的大型德文周报。——译者注）

[16] [*Trier Gazette*]（这是在马克思的家乡特里尔出版的报纸。——译者注）

[17] 这本书是指《哲学的贫困》（马克思．哲学的贫困。答蒲鲁东先生的“贫困的哲学”//马克思，恩格斯．马克思恩格斯全集：第4卷．北京：人民出版社，1958：71－198）。

[18] [*Système des contradictions économiques, ou philosophie de la Misère*]

[19] 关于青年马克思与乌托邦社会主义者之间学术关系的富有启发性的探讨，请参见：利奥波德．青年马克思：德国哲学、当代政治与人类繁荣．刘同舫，万小磊，译．广州：中山大学出版社，2017.

[20] [Misère de la philosophie. Réponse à la philosophie de la misère de M. Proudhon]

[21] 同［14］42－43.

[22] 同［14］43－44；观点请参见：William Clare Roberts, *Marx's Inferno: The Political Theory of Capital* (Princeton: Princeton University Press, 2017), pp. 35－50，蒲鲁东和蒲鲁东主义是马克思（包括他后期在国际工人协会所从事的政治工作以及在《资本论》中对政治经济学的批判）批判性审查和攻击的主要对象；详细文本研究请参见：Paul Thomas, *Karl Marx and the Anarchists* (London: Routledge & Kegan Paul, 1980), pp. 175－248; Alan Gilbert, *Marx's Politics: Communists and Citizens* (Oxford: Martin Robertson, 1981), pp. 82－94.

[23] 现代经济学的前身，请参见本书第二章“阶级斗争与阶级妥协”。

[24] [*New Rhenish Gazette*].

[25] [*Zur Kritik der politischen Ökonomie*].

[26] 马克思．《政治经济学批判》序言//马克思，恩格斯．马克思恩格斯文集：第2卷．北京：人民出版社，2009：588－594.

［27］恩格斯. 卡尔·马克思《政治经济学批判。第一分册》//马克思，恩格斯. 马克思恩格斯文集：第 2 卷. 北京：人民出版社，2009：595－606.

［28］与上文所探讨的马克思 1847 年的关于传记的声明相反。

［29］请参见：Roberts，*Marx's Inferno*，pp. 41－42.

［30］请参见本书第六章“剥削与异化”。

［31］但是，请参见我在本书第二章“阶级斗争与阶级妥协”中对这些材料的广泛使用。

［32］马克思.《黑格尔法哲学批判》导言//马克思，恩格斯. 马克思恩格斯全集：第 3 卷. 2 版. 北京：人民出版社，2002：199－214.

［33］马克思. 论犹太人问题//马克思，恩格斯. 马克思恩格斯全集：第 3 卷. 北京：人民出版社，2002：163－198.

［34］马克思. 1844 年经济学哲学手稿//马克思，恩格斯. 马克思恩格斯全集：第 3 卷. 北京：人民出版社，2002：217－365.

［35］马克思，恩格斯. 德意志意识形态//马克思，恩格斯. 马克思恩格斯全集：第 3 卷. 北京：人民出版社，1960：11－640. 这部著作直到 20 世纪二三十年代才出版。对于这部加工制作而成的“书”所做的两卷本历史性和分析性研究，请参见：Terrell Carver and Daniel Blank，*A Political History of the Editions of Marx and Engels's 'German Ideology Manuscripts'*（New York：Palgrave Macmillan，2014）；Terrell Carver and Daniel Blank，*Marx and Engels's 'German Ideology' Manuscripts：Presentation and Analysis of the 'Feuerbach Chapter'*（London：Palgrave Macmillan，2014）.

［36］罗扬. 理论的诞生：以 1844 年笔记为例. 赵玉兰，译. 马克思主义与现实，2012（2）.

［37］马克思，恩格斯. 共产党宣言//马克思，恩格斯. 马克思恩格斯文集：第 2 卷. 北京：人民出版社，2009：3－67.

［38］马克思. 关于自由贸易的演说//马克思，恩格斯. 马克思恩格斯全集：第 4 卷. 北京：人民出版社，1958：444－459.

［39］尽管这里的讨论是在本书第四章“民主与共产主义/社会主义”中马克思的激进主义的语境中进行的。

［40］同［26］594.

［41］请参见：Karl Marx，*Grundrisse：Foundations of the Critique of Political Economy*，trans. Martin Nicolaus（Harmondsworth：Penguin，1993［1973］）；and Marcello Musto（ed.），*Karl Marx's Grundrisse：Foundations of the Critique of Political Economy after 150 Years*（Milton Park：Routledge，2010）.

［42］［*Einleitung*］；Marx，Grundrisse，pp. 81－111.

［43］我自己的翻译可能会给人留下这样的印象，但那不是当时的本意；请参见：Karl Marx，*Texts on Method*，ed. and trans. Terrell Carver（Oxford：Blackwell，

1975), pp. 46–87；详细的评注请参见：Karl Marx, *Texts on Method*, ed. and trans. Terrell Carver (Oxford: Blackwell, 1975), pp. 46–87, 88–158.

［44］同［40］.

［45］这一部分所依据的资料，请参见：Terrell Carver, "The *Manifesto* in Marx's and Engels's lifetimes", in Carver and Farr (eds.), *Cambridge Companion to The Communist Manifesto*, pp. 68–72.

［46］马克思. 法兰西内战。国际工人协会总委员会宣言//马克思，恩格斯. 马克思恩格斯全集：第17卷. 北京：人民出版社，1963：331–389；该文是马克思代表国际工人协会总委员会向全世界无产阶级发表的演说（马克思，恩格斯. 马克思恩格斯全集：第17卷. 北京：人民出版社，1963：761注释191）；也可参见：Gareth Stedman Jones, *Karl Marx: Greatness and Illusion* (Cambridge, MA: Harvard University Press, 2016), pp. 507–509.（详细描述了马克思的坏名声）

［47］请注意，他们二人各自的政治观点也有所不同；Hal Draper, *The Adventures of the Communist Manifesto*, (Berkeley, CA: Center for Socialist History, 1994), pp. 36–38.

［48］Draper, *Adventures*, 1994, pp. 48–52.

［49］马克思，恩格斯. 1872年德文版序言//马克思，恩格斯. 马克思恩格斯文集：第2卷. 北京：人民出版社，2009：5–6.

［50］Draper, *Adventures*, pp. 48–49.

［51］［资本论……］；马克思. 资本论：第1卷//马克思，恩格斯. 马克思恩格斯文集：第5卷. 北京：人民出版社，2009：7–891.

［52］恩格斯. 恩格斯致爱德华·伯恩施坦//马克思，恩格斯. 马克思恩格斯文集：第10卷. 北京：人民出版社，2009：487；恩格斯. 恩格斯致康拉德·施米特//马克思，恩格斯. 马克思恩格斯文集：第10卷. 北京：人民出版社，2009：586.

［53］与马克思在法文版《资本论》上所付出的辛勤工作相比，第二版（1872）和第三版（1883）德文版《资本论》几乎没有增加任何实质性的内容或介绍。

［54］这一观点的讨论请参见：Terrell Carver, *Engels: A Very Short Introduction* (Oxford: Oxford University Press, 2003), ch. 5.

［55］马克思，恩格斯. 马克思恩格斯全集：第19卷. 北京：人民出版社，1963：372–373, 374–379, 380–388.

［56］恩格斯. 反杜林论//马克思，恩格斯. 马克思恩格斯全集：第20卷. 北京：人民出版社，1971：7–351.

［57］恩格斯. 社会主义从空想到科学的发展//马克思，恩格斯. 马克思恩格斯全集：第19卷. 北京：人民出版社，1963：201–247.

［58］恩格斯. 家庭、私有制和国家的起源//马克思，恩格斯. 马克思恩格斯

全集：第 21 卷．北京：人民出版社，1965：27－203.

［59］恩格斯．路德维希·费尔巴哈和德国古典哲学的终结//马克思，恩格斯．马克思恩格斯全集：第 21 卷．北京：人民出版社，1965：301－353.

［60］Franz Mehring（ed.），"Aus dem literarischen Nachlass von Karl Marx, Friedrich Engels und Ferdinand Lassalle", in *Gesammelte Schriften von Karl Marx und Friedrich Engels 1841—1850*, vol. 2（Stuttgart：J. H. W. Dietz Nachfolger, 1902）.

第二章　阶级斗争与阶级妥协

阶级是一个非常泛化的概念[1]，斗争与妥协也同样如此。等级、秩序、 31
地位，权力层级，财富与权力，分歧、争论与协议——所有这些概念都能在人类社会最早的文字和符号记载中追本溯源。而且，基于影射论（projection），这些基本概念也能够让我们试着去认识仅给人类留下考古文物和遗迹的史前社会。

21世纪的我们见证了斗争和冲突性事件的再次爆发。这些斗争和冲突，涉及工业化社会和正在进行工业化的社会中的现代社会阶级的基本概念。事实上，阶级、斗争与妥协这些概念常常涵盖了在国际层面上出现的国家之间、贸易集团之间的矛盾和纠纷。国家之间尚且以主权、财富和权力进行等级划分，一国之内的人民也同样如此。

同样值得一提的是，有些组织、集体和适时的口号标语将我们的注意力从（人们之间的）关系上进行转移，继而让我们关注公民权、协议和共识。例如，联合国大会通过采取《联合国宪章》中“一国一票”的表决制度，实现了所有成员国之间的平等，正如许多国家政治体制以宪法所明确规定的“一人一票”制来实现所有公民之间的平等一样。在经济上，政治家从不缺乏“我们紧密团结在一起”（we're all in it together）这样的口号；在气候变化问题上也是如此，从不缺乏形象工程和对全世界的号召激励。
然而，在这种千篇一律的平等的虚假外表之下“人人有且只有一份”（each 32
counting for one and no more than one）“人人为我、我为人人”（all for one and one for all）等，每个国家都是不一样的，（每个国家的）人民也都是不一样的。

现代民主政权建立在简单相似（如“一人一票”制）[2] 与各有差异的张力之上。而大多数差异如今都已细化成具体的统计类别，包括社会阶级指标以及被公共/私人机构持续调查的其他类别。同时，出现了一些陈述、程序和规则，被用来证实某些差异（例如在公平公正上的差异）的存在，或被用来促进平等，以解决不公正和不平等的现象。这些公平化策略通常经由平等的程序和转移支付的方式而发挥作用，其具体做法包括“公平招聘”或“需求回避”（need-blind admissions）、“税收抵免”或“住房补贴”。

作为一种全球化的进程，民主化（在某种程度上）废除了先前归化（naturalized）的机构以及对主权、财富和权力的认同。过去，这些等级体系主要由专制国家和宗教当局所管控，而民主化则对主权、财富和权力进行了再分配，使其以多种方式广泛存在于公民之中，如公职机构、商业化市场和越发模糊的社会地位等级。民主化的进程，至少从某种程度来看，也倾向于取代和使宗教的差异与官方的等级边缘化，并在绝大部分政体中维持着世俗对宗教的尊敬。不同于极端的平均主义政权，民主化政权中保留在主权、财富和权力上的某些差异，必然会出现有关平等或不平等的讨论，继而会出现这样一种政体，即通过间接或结果性的论据为平等与不平等的程度进行多维辩护的政体。

至少自罗马时代以来，金钱在挑战既定的主权等级中发挥着关键性的作用，尤其是当主权等级是根据“出生”（如血统和宗族）的地位等级所规定的时候，或是根据人们对创造财富的资源（如土地和矿产）的实际操控权所定义的时候，或是根据简单地倾斜权力杠杆后又能逃脱权力的制裁所定义的时候。当前，国内外社会所要关注的重大问题包括：第一，界定盗用公款和其他各种形式的腐败；第二，监督管制；第三，追回赃款。随着金融体系的全球化，甚至是“裙带资本主义”（crony capitalism）的出现，主权、财富和权力上的差异看似日渐式微，但往往充斥着新闻头条。民主制度与企业财富以及权力之间的相互依赖——同时也是相互抗衡直至发生逆转和变革——已成为全球范围内十分常见的政治现象。

33 2016 年 4 月 3 日初次面世的“巴拿马文件”（Panama papers）由一位匿名的告密者泄漏。该告密者透露了他/她对收入不平等以及大范围不公正现象的担忧[3]。空壳公司、避税港、离岸会计机制的存在，可以说是不公正的，即使这样的策略是落在合法避税和非法逃税的界线的正确一侧。同样地，在前商业化时期，不是每个人都必然对归化的社会等级、消费和权力感到满意，尤其是当不同程度的奴役合法地或非正式地被规定和强制实施时。许多人认为，由于这样的策略传统且少见，公平公正因而得以具体化。然而，许多其他人却以大大小小的方式抱怨并反抗着这种策略。

在当今的商业化时代，特别是在 21 世纪的国际政治中，主权、财富和权力之间的差异以及这三者之间相互促进的关系，是关乎货币持有和获得财富创造的一个独特又令人烦恼的问题（对个体和国家都是如此）。在这些政治辩论、冲突和抗议中，人们的注意力多集中于财富与收入的“极端化”（extremes）。但是，平等概念如何确切地证明某些财富与收入是“非极端”（non-extreme）的，因而是可接受的，或许甚至是有益的，得视情况而定。那些可以用来推行强制再分配，以及其他将差异推向趋同的公平化策略的论证也是如此。《精神层面：为何平等惠及众人?》（*The Spirit Level: Why Equality is Better for Everyone*）[4] 是一本旨在在收入、财富和权力的不平等中寻求总体“平衡”的好的范例。因为作者在书中提出，在国家层面增加集体收入被证明是为再分配政策设立的强有力的宣言，因而也是对国家允许或追求不平等收入的做法的预警。这种平等主义的论点与以下策略截然相反，这种相反的论辩策略证明，基于个人所有权和纯粹“程序”公正的道德原则的个人收入的差异化，是在以政府监管最小化和经济效益最大化为前提的“自由市场”的框架中设立的[5]。

世袭传递影响着主权、财富和权力的归化等级状况。这种传递是通过个人遗赠或（更多的是通过）独立于个人选择之外的权力结构（如亲属和 34
宗族体系）而实现的。通过无数形式各异的亲属或类亲属实践而运行的世袭原则，已经成为权力掌控、财富传递、上下级权威关系流动，以及对这些实践方式进行传统归化过程中的十分重要的部分。作为关乎“机会”平等的个人行为累积影响下的产物，后封建社会的阶级概念已经废除了一些（并非全部）世袭原则及其实践方式；立法禁止裙带关系和任人唯亲的实践做法，以及其他关于利益冲突的立法，在设计和执行上有很大的差异。

继承依旧是存在于世界上大部分地区中的世袭传递最主要的合法方式。继承不仅仅是财富的继承，而且还包括家庭关系、亲属体系，甚至是从配偶和历代祖先那里传递下来的政治权力的继承，它们有时在领导职位的普选过程中发挥作用。农奴制度的废除以及奴役制度的最终废除，使欧洲社会的“底层人民”（inferior ranks）与被殖民化的美国社会之间建立了一种商业关系（雇佣劳动和国内的无酬劳动），并融合了世袭、性别和上文所提及的家庭关系这些继承的缺点。阶级全然占据了以不同所有（holdings）和资源形式存在的商品化资产的中心。这些资源要么是作为生产要素之一的用于交换薪酬的人类劳动，要么是由于缺乏这种所有，涵盖了那些无任何劳动能力或与市场关系几乎零互动的人，其结果只能处于十分不利的位置。

上述概念的来历能被历史学家和历史编纂学家追溯至罗马时代和当时的史学界。在罗马时代，城邦中的富人和穷人阶层被象征性地分成“元老贵族和罗马人民”，其缩写为SPQR。这是一段充满斗争的历史。当时和现在的历史学家将这种斗争视为平衡宪法规定的一种方式。当然，随着罗马帝国接替了罗马共和国，人口变得越来越多，除了传统社会等级和共和国时期的政治制度之外，引发斗争的其他因素也随之增加。这些罗马共和国时期的规定，在中世纪后期或是影响美国独立战争（1776）和法国大革命（1789）的早期现代欧美政治思想中再次复兴。法国的1793年宪法，通过
35 赋予所有公民（男性）平等的选举权，最为直接地抨击了主权关系中的世袭制度。1793年宪法很快被终止，随后被1795年宪法取代。当1795年宪法重新规定选举权中的财产资格时，世袭阶层随即拥有特权，以各种形式存在的财产的平等控制和再分配也被搁置一旁[6]。从那时到现在，宪法和经济上的规定并未实现巨大的飞跃。

“占领华尔街”（Occupy Wall Street，OWS；简称“占领运动”）运动是一次通过全球互联网组织起来的社会运动，始于2011年9月17日，示威者占领了位于纽约市曼哈顿金融区的祖科蒂公园（Zuccotti Park）。同年9月29日发布的《占领纽约宣言》（Declaration of the Occupation of New York City）[7]，提出了上文所探讨过的类似问题。值得一提的是，该宣言重点关注了美国“民营”企业［“法人”（artificial persons）——用法律术语来说］的权利获取问题。在这之前，这些企业只适用于“自然人”（natural persons），即获得独立个人的权利。相比于先前18世纪革命中权利所有者仅仅包括（男性）公民的规定，这是一次进步。《占领纽约宣言》同时主张18世纪的“人民主权论”（popular sovereignty）。只有在人民主权的基础之上，合法政府才能建立。

《占领纽约宣言》详细列举了有违“人民”公正的主要表现，这些不公正包括政府对个人权利的侵犯和不尊重，以及由玩忽职守和不法行为所造成的公司福利上的不公。该宣言并非面面俱到：对不公正行为的列举主要集中在经济方面，即收入、财富和权力上的不平等。政治的、法律的和不受法律管辖的某些手段，造成并加剧了这些不平等。同时，《占领纽约宣言》主张，正是这些手段导致了腐败和压迫，进而使得企业“经营者”牺牲普通“纳税人”的利益而谋取私利。而且，它还将企业及政府活动与持续的殖民主义联系起来，并刻画了一个压迫绝大多数美国民众的阶级结构，进而呼吁建立一个兼容各民族的国际阶级结构。

在此次“占领运动”中诞生了后金融危机时代抗议活动的国际先驱，该运动同时也在美国之外的许多其他国家（地区）激起了类似的运动和愤怒[8]。“占领运动”以11月29日的法庭宣判而告终。判决支持企业的“私

营”财产权利，而反对个人占用“公共”场所的权利。毫无意外，法院并未提及包含财富、收入和权力不平等在内的任何实质性的政治问题，也并未涉及政府合法性的宪法问题或者其缺乏合法性的问题[9]。

“占领运动”中广受欢迎的口号“我们是世界的99%”，与1776年后 36
民众反对腐败的独裁或腐败的民主政治体制的抗议模式相契合。这种腐败的独裁或民主政治体制允许甚至有时保护和鼓励主权的世袭传递（通过家族、“关系”和财富，或极低或根本不存在的继承或财产税，或容忍大规模的避税、贪污受贿、“掩盖事实”、“贿赂”税务人员和金融监管者等多种方式进行）。亿万富翁对选民的操纵，有时将财富和权力、未来的百万富翁、掌握实权的政府机构直接挂钩。美国总统唐纳德·特朗普（Donald Trump）利用继承而来的财富，实现了个人财富的增值并竞选成功，这在总统制与民主选举制的历史上并不少见[10]。占领事宜与《占领纽约宣言》所反映和呼吁的阶级抗议游行与政治运动是不会停止的，即使它们面临压迫与残酷的镇压。

一、今日马克思

即使无人引用，马克思也都真实地存在于上文所提及的种种现象与不同的历史之中。人们无须刻意地去衡量他的影响和存在。马克思的思想确实是文化的一部分，因为它契合了自18世纪古典思想的革命复兴以来，我们对阶级、斗争与妥协问题的思考。这主要体现在以下两个方面：一方面，马克思对于上述现象中关于收入、财富和权力的不同获取做出了生动而简洁的总结，具有引用价值和普遍适用性，我将在下文进行详细论述；另一方面，马克思对人类困境的看法未必以其他评论者所通常表达的方式而呈现，但却是独特的，因而具有一定的煽动性。正如我在上一章中所阐释的那样，马克思及其“思想”的学术框架，并不是依据特定情境的政治激进主义而建构的。也正因为如此，他和他的思想才能够跨越时空，对今天乃至今后的政治和其他问题有所启示。

接下来本章的讨论将围绕马克思在进行创作时、为其属意的读者所做的不仅仅是其所想的内容而展开。同时，在马克思的书信和其他资料中，探寻他对于自己所开展的活动及其自身的看法。当然，因为这些资料可能
包含自我吹嘘的成分，所以，以下讨论并不是不加甄别地进行的。此外， 37
本章将深入地发掘真实生动却常常被人忽略的马克思所从事的新闻工作，

而这绝不仅仅是依赖于众所周知的小册子和他为数不多的公开出版的书籍来进行分析的。

本章对这些材料的呈现不会严格地按照时间的先后顺序来进行，因为本章主要涉及的内容是阶级、斗争与妥协这些较为抽象的概念，所以本章的讨论有必要以这些主题概念为中心。但是，我也抵制过度落伍（过时）的观点，即把“行动”（activity）作为一种实现统一的原则。因为在我看来，马克思的激进主义是一种统一的、自生的观点，并将他的工作紧密联系在一起。或者尽可能与工作密切相连，因为我也不太赞同那种对马克思的“生平和思想”的一般理解，他们大多认为，马克思只是创造了一系列随着时间的推移而愈发具有个人色彩的思想。

虽然马克思并不是一名政客，但他对政治具有浓厚的兴趣。蕴藏在马克思著作中的那些思想，具有当时的时代特征，因而并不总是抽象的。即使是他最抽象的分析性的文章（不仅仅是学术成果）也源自政治斗争，并对政治斗争产生一定的影响。这些斗争依托不同的语境和可利用的媒介，包括报纸、时事评论新闻、秘密进行的和半公开的社会变革运动，因此改变了拥有或多或少相似想法的人的人际交往圈。简而言之，马克思在当时进行写作的目的，不是我们今天所理解的，为了学术。他预设的读者群体是受教育者，至少是自学成才之人。在他看来，无论是出于自私还是自欺，这些人将会或者应该会，对那些超俗和非政治化的学术理想和业余爱好无动于衷。

二、阶级

马克思的新闻工作开始于 1842 年，这标志着他首次成为一名出版记者。他所撰写的文章在当时并没有获得多少阅读量，即使是在当时报社的所在地——莱茵地区也同样如此。学者的兴趣被极度地约束着，主要是由于在探索更有趣的事物的道路上，他们被书目指南（bibliographical sign-posting）限制了。通常关注于马克思在这些文本中的哲学化内容所错过的，不是马克思在其早期的新闻稿中的思想有何重要性的问题，而是他为何选
38 择为当地读者撰写那些文章，并让那些文章在严格的审查制度和压抑的环境中出版，文章实际传达的信息又是什么的问题。然而，要弄清楚这些文章实际传达的内容并不那么简单，因为为了通过审查以及消除某些编辑同事的疑虑，这些文章大多是以间接的方式撰写的。除了考虑到现实的形势

之外，马克思采取这一策略的原因还在于他想让这些文章产生意义，使读者群体在当时充满争议的形势下发挥政治作用。在当时的环境下，任何政治活动都被君主政权严厉打压[11]。本章的讨论开始于马克思早期的新闻著作，为下文中马克思关于阶级的著名言论和论述奠定了基础，也为见证以下两点做好了准备，即马克思在某些层面何其简单地将自己与平等激进主义的传统相结合，同时又在其他方面何其尖刻地向这种传统发起挑战。

正如历史学家海因茨·卢巴兹（Heinz Lubasz）在一篇具有里程碑意义但却不幸被人忽略的文章中所言[12]，虽然马克思在《莱茵报》编辑部的同事的思想也很激进，但马克思与他们之间的交流次数远远比不上他先前在其学生时代同他的学友们之间的交流次数。学生时代的马克思的激进主义关注的是（教会及政府）主权的本质与人民主权的关系，这在当时是被禁止的信条，并使人联想起法国革命的“暴乱”年代，以及反对等级执行和动员“暴民”获取“统治”地位的运动。然而，编辑部的同事则相反，他们无此雄心壮志，而是对“社会问题”十分感兴趣，比如贫困问题、经济不景气及与自由贸易和保护性关税的关系问题。报社的公开评论就像对莱茵省议会与参议会的评论一样，对君主而言只是具有参考性的，而且只有在君主的要求下，才能毕恭毕敬地建议温和的改革，君主没有义务贯彻执行。这一阶段的背景是大家耳熟能详的。阶级、斗争和妥协，无论是在君主的命令下还是在反君主专制的团体和激进主义者的要求之下形成，其达成的妥协都是十分有限的，在当时也只是单方面的。

尽管如此，在马克思的文章中，他所面对的是普鲁士社会的“秩序”或“国民等级”（Stände）的政治哲学。当时的普鲁士依然是由地主和同业公会主导的封建社会，人们被划分为主人和仆人，通常情况下不允许进行货币购买（但有时也有例外）。如果你属于并且发现自己处于贫民阶级，那么，你谋取生计的途径是通过你的“国民等级”，即由相应的法定义务所组成的（所谓的）实体。1840年后，大约有一半人口将成为“新贫民”。 39
如果你不属于贫民阶级，那么，你只能依靠“私人财产”谋生，通常是（所谓的）宗教慈善机构，因为依照定义而言，行善本身是自愿的。马克思在一篇文章中写道：“**贫苦阶级的存在本身**至今仍然只**不过是**市民社会的**一种习惯**，而这种习惯在有意识的国家制度范围内还没有找到应有的地位。”[13]“新贫民”是指无土地、无职业的劳动者，他们还没有在雇佣劳动（无论是手工业还是家政服务业）中找到一席之地。他们的困境唤起了那些有财产、有地位和有前景之人的同情和恐惧。《莱茵报》的自由派认为，这是一个经济问题，也是一个政治问题。这在当时的莱茵地区是一个非常新颖的观点，而专制君主和宗教势力却看到了这种观点的颠覆性和破坏性。

马克思对当时社会形势的态度与后来的“占领运动”领导者的看法十分相似。在马克思看来，就人类本质而言，社会上的所有人（尽管是指成年男性）应该是100%平等的。社会不是一个秩序分明的等级体系，即人从出生就被归于相对应的权威、财富和权力等级，至少要允许深层次上“反常的”和不大可能的阶级流动，无论这种流动是向上的还是向下的。这种民主立场实质上是《法国共和元年宪法》① （French Constitution of the Year I）中所规定的普遍（男性）选举权和被选举权的缩影。同时，这一立场也体现了实现政治运动合法化的原则性条件，例如，在极端情况下，“人民”有权拥有选举权之外的其他权利。如上所述，这种如“一人（男性）一票”的平等原则，与个人在经济地位和潜能方面的差异程度之间的关系，构成了一个更深层次的问题。实际上，这是马克思继续探寻和探讨的真实问题，也确实是“占领运动”的对抗性激进活动的本质。

因此，马克思在其文章《关于林木盗窃法的辩论》[14] 中所选择的问题与“占领运动”中许多的关注点和观点是一致的。在现今几乎完全商品化的全球社会，也有类似的辩论和斗争的风波。在莱茵省议会之前，马克思向普鲁士国王的提案是作为一个提议而呈递上去的，为的是撤销封建法律的关键条款，并赋予“农民”从林地随意采柴的权利。马克思的论点又一次成为现在十分流行的论点，他认为，无论法律如何，提议中的改变事关一个阶级的不人道行为，他们对无生命的资源的重视远远超过对有生命的人类的关注。文章指出，这些人已经穷到没有其他任何方式可以获取生活必需品了。

40 正如卢巴兹所言，马克思的观点颠覆了一种假设，即有财产和无财产属于自然秩序的内容。与此相反，马克思认为，自然化的内容是人类在需求和欲望方面的相似性，其内涵是社会秩序、地位和等级是可以被质疑的：它们要么使人能够生存，要么使人无法生存。同为人类，所有人都是平等

① 即《雅各宾宪法》，它是1793年6月24日法国大革命中由国民公会通过的新宪法，又称“1793年宪法”。新宪法宣布，法国是统一的、不可分割的共和国，仍实行三权分立制度。这是近代史上最民主的一部资产阶级宪法，也是法国第一部共和制宪法。由于当时激烈的斗争形势，国民公会决定宪法暂不施行。共和国最高立法机构是普选产生的立法会议，最高执行机构是由立法会议任命的执行会议。宪法保障人民有信仰、出版、集会、请愿乃至武装起义的权利。新宪法取消了选举资格的财产限制。凡年满21岁的男子都有选举权和被选举权。对于立法会议的立法，全国人民拥有否决权。

的。马克思通过一个令人震惊而又极具讽刺意味的论证继续深化这一观点。他写道，在依然存在的新封建体系中，对人类固定等级秩序的传统的政治化调用，实际上构建了一个类似于不同物种之间的自然分化的等级制度。在封建主义晚期，这种“动物化”的社会秩序因而错误地使某些人低于他人。马克思得出以下结论，“特权阶级”的政治主张并非建立在“权利的人类内涵”（human content of right）的基础之上，而是令人震惊地建立在权利的“动物形态”（animal form）的基础之上。他指出：“**封建制度**就其最广泛的意义来说，是**精神的动物王国**，是被分裂的人类世界，它和有区别的人类世界相反，因为后者的不平等现象不过是平等的色彩折射而已。在实行单纯的封建制度的国家即实行等级制度的国家里，人类简直是按抽屉来分类的，那里伟大圣者（即神圣的人类）的高贵的、彼此自由联系的肢体被割裂、隔绝和强行拆散……在封建制度下也是这样，一种人靠另一种人为生，而最终是靠那种像水螅一样附在地上的人为生，后一种人（工人阶级。——引者①注）只有许多只手，专为上等人（有产阶级和特权阶级。——引者注）攀摘大地的果实，而自身却靠尘土为生；因为在自然的动物王国，是工蜂杀死不劳而食的雄蜂，而在精神的（政治的。——引者注）动物王国（现代人类。——引者注）恰恰相反，是不劳而食的雄蜂杀死工蜂——用劳动把它们折磨死。”[15] 此外，马克思认为，表达权和生存权普遍适用于所有人，它不是自然地分配给某些人而其他人没有，也不是某些人分得多一些而其他人分得少一些。在一场激烈的辩论（一是反对政府严厉禁止另一家报社，二是反对更多一味地迎合政府意愿的报社）中，马克思在原则和实践上捍卫了新闻自由。他指出，“我们应当把对人民报刊的指摘看作对人民政治精神的指摘”，“人民知道，它的报刊为它承担着各种罪过，并为它忍受着屈辱；为了它的荣誉，它的报刊正在抛弃高傲、自负和刚愎自用的作风，成为现代荆棘丛中一棵道德精神的玫瑰”[16]。这一观点更具体地体现在他的下一论述之中：“这样，只要报刊生气勃勃地采取行动，**全部事实**就会被揭示出来。这是因为，虽然事情的整体最初只是以
有时有意、有时无意地同时分别强调各种单个观点的形式显现出来的，但 41
是归根到底，报刊的这种工作本身还是为它的工作人员准备了材料，让他把材料组成**一个**整体。这样，报刊就通过分工一步一步地掌握全部的事实，这里所采用的方式不是让某一个人去做全部的工作，而是由许多人分头去做一小部分工作。”[17] “占领运动”的支持者更加准确地反映了马克思在他

① 指本书的作者特瑞尔·卡弗。

下一篇文章中遇到的情况。这篇文章毫无疑问地维护了一位报社记者，该记者报道了摩泽尔河沿岸地区葡萄种植者的经济贫困状况[18]。19 世纪 20 年代，种植者（包括小农场主和雇佣工人）经历了一段繁荣的生产和销售时期。然而好景不长，他们纷纷在 30 年代的“萧条期”破产和失业。令人震惊的是，当时马克思关于这种情况的论证，使得普鲁士国家的市场关系和政府袖手旁观的态度愈发地变本加厉：“政府似乎把比较穷苦的葡萄种植者的灭亡看作一种自然现象，认为人在这种现象面前只好听天由命，只能设法减轻这种现象所引起的必然后果。”[19] 简而言之，马克思的观点是，市场和国家都是由人类创造的，因而，像这样的人类创造物也可以被人类改变。而当时政府及其官僚机构拒绝改变它们一贯的用普遍性取代客观事实（例如，大规模经济危机）的做法，甚至把集体抗议视为个体的私人意愿（而不存在公共立场）：“人们在研究**国家**状况时很容易走入歧途，即忽视**各种关系的客观本性**，而用当事人的**意志**来解释一切。但是存在着这样**一些关系**，这些关系既决定私人的行动，也决定个别行政当局的行动，而且就像呼吸的方式一样不以他们为转移。”[20] 但是，只有当人民有意愿改变这些条件时，市场和国家才会改变（市场和国家之间的关系也是如此）。这些条件催生了人类的特殊痛苦，显然还会继续使人类经受更多的痛苦。对于人类的这些痛苦，政府传统的默认立场是，仅仅通过慈善机构和个人的自愿行动来减轻，（除此之外）似乎也别无他法。在马克思看来，国家官僚机构——作为一个轻视特定情境的抽象概括性的领域——根本无意放
42 开对财产关系中的“自然秩序”的投入。并且，他得出如下结论：“因此，摩泽尔河沿岸地区的居民就提出了这样的要求：既然他们是在自然和习俗所决定的条件下进行劳动，国家就应当为他们创造一个使他们能够发展、繁荣和生存的环境。”[21] 马克思希望广大公民能够重新思考私人利益与公共利益之间的关系，这种希望寄托于自由的新闻界所能从事的（对大众的）教育，如果允许的话，就像“占领者们”试图通过数字社交媒体、传统的新闻报道，当然还有现场辩论、集会和课程等手段来实现“重新思考”一样。在前一种情况下，当马克思的文章遭遇到审查命令的攻击而不得不被停止传播时，他的（可能相当微弱的）希望就破灭了。而在后一种情况下，“占领运动”虽然乘着一股仍然泛着涟漪的公共利益的浪潮，但似乎极少有长期的立法或行政的效力，除了在公众运动史上昙花一现之外，别无其他影响。

自从马克思所处的时代以来，有一种意识形态被大大增强了，依据这一意识形态，“市场”已被归化为一种不被调控的机制。例如，“今天，我

们生活在人类历史上最繁荣的时期。世界各地的贫穷、疾病和无知正在消退，这在很大程度上归功于经济自由的推进。2017 年，推动这一巨大进步的经济自由原则在‘经济自由度指数’中又一次被测定，该‘指数’是美国传统基金会（华盛顿头号智囊团）出版的年度指南”[22]。但是，与马克思的论证相比，那些针对占世界总人数的 1%的人所享有和捍卫的巨大份额的收入、财富和权力的抗议横幅和推特文章，其实并没有抓住问题的关键。不幸的是，由于当时的媒体处于严格的审查之下，马克思的这些论证只能隐藏于间接而又复杂的散文之中。这样，其思想路线和象征性话语又一次发生了转移。某些“占领运动”的支持者提及了马克思并引用了其经久不衰的文本，但从总体上看，那些支持者避免激起马克思主义所宣称的“红色恐怖”（Red scare）[23]。

无论如何，马克思在 1842—1843 年的控诉主要还是基于道德经验的逻辑、事实和共性——所有这些并未涉及一种“主义”，以避免引用任何从法国大革命开始就被禁止的国外盛行的“人权和公民权”[24]。幸运的是，“占领运动”的支持者受益于美国《权利法案》和司法系统，该系统在很大程度上认可这些原则，尤其是“对法律的平等保护”原则[25]。马克思就 43
此向普鲁士国王进行抗议，认为《莱茵报》作为人民与国家之间民主对话的安全平台，应该继续出版。然而，这一抗议并未得到普鲁士国王的重视[26]。马克思的论述——与“占领运动”的风格相似——简明而直接：“莱茵省人应该在省等级会议中战胜等级，人应该战胜林木所有者。”[27] 在谈到对经济不景气的葡萄种植者的报道时，他指出：“报刊是带着**理智**，但同样也是带着**情感**来对待人民生活状况的；因此，报刊的语言不仅是超脱各种关系的明智的评论性语言，而且也是反映这些关系本身的充满热情的语言，是**官方的发言**中所不可能有而且也不允许有的语言……”[28]

虽说几乎没有评论者对这些著作感兴趣（即使有，也只是匆匆一瞥），但在 1859 年出版的自传序言中，马克思本人明确地引用了这些著作，以定义他的激进主义和他进行创作的缘起和发展：“在这里倒不妨谈一下我自己研究政治经济学的经过……1842—1843 年间，我作为《莱茵报》的编辑，第一次遇到要对所谓物质利益发表意见的难事。莱茵省议会关于林木盗窃和地产析分的讨论，当时的莱茵省总督冯·沙培尔先生就摩泽尔农民状况同《莱茵报》展开的官方论战，最后，关于自由贸易和保护关税的辩论，是促使我去研究经济问题的最初动因。”[29] 许多年过后，恩格斯也曾说过类似的话：“我曾不止一次地听马克思说过，正是他对林木盗窃法和摩泽尔河沿岸地区农民状况的研究，推动他由纯政治转向经济关系，并从而走向社会主义。”[30]

三、斗争

在马克思生活的那个时代，阶级并不是一个新奇的概念。同样，在历史的长河中，阶级或者从古至今都存在的类似于阶级结构的继承权和特权概念，也并不新奇。“常有穷人和你们同在”（The poor you will always have with you）[31] 是一个常被引用也易被接受的真理（同样，以下这种观点也
44 常常被人引用和接受：偶尔有人能够克服一切困难，实现地位、财富的上升，或被人遗忘、陷入贫穷，虽然这可能只是神明干预的结果，或者相当类似地，是高级怪癖或“晋升”的产物）。在法国大革命中迸发出一种观点，即一个完全不同的社会结构和政治形态可以使以上这种运动规范化，从而在某种程度上颠覆“出生”的优势与劣势（殖民时期的美国人不需要应对当地的世袭贵族和欧洲血统的君主制）。自法国大革命以来，专制主义者和民主主义者一直在为这些法律、实践、传统、制度、教条和禁忌苦苦斗争。

与其他作家的文章相比，马克思和恩格斯有一篇文章，对以上这种情况（也是我们今天所面临的情况）进行了更为详细的阐释（阐释本身也通俗易懂）[32]。当然，那篇文章也是一个典型的引文来源，该引文将马克思的观点（*Ansicht*）或观念（*Auffassung*）表述为一句格言或精炼的真理，即“至今一切社会的历史都是阶级斗争的历史”[33]。

然而，在马克思和恩格斯 1847 年中后期政治活动的语境中，这是一种修辞性（rhetorically）的开场白[34]：向那些作为民主激进分子的读者表明，应当如何思考他们所处的社会、他们的家庭和同事以及他们自己，以便认识到他们行动（创造历史）的意义和需要达成的目标，并学习哪些行动可以采取，哪些不能。这是一份关于思考和行动的纲领性文件，而不是规定共产党（这是历史上从未出现过的——以“党派”命名的看似一个松散的志同道合的冒险者协会）的一般制度和章程的宪法性文件。从修辞学的角度来看，在当时，该文章改写了历史，因而也呈现了一种批判性[35]，但并没有过多地揭露传统的、相反的历史编纂学。它大胆的写作风格反对细微的差别和限定，这就与“当时的”人身攻击论战（ad hominem polemic）和如今的学术写作区别开来，同时也促进了某些“互相抗衡的”或者至少彼此尊重的不同观点之间的互动与交流。

这句话和随后对其的阐释在19世纪70年代以前[36]一直被人忽略，其所展现的内容对于阶级而言也并不新鲜。斗争的观念其实并不陌生，也发生过一些或多或少类似的反叛、暴动、叛乱和骚动。真正新鲜的是这样的观点，也正如文中所言，在我们的“时代”，斗争是值得的，而且斗争并不仅仅是那种几乎必然被历史学家记录为失败的突发暴动。确切地说，马 45
克思和恩格斯所理解的随时都在进行的斗争，是一场“或多或少隐藏着的市民战争”。所以，对于读者来说，斗争正在进行着，他们不必从头开始，因为他们已经参与其中了（无论想做与否）。

随后，《宣言》的第一部分和第二部分阐释了工业化社会的阶级结构，同与之相对的传统社会的“秩序”或“国民阶层”，将会有何不同以及为何不同。《宣言》通过援引某些领域已然可见的差异来解释以上两种社会的差别，然后借助鼓舞人心的结论来激励读者采取行动。因此，从修辞学的角度来看，《宣言》没有做的是努力从事描述性标准的研究，以便使其“准确化”。在这里，马克思和恩格斯的修辞论证是一种简单的二分论，不是来自社会调查或政治民意调查，而是来自行动的逻辑。这个逻辑类似于“你赞成还是反对……”相对的双方依据一些非常具体的内容（阶级身份）而区分开来。

鉴于历史上曾经有过阶级而且它们之间发生过斗争，且财富、特权和财产的等级秩序还是以这样或那样的形式继续存在着，《宣言》中的共产主义修辞必须表现出一些截然不同之处，以将共产主义者同其对手鲜明地区分开来，从而凸显对手的见识短浅。正如《宣言》中所阐明的，它们之间的不同之处在于现代工业的巨大生产力：产品将淹没市场，从而要求买方拥有现钱；所有买方都需要金钱作为工资，而不是在土地上为了生活用品而辛勤劳作。

《宣言》中的内容将当时政治经济学中常见的过度生产和消费不足的逻辑进一步描绘成一种政治的良机，并促使它的读者解决矛盾，从而避免进一步的危机[37]。尽管社会的上层人士会对其他人提出具体的建议，但《宣言》推测，解决的办法必须来自工人阶层。正如马克思和恩格斯所阐明的那样，这些人可能会意识到这一点，并与工人团结在一起。因此，斗争显然是在持续进行的，而且最好将其概念化为底层阶级与上层阶级之间的斗争。但是，马克思和恩格斯却增加了一个转折点，即在一个高生产力和生产过剩的工业化时代，（新的）工人阶级已经或者即将在数量上超过所有其他阶级。鉴于工业化雇佣工人已经或将要在数量上超过那些拥有更多收入、财富和权力的阶级，并且农业劳动和手工业生产因为面临着机械 46

化的冲击而将最终被消减，他们进一步指出，民主决策必须抗衡于当时存在的制度化财富等级和当时最为常见的根深蒂固的世袭政治权力。

正如马克思和恩格斯在《宣言》1872 年的德文版序言中所指出的那样，该文本的修辞力量在 25 年后已经有所淡化，这暗示着文中的精简逻辑并不完全有意义。然而，他们也呼吁在《宣言》的某些地方坚持一贯的原则，尽管他们拒绝透露这些原则具体是什么。他们还断然拒绝将一些原则改编成新的《宣言》，目前还尚不清楚他们拒绝这么做的具体原因是什么[38]。马克思和恩格斯当时年事已高常常被当作其中的一种解释，但这两者肯定还涉及一个更为复杂但在某些地方又有些类似的国际组织，即国际工人协会[39]。一方面，马克思本人在与他人的书信中明确指出，与现代工业生产力相关的阶级斗争，是他写作和引以为傲的激进主义中的独特之处：

> 至于讲到我，无论是发现现代社会中有阶级存在或发现各阶级间的斗争，都不是我的功劳。在我以前很久，资产阶级历史编纂学家就已经叙述过阶级斗争的历史发展，资产阶级经济学家也已经对各个阶级作过经济上的分析。我所加上的新内容就是证明了下列几点：(1) **阶级的存在**仅仅同**生产发展的一定历史阶段**相联系；(2) 阶级斗争必然导致**无产阶级专政**；(3) 这个专政不过是达到**消灭一切阶级**和进入**无阶级社会**的过渡……[40]

另一方面，恩格斯晚年认为仍然需要更新 1848 年的《宣言》，但是，是以学术的方式在原《宣言》的基础上加上合适的补充说明。这也暗示着后来《宣言》作为“科学”或“哲学”的审查和辩论议题，被人们广为接受（也包括马克思的其他著作作为“科学”或“哲学”的审查和辩论议题，在他去世后被广泛接受）[41]。当然，这种方法至少在某种程度上，降低了文本的修辞力量（rhetorical force）：个人只是学到某些从行动中抽象出来的真理，而不是掌握一种可以促进行动的展开的言论措辞（rhetoric）。在 1888 年的补充说明中，恩格斯仔细地阅读了《宣言》文本（至少是部分文本），因为它所包含的主张是应该并将根据其描述性真理而不是修辞力量被评估。《宣言》的原文为：“至今一切社会**的历史都是阶级斗争的历史。”①（The history of all hitherto existing society** is the history of class strug-
47 gles）恩格斯在“社会”（society）一词上面使用了一个双星号（**），并在 1888 年《宣言》的英文版上加了一个注：“这是指有**文字**记载的全部历

① 马克思，恩格斯. 共产党宣言//马克思，恩格斯. 马克思恩格斯文集：第 2 卷. 北京：人民出版社，2009：31［请参见马克思恩格斯全集（英文版）第 6 卷第 482 页］。

史。在 1847 年，社会的史前史、成文史以前的社会组织，几乎还没有人知道。”[42] 然而，恩格斯的《宣言》英文版的同一页的标题中所使用的单星号（*）①，与措辞更新之后的文本更相称：

> 资产阶级是指占有社会生产资料并使用雇佣劳动的现代资本家阶级。无产阶级是指没有自己的生产资料，因而不得不靠出卖劳动力来维持生活的现代雇佣工人阶级。[43]

1847 年，“资产阶级”（bourgeoisie）和“无产阶级”（proletariat）是从法国激进主义借入德语当中的新词。在德国，这些词毫无疑问地引起了读者的热议，引导他们以一种崭新的、经济的视角看待社会的等级制度。从修辞学的角度来看，这标志着马克思和恩格斯的读者取得了一定进步，不仅仅是因为德国人明白（与法国相比）自身的“落后”，而且还因为单单重复德语中的这些原来的寻常表达，不会促使现代工业生产和与其相伴随的社会结构之间鲜明对比的形成。在马克思和恩格斯看来，资产阶级（*Bürgerthum*）和无产阶级（*Arbeiterklasse*），或者后来更可能使用的底层民众（*Pöbel*）（乌合之众），这样的词汇是保守的和不具有挑战性的[44]。

通过能够将《宣言》中的论点还原成结论的这一阅读策略，马克思和恩格斯对以下三个事项的修辞呼吁被低估和被破坏，即反对经济压迫的工人阶级行动、反对专制主义的民主化政治以及通过现代工业实现“社会问题”的最终解决。评论家们展示了文本中的描述性陈述，将原本的修辞用意置换为对事实的经验判断，从而去除了文本产生的政治意义。文本中现代工业简化和激化阶级斗争的说法无疑是具有还原性的，但是，无论是在当时还是在现在，它更大的目的在于为行动提供修辞力量而非进行社会学或经济学的推论。对社会分类体系当中存在争议的细微差别所进行的描述性研究，以及对阶级的实际定义所进行的学术研究，都会产生类似的作用。不出所料，在马克思晚年对资本主义研究的大量手稿和草稿中，他对“阶级”的定义性注解逐渐减少，这使他的许多学术追随者深感沮丧[45]。这样一来，不论人们是否通过写作的修辞力量和难以执行的 48
行动逻辑来采取行动，马克思在这个层面上的概念体系的许多独特性都已经消失了[46]。

一般而言，自 20 世纪以来（马克思逝世数十年后），人们从马克思激

① 指该页的标题“资产者和无产者”（BOURGEOIS AND PROLETARIANS*）［马克思，恩格斯．共产党宣言//马克思，恩格斯．马克思恩格斯文集：第 2 卷．北京：人民出版社，2009：31；请参见《马克思恩格斯全集》（英文版）第 6 卷第 482 页］。

进主义的文本（如已出版或发现的文本）中概括出了他的阶级观，同时，马克思的修辞学的政治制定也已被压缩为描述性的纲要和经验性的主张。于是，马克思就有了一个在学术上强有力的一般阶级模式（源于其对人类社会生产的类似抽象解析），因为斗争观在某种意义上对历史和范例的具体分析有着固有的必要性，它能阐明在对特定案例研究的解释性说明中发展起来的复杂性[47]。具体而言，据说他所提出的关于阶级的“结构性表述”，并从“物质基础”（利益的“客观分歧”“导致”剥削，从而产生“阶级对立”）上进行界定，阶级“结构”和阶级“意识”被定义为由个人感觉而产生的“主观”现象，而政治是指向一个阶级的“最大利益”的，为的是颠覆从“意识形态”、资产阶级或其他形式中所产生的“错误”信息。本章对马克思作品的分析，关注《宣言》中的某些特定句子，从而框定了“研究范围”。如果做得好的话，可以使社会科学结论反映特定社会关系中的现行的客观性和主观性[48]。实现从激进主义到学术研究的叙事转变，是判断这种说法的准确性有多高，而不是判断阶级斗争的修辞力量实际上有怎样的政治用途的主要依据。换言之，在任何人可能考虑的任何实际政治行动之前，这种社会科学重构都会产生认识论的困惑和经验的测试。

就马克思的激进主义而言，《宣言》的开场白是非常有先见之明的，对于那些用修辞手法驱动“自下而上”的社会变革的想法来说，同样也是如此。在那段文字中，《宣言》被介绍为一种学术的且广受欢迎的揭露，它大肆宣扬被谎言和幻想所掩盖的真理。这些谎言和幻想是污蔑和诽谤，是一次引发一场政治迫害（*Heztjagd*）的“红色恐怖”。当然，它们对各式各样的独裁政权、反动派和不那么“进步的”政治力量（与《宣言》中所宣称、解析和阐明的共产主义相比，不那么“进步”）来说，是非常有利的。《宣言》以共产主义的“幽灵”（spectre）为背景，从修辞学和还原性上引出了共产主义的真理和关于共产主义的真理。共产主义的“幽灵”是一个虚假而可怕
49 的幻影，通过这一幻影的力量来中和并进而摧毁真实的东西[49]。

从 19 世纪 50 年代初科隆的共产主义审判开始，到后来“红色恐怖”被用来将马克思的激进主义妖魔化，并且被用来迫害那些寻求任何激进变革的政治纲领的信徒，“红色恐怖”就一直困扰着马克思。对于马克思而言，激进变革这一术语总是被不精准而又有局限性地定义于一个为人民主权而斗争的概念之中，而在战略上它关注的又是斗争内部相对抗的阶级。《宣言》中详细阐述的统一原则和策略，通常能将子阶级（sub-classes）统一为相互对立的阶级，它们不是指关于构建单一共同“社会”的包容性和同一性的假设或主张。这样一个具有共识性的术语显然会排斥、否认或否

定在现代工业生产力、收入、财富和权力的分配不均（《宣言》对此煞费苦心地进行了解释）方面的独特视角。因此，马克思和恩格斯的目的是驱散“游荡于欧洲大陆”的共产主义“幽灵”[50]。

然而，在马克思和恩格斯的有生之年，“红色恐怖”一直针对他们。在政治上，它直到今天仍在困扰着“占领运动”的抗议者，即使他们对“红色”的具体内涵一无所知[51]。伴随着如此明显的妖魔化，马克思显然没有多少探索任何“危险的”思想的动力，特别是当激进主义需要关注而斗争又正在进行之时。但随后，阶级和斗争同时浮现于这些抗议之中，正如上文所解释的，马克思在鼓舞人心的思想和民主激进主义方面有一个明确的标志，即使这个标志不完全是概念形式上的。从学术和普遍的角度来看，通过这种概念形式，马克思的“思想”已经得到了分析和阐释[52]。

四、妥协

在从马克思所处的时代起就已经发展起来的自由民主制度中，妥协已经成为一种美德，并实际上是一种独特的且高于一切的美德。从约翰·斯图尔特·穆勒（John Stuart Mill，1806—1873）到以赛亚·柏林（Isaiah Berlin，1909—1997），再到约翰·罗尔斯（John Rawls，1921—2002），自由主义者一直反对教条主义、极端主义、狂热主义、极权主义、独裁专政等。当然，只有战争被认为是例外的，无论是对于国外的、世界的还是国内的战争而言，妥协都是不合适的。然而，也有一些模棱两可和举步维艰的情况，特别是 50
1935—1939 年的绥靖政策①，当时的妥协原则本身就遭到了一些怀疑。

然而，妥协已经恢复了自身作为自由原则的身份，虽然它并不总是有利于自由主义的政策。美国宪法显然就是建立在一系列斡旋妥协的基础之上的，在内战之前和之后很长一段时间里，它都因此而得到公然辩护。但是，宪法从一些妥协中解放出来了，特别是伴随着奴隶制和种族主义，它最终是通过 20 世纪 50 年代及之后的最高法院判决，而不是完全通过代议制而达成的。经由公民权法律颁布的自由政策，更多的是以一种结束妥协商榷的国会程序——“讨论终止”，而不是以妥协达成共识而完成的。除了“安全威胁”之外，相比于法国的革命事件，这种“妥协意愿”更像自

① 绥靖政策是指一种对侵略不加抵制，姑息纵容，退让屈服，以牺牲别国为代价，同侵略者相勾结和妥协的政策。

由主义的模式。在法国大革命中，各种极端主义者争先恐后地表明立场，而自由主义妥协者往往也同样如此。

这些构想与《宣言》开篇及上文所提及的“红色恐怖”策略相吻合。《宣言》中简化的和还原性的行动修辞，以及马克思在其已发表著作中始终如一的语气，提供了许多合适的引文、轶事和人物资料。这些引文、轶事和人物资料将马克思、马克思的思想和行动以及与马克思相关的几乎任何事情，构筑为一个令人恐惧的东西。他的这种政治形象在 19 世纪 90 年代和 20 世纪初获得了国际地位，尤其是体现在“盟军”（英法联军）对 1918—1920 年俄国的后革命时期中的反布尔什维克的军事干预中。第二次世界大战后，马克思的这种人物形象以不同的形式获得了学术地位，这是由于冷战时期的自由主义者把当代的极权主义（他们自诩为共产主义者）同马克思的“思想”相联系，并在这个框架下整合和理解马克思的“思想”而造成的[53]。一旦“红色恐怖”稍微平息一些，那么，马克思对于读者来说，就不是“红色恐怖博士”（Red Terror Doctor）[54] 或“狂热研究”[55] 的合适对象，而是其他的内容。尽管如此，也很少会有人对在马克思的“生平和思想”的研究中发现任何踪迹以表明妥协是他的一种策略感兴趣，他们更多的是将妥协视为对特定退却的勉为其难和暂时的接受。与之相反，按照定义，“妥协”几乎是把自由主义者同马克思区分开来的标志。而在马克思所生活的那个时代里，这种被认为是带有鲜明的教条主义的区分是毫无意义的。

51 然而，显而易见的是，在 19 世纪 40 年代初期，马克思在一个拥有广泛民主化力量的联盟中倡导一种特殊的工业化的工人阶级计划，这项计划所提及的不仅是一种少数人的立场，而且是一种声称代表着马克思、恩格斯及其同盟者所渴望解决的，每个国家中明显的少数利益群体的立场。因此，随之而来的是马克思的激进主义必须追踪其他的阶级利益和政治人物，而不是社会主义或共产主义激进分子（在当时，这些激进分子在任何地方都很少见）。无论如何，除了可疑的犯罪鼓动者和反叛者之外，在当时的工人阶级政治中没有什么真正的公众人物。

对历史记录进行（即使是粗略的）审查，我们会发现马克思正是这样开展工作的。事实上，就他的同伴而言，只有他和恩格斯是世俗和现代的经济激进分子（economic radicals），而不是乌托邦式的浪漫主义者和小规模的殖民主义者。实际上，能够和马克思、恩格斯共事的只有中产阶级的自由派或革命者。如马克思在编辑《莱茵报》时所做的，这些人中的一部分人参与了“进步”商业和商业利益的活动，小心翼翼地反对君主专制主义和贵族特权。虽然马克思因其不妥协的言辞（rhetorics）和坚定自信的个人风格而闻名于世（无论这种说法是否建立在准确的基础之上），但在革命期间必须有一些妥协，如果做一些妥协，在巴黎和布鲁塞尔的民主化暴乱、后来1848—1849年的革命事件以及伦敦流亡和国际工人协会的激进运动时期，他都不会如此明显地“深陷其中”[56]。

马克思独具特色的政治战略就是在通讯委员会或类似的“友好”协会（如讨论会、社区歌唱会和社交餐饮团）中加入民主化的力量。那些活动是中产阶级人士（正因为他们的阶级属性）才能摆脱的活动（尽管警方的监视很严格）。值得注意的是，19世纪40年代，马克思和他的家人在巴黎和布鲁塞尔的住所中所遭遇的各种拘捕和驱逐，仅仅是因为他们参与了以上活动，而不是因为他们是外来人口或他们的非法公民身份。如果说马克思有一个使命，即宣传以现代主义、经济和阶级斗争为导向的观念，那么，他与那些不那么激进的个人和团体之间的妥协毫无疑问是微不足道的，并且是“不引人注目的”。确定无疑的是，马克思和恩格斯在策略上进行秘密合谋以促使他们自己以及他们独特的“经济”立场得以公开和被人采纳[57]。但在当时，政治
组织就是这样的，这就是它的运作方式，在自由联合的政党和压力集团 52
（pressure groups）中尤为如此，除非受到恐吓和镇压的果断干预。

目前我们所掌握的对那个时代的历史记录，都被（当时的）审查制度和印刷所需的间接的语言所过滤，同样也进一步被读者和（现在的）生活环境所过滤。考虑到当时和现在的背景差异，我们对这些记录往往会不知所措，或者几乎无从理解。尽管如此，简单回顾马克思在19世纪40年代布鲁塞尔（那里的政治镇压有些松懈）时期的激进主义和思想，我们将阐明马克思本人（不包括他的评论者）所不太乐意强调的一种行动模式。我们应该记住，在当时，妥协已不是它形成时期被称为的那种美德了，考虑到从马克思所处的时代到我们所处的时代之间，专制主义者从各个方面已被推送到了隐退处或者耻辱之地，而我们当中多多少少的一些自由主义者需要做的只是专注于互相妥协就可以了（至少有一段时间是这样的）。而在19世纪40年代，自由主义者或者革命者没有以上这种奢侈品，而马克思自己正好缺乏这两者，所以他有必要用很多改良派的方案稍微将自己的激进结论进行折中（考虑到改良派的人数众多以及影响较大）。

马克思在1845年3月22日向布鲁塞尔警察局所递交的书面保证①代表

① 马克思，恩格斯．马克思恩格斯全集：第42卷．北京：人民出版社，1979：526注释237.

了他妥协（行为）的一个极端，这一书面保证是他同年 2 月 7 日向比利时莱奥波德一世国王提出的居住请愿①的后续。在信中，马克思写道：“为获准在比利时居住，我同意保证自己不在比利时发表任何有关当前政治问题的著作。”[58] 考虑到与出版任何此类著作有关的经济、审查制度和镇压等困难，或许这并不是一个很大的妥协，又或者马克思只是假装在妥协而已。

一个月前（大约 1845 年 1 月 20 日。——译者注），恩格斯在他所憎恶的家乡巴门（Barmen）给在巴黎的马克思写信的时候，也流露出了妥协合作的意味。他指出：你每隔四到六个星期就得为它（指《前进报》。——引者注）写一篇文章[59]，不要受自己情绪的“支配”！为什么米哈伊尔·巴枯宁（Mikhail Bakunin，1814—1876）什么也不写，为什么不叫奥古斯特·艾韦贝克（August Ewerbeck，1816—1860）写呢？他至少可以写些老生常谈的东西吧[60]。

马克思这个时期的大部分书信都已遗失，而恩格斯在这个时期写给马克思的书信生动地描绘了在他前往巴黎之前，在他的出生地出现的一种妥协的联盟政治。在那里，他可以把他的注意力转向在新兴工业化地区人数众多的工人，即德国流亡者。即使将恩格斯对革命事业（和他自己）的热
53 情打个折扣，这幅发生在巴门和埃尔伯费尔德（Elberfeld）两个城市之中的中产阶级政治活动的图景，也不可能完全是虚构的：“昨天，我们在这个城市一个上等饭店的大厅里召开了第三次共产主义者大会。第一次大会有 40 人参加，第二次大会有 130 人参加，第三次大会至少有 200 人参加。整个埃尔伯费尔德和巴门，从金钱贵族到小店主都有代表参加，只有无产阶级例外。”（大概是由于社会惯例和出于谨慎的政治考虑。——引者注）[61] 恩格斯在同年（1845 年。——译者注）的信中指出（2 月 25 日），“昨天晚上有消息说，宪兵将驱散我们下次的大会，并逮捕演讲者”[62]，在同一封信中，他指出 26 日，“我们现在当然放弃开会了”（另外再举行一次会议。——引者注）。此外，恩格斯以更为明显的方式确定无疑地陈述了一种妥协联盟的策略，他对这一点的重复，一方面体现在他与马克思的书信（现已遗失）之中，另一方面体现在他与“进步的”哲学家路德维希·费尔巴哈（Ludwig Feuerbach，1804—1872）的书信之中。“我收到了费尔巴

① 马克思在这封信中写道，“陛下：申请人卡尔·马克思，哲学博士，现年 26 岁，原籍普鲁士王国特里尔，愿偕其妻及一个孩子移居于陛下的领土，恳请陛下准予在比利时居住。深怀敬意地有幸成为陛下最谦恭和最忠实的仆人的卡尔·马克思博士”（马克思. 马克思致莱奥波德一世//马克思，恩格斯. 马克思恩格斯全集：第 47 卷. 2 版. 北京：人民出版社，2004：341－342）。

哈的一封信（因为我们给他写过信）。费尔巴哈说，他首先要彻底清除宗教垃圾，然后才能好好研究共产主义，以写文章来捍卫共产主义；他还说，他在巴伐利亚与全部生活完全隔绝，以致无法做到这一点。另外他又说，他是共产主义者，因此对他来说，问题只在于如何实行共产主义而已。今年夏天他可能到莱茵省来，然后他也应该去布鲁塞尔，届时我们要设法劝他去。”[63] 如果说马克思反对这些活动和计划的话，那么他的消极反应肯定会体现在恩格斯写给马克思的这封信中，然而，我们看不到这一点。事实上，如上所述，我们有大量证据表明马克思在布鲁塞尔定居之后，就一直采取同样的策略[64]。1846 年 5 月 5 日，马克思给著名的法国社会主义作家和政治活动家蒲鲁东写了一封信，邀请他加入国际通讯委员会①。这颇有上门推销的意味。由于两人素不相识，蒲鲁东也并未给马克思回信。但是，马克思［包括恩格斯和他们的比利时同事菲力浦·日果（Philippe Gigot，1819—1860）］描述了一个折中的计划，这个计划代表了一种妥协，而不是放弃：“不过，我们这种通讯活动的主要目的，是要让德国的社会主义者同法国和英国的社会主义者建立联系，使外国人了解德国不断发
展的社会主义运动，并且向德国国内的德国人报道法国和英国社会主义 54
运动的进展情况。通过这种方式，可以发现意见分歧，交流思想，进行公正的批评。这是以**文字**表现的社会运动为了摆脱**民族**局限性而应当采取的一个步骤。而在行动的时刻，当然每个人都非常希望对外国情况了解得像本国情况一样清楚。”[65] 但是，妥协绝不是一种不加批判的做法。在同一封信中，马克思增加了一个谴责巴黎的格律恩先生的附言，说他“无非是一个文字冒险家，一个想利用现代思想谋利的骗子手”②，并指责格律恩——在他最近出版的德文研究著作《法兰西和比利时的社会运动。书信和研究》中——以屈尊俯就的姿态将蒲鲁东视为德国人和知识分子[66]。

《宣言》主张将在阶级内部和阶级之间做出的妥协视为一种策略上的选择，这比后来的自由主义观点即认为妥协本身就是（几乎总是?）一种美德更为合理。从修辞学的角度来看，这个文本描述了由于竞争（竞争以

① 是指马克思和恩格斯于 1846 年初在布鲁塞尔创立的共产主义通讯委员会，其目的是从思想上和组织上团结各个国家的社会主义者和先进工人，同工人运动中的非无产阶级流派做斗争（马克思，恩格斯. 马克思恩格斯全集：第 47 卷. 2 版. 北京：人民出版社，2004：651 注释 154）。

② 马克思，恩格斯. 马克思恩格斯全集：第 47 卷. 2 版. 北京：人民出版社，2004：367.

外的其他因素本应被考虑）而四分五裂的无产阶级，而这就是在战斗，至少是为了对抗“敌人的敌人”：君主主义者、地主、非工业资产阶级、小商贩。《宣言》并不宣扬那种明显的妥协（与终极敌人并肩作战），而是主张留意资产阶级对无产阶级的诉求，争取它们的援助，并将其引入政治行动中。令人意想不到的是，资产阶级因而也正在生产“自己的掘墓人”，其动力就是无产阶级的阶级妥协以及无产阶级与直接剥削者之间的资源分配不均。而在《宣言》中却是相反的：底层阶级（*déclassé*）的毁灭和思想启蒙这双重动力，将推动中产阶级与无财产的无产阶级之间达成妥协。这个解释遵循了《宣言》中的政治逻辑，而不是将其论证还原为一种单一的、违反事实的不确切结论（如果说修辞足够有力度的话），即无产阶级的胜利是“不可避免的”[67]。

大多数有关马克思“生平和思想”的研究都强调这些妥协安排的“失败”本性，并关注马克思和恩格斯有时所做的排他性评论本身的苛刻性，以及他们一再求助于新同事和记者的做法。然而，这种还原化的做法首先就引发了妥协的问题——事实上，妥协的必要性在很大程度上也是如此——即使是批判性地寻求妥协。其实，令人匪夷所思的是，马克思本可以用其他任何方式来思考这个问题。他实质性地参与到恩格斯和莫泽斯·赫斯（Moses Hess）的工作之中，计划将查尔斯·傅立叶（Charles Fourier,
55 1772—1837）的著作翻译成德文，并将法国作家所写的类似的乌托邦社会主义著作整合成集并出版[68]。根据《宣言》第三部分对这些文献的批判性“吸收”（当中的言辞明显体现了共产主义的独特性，这也是这本小册子的重点之所在），而不是贬低这一事件（几乎没有什么被出版社所收集），对马克思的政治激进主义和与其相应的政治思想[69]而言，更有可能重建跨阶级、跨国界和跨意识形态的联盟。

但是，妥协之内也有不可妥协的部分。恩格斯后来也表示，对傅立叶著作的翻译应当省略其异想天开的关于“天体演化的谬论”[70]。考虑到所有政府的镇压、恐吓和敌意，从某种意义上说，他们的策略是：如果没有民主，那就没有社会主义；如果没有社会主义，那就没有共产主义。在他们的法国革命模式中，民主将走上街头，而不是通过阴谋、暗杀或篡夺的方式实现。事实上，民主在1848—1849年，从布鲁塞尔到布达佩斯，以各种制度上有限的和有些短暂的形式呈现出来。经过这段动乱之后，随着世袭统治者重新夺回王位和宫殿，不妥协的专制主义再次回归，并谴责了主权在民的原则。但是，革命的观点已经被提出，并且作为一种改革的宪政主义，在随后的几十年里开始在欧洲政治中占有（非常有限的）一席之地。

五、回到未来

1857—1858 年的经济危机，通常被认为是第一次全球性的（经济）“崩溃”。虽然金融恐慌、泡沫和崩溃早已在 18 世纪初的欧洲出现过，但这场特殊的危机却出现在美国，并且受牵连的欧洲经济体主要是那些通过帝国主义而变得更加全球化和在财政上相互关联的国家。马克思和恩格斯对于他们所认为的随着形势的改变而呈现出来的能够看得到的革命的可能性，感到异常兴奋。马克思在（1858 年 1 月 7 日。——译者注）写给恩格斯的信中指出，“在整个美国的一切集会上，在工人中间都发出阶级的呼声”[71]。但是，他们离行动的发生（当然）还相隔甚远，而在英国当地也没有什么是值得庆祝的。

恩格斯的妥协路线是值得分析的。他们两人都曾追随过欧内斯特·琼斯（Ernest Jones，1819—1869）的脚步。19 世纪 50 年代中期，琼斯试图将宪章运动①（Chartist movement）重振为一个基础广泛的民主化运动，因为 1832 年的《大改革法案》（Great Reform Bill）根本没有扩大选举权。过去 56
发生的那场宪章运动起源于 19 世纪 30 年代后期，在 1848—1849 年的反革命恐慌（anti-revolutionary panics）和原红色恐怖（proto-Red scares）中搁浅。该宪章中提出的要求包括：（男性）普选权、议会每年选举一次、秘密投票、各选区一律平等、取消议员候选人的财产资格限制以及发给议员薪金（这样，私人财富就不再是获得公共职位的先决条件）[72]。虽然这些要求显然涉及有关财产、劳动、教育和国有化等各种经济议案，但它们大部分与《宣言》第二部分结尾处所列举的“最先进的国家”会采取的措施相符，至少符合其民主化精神。这种经济的视角，也有别于共产主义者对现代工业化社会的“理解”。

马克思对琼斯在当时所提出的召开大联合会议的看法是，琼斯正酝酿同资产阶级达成一纸“协议”，由此让工人与资产阶级妥协。工人实现妥协的方式应该是把过去对更高的待遇和工作条件的要求还原为对主要的一

---

①　宪章运动是 1836—1848 年英国工人为得到自己应有的权利而掀起的工人运动。这次运动有一个政治纲领——《人民宪章》，因此得名为宪章运动。该运动作为英国历史上第一次全国范围内的工人阶级运动，引起了人民对许多重大问题的关注。1832 年英国的大改革法案主要包括两项重要内容：第一，重新分配议席；第二，更改选举资格，扩大选民范围。

点（男性公民选举权）的要求，而不是去工厂区“**成立**一个党”，然后“资产阶级”政治家就会来同“他们”（指工人。——译者注）进行妥协[73]。这很好地说明了一点，即如果政治能够有效地解决问题，那么并不总是弱者必然要（或被迫要）做出妥协和让步。但是，自由的民主派都不这么认为。这个事件结束后，马克思总结道：尽管我一再提出警告，并对他准确地预先谈到过现在所发生的事情，就是说，他（琼斯）将毁灭自己并搞垮宪章派，他仍然走上了试图同激进资产者达成协议的道路。现在他已经是一个堕落的人……[74] 在此，我的观点是，相较于马克思通常所认为的激进主义（马克思的激进主义包含了更多的妥协），而且相较于他那容易被引用的假定结论和暗含的讽刺性表述，马克思的文本更具有现实的政治动力。“占领运动”似乎没有上升到运动内部妥协的阶段，以至于纲领性的要求可以通过这种或那种有效的妥协方式被调节促成，联盟也因此而获得动力，以这样或那样的方式在政治上取
57 得更多的进展。在 19 世纪 40 年代，马克思和恩格斯将妥协策略限制在一个非常有限的范围内，那时他们有“同伙”，并有限地接触了一些关于群体运动的激进主义和快速行动事件（fast-moving events）的内容，其中有许多是由人们（对当局）的不满而引起的自发行动，包括暴动和叛乱。

然而，从他们 1857—1858 年的书信中，我们可以看出，当时的马克思和恩格斯缺乏这种迫切需要普遍激进主义的历史背景，这一大环境在 19 世纪 50 年代后期的欧美地区（即使是在一个松散的“有组织的”占领模式中）实际上也并不存在。马克思和恩格斯作为勉强获准留在英国的外国人，他们不能行使太多政治上的权利，这会引起警方的注意。此外，马克思有着贫穷的家庭环境，恩格斯忙于为曼彻斯特的家族企业——欧门-恩格斯纺纱厂工作，这些现实都在与他们作对。

19 世纪 60 年代的情况完全不同，虽然这只是在一个更大、更国际化的范围内重演 19 世纪 40 年代所发生的事。无独有偶，有关马克思的传记评论倾向于强调他所不愿做出的妥协，而不是他所做出的妥协，尤其是非马克思主义者又一次将他们的论述集中于那种似乎抹杀了其积极成就的最终“失败”上。在我看来，作为一种民主化政治运动中的政治观点，阶级与斗争在本质上是需要妥协的。我们从许多方面可以看出，马克思在这方面的能力至少和他在其他方面所表现出来的能力一样出色。而他的活动也并没有因为避免与琼斯一样的妥协（该妥协是一条通向失败和绝望的道路）而变得更糟。

19 世纪 60 年代初，马克思对国际工人协会的建立并没有发挥特别的作用（实际上他也不是在伦敦的基础会议上的发言人）。促成国际工人协会成立的动力是工会，因为它主要关注于工人以压低工资的方式相互竞争，特别是那些作为跨境移民的工人。这是马克思和恩格斯十分熟悉的问题：他们的秘密活动直接针对的是在巴黎、布鲁塞尔以及远在美国的德国移民。19 世纪 60 年代的不同之处在于政治组织的公开容忍性，特别是给予工人阶级组织的非常有限但相当重要的宽容（虽然这样的宽容多变且不稳定）。这些情况与 20 年前政治活动被禁止、被侵扰和只能暗中进行的情况完全不同。

虽然没有主要的政权提供普遍的男性选举权和全民公民权，或者保护工人以立法的方式反对雇主（现实恰恰相反）的权利，但是，与 19 世纪 58
40 年代相比，一些西欧国家的镇压没有之前那么彻底、集中和难以对付了。相反，在解决“社会问题”的各方混杂的力量中进行松散而又有序的联盟建设（coalition-building）是有可能的。在国际工人协会的成立大会上，马克思被推选为总务委员会（General Council）委员，而他的经济重心和他终极的反资本主义的革命思想，却代表着一种与众不同的几乎不能称其为一种“派别”的少数派声音。在国际工人协会中，大部分参与者是民主化的民族主义者、改革派工会会员和各种乌托邦主义者，他们推动着合作社殖民地、社会制度以及道德、宗教价值观的民主化[75]。

我没有把重心放在 19 世纪 60 年代后期马克思与许多作家和同事的分歧上，以及（所谓的）他的性格显然不友善的证据上，在此我将对马克思所撰写的两个文本进行讨论。从以上对历史的描述中，我们可以明显看出，这个工人协会看起来更像是一个社会民主的压力集团，甚至是一个政党（从其明显的国际结构中抽离出来），而不是 1847 年革命的但也是公认的共产党更加紧密的思想联盟。这样的联盟无论如何都是微小的、“秘密的”，并且迅速消失于 1848 年民主化革命的硝烟之中。它的名气（或者说是骂名），仅仅出现于 19 世纪 50 年代初期被高度宣扬的“共产主义审判”之中，以及 19 世纪 70 年代初期的一个社会主义派别的神话般复活之中[76]。因此，19 世纪 60 年代中期是审视马克思建立联盟技能的优良时机（虽然这个联盟必然依赖于妥协，并且可能只包含极少数其他的东西）。

马克思所发表的《国际工人协会成立宣言》[77] 是对《宣言》的重述与改写，而不是对人类历史的全面回顾。这个《国际工人协会成立宣言》关注最近的历史，回顾了诸如美国内战（1861—1865）等政治事件的经济影响，以及它们号召工人阶级团结一致反对所有与其目标相背道而驰的公共和私人武装力量的潜力。它提出了这样一个论点，即随着生产力和利润的增加，工人阶级的工资和资源将会减少，这与“占领运动”期间的抗议活动所提出的观点并不相同。同时也与经济学的观点相反，正如《宣言》中所提出的，这些都是自私的为阶级服务的虚伪假象。

59 然而，与《宣言》不同的是，这个《国际工人协会成立宣言》回顾了马克思所取得的成功，因为他相信工人阶级的能动性、团结和自我组织。这些成功只有在几十年前的压迫性和专制政治形势下才有，包括 1847 年《十小时工作日法案》(Ten Hours Bill) 的通过。这“不仅是一个重大的实际的成功，而且是一个原则的胜利；资产阶级政治经济学第一次在工人阶级政治经济学面前公开投降了”[78]。马克思进而赞扬了消费与合作工厂在生产领域的合作运动。他指出，“对这些伟大的社会试验的意义不论给予多么高的估价都是不算过分的。工人们不是在口头上，而是用事实证明：大规模的生产，并且是按照现代科学要求进行的生产，在没有利用雇佣工人阶级劳动的雇主阶级参加的条件下是能够进行的”[79]。后一观点在语言上与马克思和恩格斯在《宣言》第三部分所提出的对共产主义替代社会主义这一高度而非全面的批判性论述形成了鲜明的对比[80]。1864 年，马克思吸取了一个积极的教训，他指出：“要解放劳动群众，合作劳动必须在全国范围内发展，因而也必须依靠全国的财力。”[81] 这两个文本的结论都是一样的。尽管 1864 年《国际工人协会成立宣言》中的结论看起来更显得社会民主些，从这个意义上讲，这也比《宣言》更具有改良主义。自民主化以来，它们的言辞不那么具有明显的革命性。与 1848 年群众驱动的动荡形成对比的是，反民主的力量在 19 世纪 60 年代有点退缩，然而也丝毫没有被打败的迹象，反而变得更加不容小觑：“所以，夺取政权已成为工人阶级的伟大使命。工人们似乎已经了解到这一点，因为英国、德国、意大利和法国都同时活跃起来了，并且同时都在努力从政治上改组工人政党。”[82] 这里的政治似乎比联合和妥协更符合经济萧条和街头动乱。换言之，19 世纪 40 年代的经济萧条和街头动乱，到 19 世纪 60 年代已经
60 取得一些显著的效果。与《宣言》一样，马克思的《国际工人协会成立宣言》也是从自由的民族主义（如波兰）与反动的专制主义（如俄罗斯）的角度来审视国际局势的[83]。在我看来，即使是针对当地工人的直接利益，跨国合作、援助、忍耐和联盟也是有必要的，比如一些英国工人支持工会，反对美国南北战争时期南方棉花生产的“奴隶统治”。总

之，这两个文本的总结性口号是一致的：“全世界无产者，联合起来！”[84]

六、结论

综上所述，阶级和斗争——以阶级斗争的形式呈现——这两个概念所带来的是对马克思思想的即时认知或对马克思主义思想的界定。在马克思逝世以后，人们把他的政治实践主义（political activisms）公式化地归结为“思想”。但是，把马克思的激进主义看作真正政治的和世俗的，而不是将他视为一位专注于抽象思维的思想家，确立了一种不同的视野。这一修正后的观点可以让我们做出不同的判断。多年来，妥协已经与专注“社会问题”的激进政治（尤其是马克思和恩格斯）水火不容。但是，为了获得牵引力（traction），实际上是为了与在委员会和组织机构中的其他人进行交流，妥协有时是无可避免的（我们知道他们的实际运作方式）。马克思对于“占领”这个名称所隐含的大部分内容，无疑是高度批判的。但是，他会在“游行示威”（demonstration）中说出来，并且努力争取程序化的团结。99%的图像和标志已经说明了一切，但几乎仅仅只是与将问题概念化的激进主义政治产生关联。马克思和恩格斯试图在随后的动荡中取得成功。1872年后，随着大众选民的增多，他们的纲领性建议和令人印象深刻的分析框架在大众政治（popular politics）中获得了一些支持。我们将会看到“占领运动”和后续解决“社会问题”的运动给人们的启示。他们的激进主义通过民主化的政治实践来发挥作用，并充分利用我们现有的宪法和体制结构（至少我们现在还拥有这些体制）[85]。

注释

[1] 对于这一概念的历史性和概念性分析，请参见：Will Atkinson, *Class* (Cambridge: Polity, 2015), pp. 4-9.

[2] 选民登记册往往就是那少数几个不按性别（如男性或女性）分类和排序的地方之一。

[3] “What are the Panama Papers?” *Guardian*, 5 April 2016 https://www.theguardian.com/news/2016/apr/03/what-you-need-to-know-about-the-panama-papers.

[4] Kate Pickett and Richard G. Wilkinson, *The Spirit Level* (London: Allen Lane, 2009).

［5］关于这些问题的讨论以及争论的主要观点，请参见：Manfred B. Steger and Ravi K. Roy, *Neoliberalism：A Very Short Introduction*（Oxford：Oxford University Press，2010）；柯亨. 如果你是平等主义者，为何如此富有?. 霍政欣，译. 北京：北京大学出版社，2009.

［6］关于这部分内容的回顾和探讨，请参见：William Doyle，*The French Revolution：A Very Short Introduction*（Oxford：Oxford University Press，2001）.

［7］http://www.nycga.net/resources/documents/declaration/.

［8］网上列举了发生在超过 80 个国家的将近 1 000 个城市（包括美国的 600 个城市）中的相关运动，请参见：https://en.wikipedia.org/wiki/List_of_Occupy_movement_protest_locations.

［9］对此问题的简要分析性研究，请参见：Margaret Kohn，*The Death and Life of the Urban Commonwealth*（Oxford：Oxford University Press，2016），ch. 7.

［10］请参见本书第四章“民主与共产主义/社会主义”。

［11］在盟友的建议下，《莱茵报》因为引起臭名昭著的专制和反动的俄皇尼古拉斯一世的不满，而最终被查封；请参见：Gareth Stedman Jones，*Karl Marx：Greatness and Illusion*（Cambridge，MA：Harvard University Press，2016），p. 120；读者人数可能并不多，但一些读者显然有了国际“影响力”。

［12］请参见：Heinz Lubasz，“Marx's Initial Problematic：The Problem of Poverty”，*Political Studies* 24：1（1976）：24－42；下文中的许多讨论内容都引自这篇文章。

［13］马克思. 第六届莱茵省议会的辩论（第三篇论文）：关于林木盗窃法的辩论//马克思，恩格斯. 马克思恩格斯全集：第 1 卷. 2 版. 北京：人民出版社，1995：253.（粗体字为原文所加）

［14］同［13］240－290.

［15］同［13］248－249.

［16］马克思.《莱比锡总汇报》在普鲁士邦境内的查禁//马克思，恩格斯. 马克思恩格斯全集：第 1 卷. 2 版. 北京：人民出版社，1995：353.

［17］马克思. 摩泽尔记者的辩护//马克思，恩格斯. 马克思恩格斯全集：第 1 卷. 2 版. 北京：人民出版社，1995：358.

［18］同［17］357－390.

［19］同［17］369.

［20］同［17］363.

［21］同［17］376.

［22］请参见：2017 Index of Economic Freedom；http://www.heritage.org/index/about.

［23］同［10］.

［24］“妇女权利与女性公民”在革命时期的法国只是短暂地存在过，它的倡导者奥林普·德·荀吉（Olympe de Gouge，1748—1793）在恐怖时期被斩首。

［25］美利坚合众国宪法第 14 条修正案（这一修正案涉及公民权利和平等法律保护——译者注）。

［26］Leopold，*Young Karl Marx*，p. 20 n. 8.（中文版请参见：利奥波德．青年马克思：德国哲学、当代政治与人类繁荣．刘同舫，万小磊，译．广州：中山大学出版社，2017.）

［27］同［13］289.

［28］同［17］378.（粗体字为原文所加）

［29］马克思．《政治经济学批判》序言//马克思，恩格斯．马克思恩格斯文集：第 2 卷．北京：人民出版社，2009：588；也可参见本书第一章“使马克思成为马克思”。

［30］恩格斯．恩格斯致理查·费舍//马克思，恩格斯．马克思恩格斯文集：第 10 卷．北京：人民出版社，2009：701.

［31］新约圣经．马可福音 14：7；马太福音 26：11；约翰福音 12：8.

［32］请参见本书第一章“使马克思成为马克思”。

［33］马克思，恩格斯．共产党宣言//马克思，恩格斯．马克思恩格斯文集：第 2 卷．北京：人民出版社，2009：31；这些都是马克思本人广泛使用的概念、术语，但值得注意的是，他很少使用“理论”（Theorie）一词。

［34］请参见：James Martin，*Politics and Rhetoric*：*A Critical Introduction*（Milton park：Routledge，2014）.

［35］关于这些内容的探讨，请参见：James Martin，“The Rhetoric of the Manifesto”，in Carver and Farr（eds），*Cambridge Companion to The Communist Manifesto*（Cambridge：Cambridge University Press，2015），pp. 50－66.

［36］正如我们在本书第一章“使马克思成为马克思”中所阐释的。

［37］请参见本书第五章“资本主义与革命”。

［38］请参见本书第一章“使马克思成为马克思”，当然，（如果要修订的话）修订工作也不得不在暗中进行。

［39］关于这部分内容的历史性和纪实性探讨，请参见：Marcello Musto（ed.），*Workers Unite！The International 150 Years Later*（London：Bloomsbury，2014）.

［40］马克思．马克思致约瑟夫·魏德迈//马克思，恩格斯．马克思恩格斯文集：第 10 卷．北京：人民出版社，2009：106（粗体字为原文所加）；也可参见本书第四章“民主与共产主义/社会主义”。

［41］同［32］.

［42］同［33］31 脚注②.

［43］同［33］31 脚注①.

[44] 在我自己对《宣言》的重新翻译中，我使用“商人阶级”（commercial classes）和“工人阶级”（working classes）代替了德语/法语中相对应的表达（我认为这更符合 20 世纪 90 年代的用法），但出版商的顾问规定，“原先（1888 年英文版中所使用的）”不是十分符合英语化表达的惯用语“资产阶级”和“无产阶级”应该出现在该版本中；请参见：*Karl Marx*, *Later Political Writings*, edited and translated by Terrell Carver, Cambridge University Press, 1996, pp. 1－30.（多处引用）

[45] 马克思. 资本论：第 3 卷//马克思，恩格斯. 马克思恩格斯文集：第 7 卷. 北京：人民出版社，2009：1001－1002.

[46] 劳动和劳动力，是马克思“资本主义生产方式”理论框架下阶级斗争的概念性标志。关于这部分内容的探讨，请参见本书第五章“资本主义与革命”以及第六章“剥削与异化”。

[47] 关于这一点的一种简要概括，请参见：Atkinson, *Class*, pp. 89－119.

[48] 请参见：Holt, *Social Thought of Karl Marx*, pp. 89－119；他在该书第四章“阶级”中阐述了这种观点。

[49] 同［33］30.

[50] 将“幽灵”（spectre）与“游荡”（haunting）（如在 1888 年英译本中出现的）和“幽灵论”（hauntology）（如在雅克・德里达的著作——《马克思的幽灵：债务国家、哀悼活动和新国际》中出现的）的概念联系在一起，严重地误解了马克思的论点，因为“游荡”意味着作为一个可怕的幽灵从死亡回归，而《宣言》的修辞意义在于与共产主义的存在现实（一个虚假而可怕的幻影）相对立起来；文本的意义与死亡毫无关系，如果共产主义不知何故灭亡，并且只是“萦绕”（英文 haunt 也有长期萦绕、缠绕之意。——译者注）着我们，那么修辞的力量就消失了；请参见：Jacques Derrida, *Specters of Marx*, transs. Peggy Kamuf (Milton Park: Routledge, 2006［1994］)；卡弗. 政治性写作：后现代视野中的马克思形象. 张秀琴，译. 北京：北京师范大学出版社，2009.

[51] 从根本上说，“红色”被用来表示反对保皇党的一派，因此也表示法国大革命的民主力量，尤其是表示那些最为反对向世袭和绝对主义原则妥协的人（这些原则与他们所倡导的人民主权和宪政平等主义相反）。

[52] 有关这部分内容的一种政治性和哲学性的观点及批判性的探讨，请参见：Domenico Losurdo, *Class Struggle* (New York: Palgrave, 2016［2013］).

[53] 莱泽克・科拉科夫斯基一贯将苏联共产主义同马克思思想中的“缺陷”联系起来，请参见：科拉科夫斯基. 马克思主义的主要流派. 唐少杰，顾维艰，宁向东，等译. 哈尔滨：黑龙江大学出版社，2015.

[54] 罗伯特・佩恩（Robert Payne）在《马克思：一个简介》中所提到的那些耸人听闻的事宜就是如此，请参见：Robert Payne, *Marx: A Biography* (London: W. H. Allen, 1968)；也可参见本书第四章“民主与共产主义/社会主义”。

［55］请参见：E. H. Carr, *Karl Marx: A Study in Fanaticism*（London: J. M. Dent, 1938）.

［56］关于马克思早期革命时期的政治参与和活动的一种生动而详细的介绍，请参见：Mary Gabriel, *Love and Capital: Karl and Jenny Marx and the Birth of a Revolution*（New York: Little, Brown, 2011）, pp. 51－120（中文版见加布里埃尔. 爱与资本：马克思家事. 朱艳辉，译. 长沙：湖南人民出版社，2018），尤其是其中燕妮对马克思购买枪支的描述。

［57］请参见：Gareth Stedman Jones, *Karl Marx: Greatness and Illusion*（cambridge, MA: Harvard University Press, 2016）, pp. 239－240.

［58］马克思. 要求卡·马克思作出的不在比利时发表有关当前政治问题的著作的保证//马克思，恩格斯. 马克思恩格斯全集：第 42 卷. 北京：人民出版社，1979：418.

［59］［*Forward!*］

［60］恩格斯. 恩格斯致马克思//马克思，恩格斯. 马克思恩格斯全集：第 47 卷. 2 版. 北京：人民出版社，2004：337.

［61］同［60］343.

［62］同［60］345.

［63］同［60］343.

［64］同［57］237－244.

［65］马克思，恩格斯，日果. 马克思、恩格斯和菲力浦·沙尔·日果致皮埃尔·约瑟夫·蒲鲁东//马克思，恩格斯. 马克思恩格斯全集：第 47 卷. 2 版. 北京：人民出版社，2004：366.

［66］请参见本书第一章“使马克思成为马克思”；马克思，恩格斯，日果. 马克思、恩格斯和菲力浦·沙尔·日果致皮埃尔·约瑟夫·蒲鲁东//马克思，恩格斯. 马克思恩格斯全集：第 47 卷. 2 版. 北京：人民出版社，2004：367.

［67］马克思，恩格斯. 共产党宣言//马克思，恩格斯. 马克思恩格斯文集：第 2 卷. 北京：人民出版社，2009：43；在《马克思恩格斯全集》（英文版）第 6 卷中，编辑者用更加带有哲学倾向的“不可避免的、必然的同”（inevitable）替代了“不可避免的”（*unvermeidlich*）。

［68］是指马克思和恩格斯计划出版的《外国杰出的社会主义者文丛》（恩格斯. 恩格斯致马克思//马克思，恩格斯. 马克思恩格斯全集：第 47 卷. 2 版. 北京：人民出版社，2004：347；马克思，恩格斯. 马克思恩格斯全集：第 47 卷. 2 版. 北京：人民出版社，2004：650 注释 145）。

［69］关于马克思与乌托邦主义者、社会主义者和其他人的关系的深入探讨，请参见：利奥波德. 青年马克思：德国哲学、当代政治与人类繁荣. 刘同舫，万小磊，译. 广州：中山大学出版社，2017；也可参见本书第四章“民主与共产主义/

社会主义”。

［70］恩格斯．恩格斯致马克思//马克思，恩格斯．马克思恩格斯全集：第 47 卷．2 版．北京：人民出版社，2004：348.

［71］马克思．马克思致恩格斯//马克思，恩格斯．马克思恩格斯全集：第 29 卷．北京：人民出版社，1972：247.

［72］马克思，恩格斯．马克思恩格斯全集：第 29 卷．北京：人民出版社，1972：685 注释 203.

［73］同［71］211.

［74］马克思．马克思致约瑟夫·魏德迈//马克思，恩格斯．马克思恩格斯全集：第 29 卷．北京：人民出版社，1972：551.

［75］请参见：Musto，*Workers Unite！*，pp. 1—6.

［76］同［32］.

［77］马克思．国际工人协会成立宣言//马克思，恩格斯．马克思恩格斯全集：第 16 卷．北京：人民出版社，1964：5—14.

［78］马克思．国际工人协会成立宣言//马克思，恩格斯．马克思恩格斯全集：第 16 卷．北京：人民出版社，1964：11—12；也可参见：Musto，*Workers Unite！*，2014，p. 77.

［79］马克思．国际工人协会成立宣言//马克思，恩格斯．马克思恩格斯全集：第 16 卷．北京：人民出版社，1964：12；也可参见：Musto，*Workers Unite！*，pp. 77—78.

［80］请参见：David Leopold，“Marx，Engels and Other Socialisms”，in Carver and Farr（eds），*Cambridge Companion to The Communist Manifesto*（Cambridge：Cambridge University Press，2015），pp. 32—49.

［81］［82］马克思．国际工人协会成立宣言//马克思，恩格斯．马克思恩格斯全集：第 16 卷．北京：人民出版社，1964：13；也可参见：Musto，*Workers Unite！*，p. 78.

［83］马克思．国际工人协会成立宣言//马克思，恩格斯．马克思恩格斯全集：第 16 卷．北京：人民出版社，1964：12—14；也可参见：Musto，*Workers Unite！*，pp. 78—79.

［84］马克思．国际工人协会成立宣言//马克思，恩格斯．马克思恩格斯全集：第 16 卷．北京：人民出版社，1964：14；也可参见：Musto，*Workers Unite！*，pp. 79．需要特别指出的是，在英文版《马克思恩格斯全集》中，“全世界无产者，联合起来！”这句话在《宣言》和《国际工人协会成立宣言》这两个文本中的表述是不一样的。在《宣言》中，这句话的英文原文是“WORKING MEN OF ALL COUNTRIES，UNITE！”（恩格斯 1888 年英文版）［请参见《马克思恩格斯全集》（英文版）第 6 卷第 519 页］；而在《国际工人协会成立宣言》中，这句话的英文原文是

“*Proletarians of all countries, unite*!”［请参见《马克思恩格斯全集》（英文版）第20卷第13页］。

［85］请参见本书第四章“民主与共产主义/社会主义”，对马克思关于民主宪政主义的分析和探讨，本身就是脆弱的。

第三章　历史与进步

61　要将当今的政治实践主义与历史经验，甚至是与关于如何思考历史的方法论经验联系起来存在一些困难。然而，虔诚地“吸取教训”和“不重复（过去的）历史错误”的意图，在过去从来都没有像现在这么重要，在现在也不像在过去那样那么多。政治实践主义的目的是制造或保护对未来的愿景，而当前的情况并不能令人满意。人类活动的这一特征来源于一个信念：顺序主义（sequentialism）在人类事务中至关重要，即当下我们对任何东西的思考以及对任何事物的处理都是由我们独特地构建起来的，因为它在连续的时间轴上占有一席之地。这个连续的时间轴通常被认为是单向的、不可逆的、非循环的和无周期性的，至少在现在通常的理解中是这样。但是，在某些情况下，时间的构成一直或者说在当下变得相当不同了。政治实践主义则致力于“逆转时光”（rolling the clock back），重拾“黄金时代”（golden age），或引用周期性和循环运动，以证明抗拒改变的行动主义。

在“占领运动”和类似的“保护伞”联盟中的政治话语和激进主义的修辞，很可能参照其中某些或者全部的时间观和历史观。然而，除了特定的宗派语境，今天世俗话语中的主流观点认为，时间轴是单向的——而对于这种观点来说，与之相矛盾的是——它同时倾向于贬低历史，并将其仅仅视为一个初始或重要的参照点。从这种意义上说，“现在和将来要做什
62 么?”比“过去做过什么?”更具有说服力。而对于“人性”永恒的观点来说，这种说服力显得更为微弱。毕竟，如果将发生的任何事情都一如既往地归因于“人性”，那么，政治实践主义的意义何在？

另一种思考的视角是回到我们顺序主义的前提之上，之所以从这个角度来审视马克思，是因为他以“历史理论”而闻名于世。在当今许多的学术语境中，马克思可能凭借这一学术产物而最为出名，或这一产物至少在

很多学术语境中被广泛接受[1]。

一方面，在《宣言》中，马克思和恩格斯对历史的概念化过程、对现代工业社会以及对社会主义和共产主义事业接班人的具体观点，在 19 世纪 90 年代后都变得相当公式化了。这些观点不仅是一种（少数）社会主义的正统观念，而且是以一种反政治的方式回应了一种被抵制和消灭的有毒学说。随着 20 世纪的到来，以及布尔什维克/反布尔什维克、共产主义/反共产主义、苏维埃/反苏维埃斗争的相继发生，马克思的著作按照圣经的推广规模被再次印刷。那些著名的历史学家纷纷将自身置于一个“马克思”的建构过程之中，以把自己与政治相联系。一旦马克思的观点和文本被挪用或盗用，一旦他获得了教义地位，无论是作为“圣经”还是“魔鬼学说”，他在历史接受序列中的地位都被确定为关于历史的一系列争论点。这几乎是无可避免的，任何对马克思的引用都打上了这一烙印。

另一方面，即使不标注马克思的名字，他的思想也有人接受。所以，一旦英雄的美德或邪恶的陋习等品质脱离具体的历史观点，我们今天所处理的或多或少是老生常谈的推测。事实上，这些相同的推测，正是因为和马克思的联系而逐渐消失，并且变得司空见惯。从这个角度看，马克思的历史观及关于历史的探讨在民主或活动中的作用的观点都是非常成功的。而且，这些观点越成功，他似乎越不可能“拥有”它们，这正是由上文所提及的党派狂热所造成的。

随着以下讨论的深入展开，我们将了解到这种情况是如何发生的，并由此来判断他的“(共产主义的）幽灵”是如何对诸如“占领运动”这类活动产生影响的。但是，本文的目的不是给“占领运动”或类似的运动贴上“(共产主义的）幽灵”的标签，而是要更仔细地研究这些活动究竟与历史有何关联。因此，在这样的事件和辩论中缺乏历史经验，并不意味着 63
参与者没有对历史进行假定和推测。这些假定涉及人类活动中的重要和不重要的内容，以及新的历史进程（更美好的未来）将如何促进当前的斗争继续向前。

一、马克思、恩格斯与历史

考虑到马克思对共产主义事业所做的贡献以及上文所述的种种原因，将历史作为（探讨的）焦点可能看起来有些奇怪。历史的经验与马克思所说的不只是解释世界而是改变世界有何关系[2]？马克思和恩格斯明显带有激进主义的文本（《宣言》）的开端和实质，无论是在最初1847年或1848年的历史背景下，还是在更具影响力的复兴时期的19世纪70年代，都带有明确的历史性回顾：我们是如何从最初走到现在的？此外，这还是一个有关定义性的回顾：历史最初究竟是怎样的？因为马克思和恩格斯不惧“麻烦”，敢于探索历史概念本身，所以，他们经过彻底的重新思考，对这两个问题提供了一个新颖的答案。但是，这本身并没有与当时或现在的政治实践主义联系在一起。

也许更令人感到困惑的是，马克思的政治遗产作为一个学术课题，特别是作为对“**唯物主义历史观**”的阐释和辩护，是从他那个时代及之后才开始建构起来并逐渐形成的[3]。这始于恩格斯于1859年所撰写的一篇关于马克思的《政治经济学批判》（当时很少有人会读到这样一本书）的书评，在那里他为大众读者阐释了马克思的历史观：“‘物质生活的生产方式制约着整个社会生活、政治生活和精神生活的过程。’在历史上出现的一切社会关系和国家关系，一切宗教制度和法律制度，一切理论观点，只有理解了每一个与之相应的时代的物质生活条件，并且从这些物质条件中被引申出来的时候，才能理解。”[4] 在这个带有时代的“烙印”和抽象的语境中，马克思的“总的结果”[5] 和“指导我的研究工作”（“我”指马克思。——译者注）[6] 有助于我们对其进行前瞻性的阅读，特别是结合恩格斯的“唯物主义”（马克思在原文中并未提及）这一概念。接下来，恩格
64 斯继续评论指出：“社会的物质生产力发展到一定阶段，便同它们一直在其中运动的现存生产关系或财产关系（这只是生产关系的法律用语）发生矛盾。于是这些关系便由生产力的发展形式变成生产力的桎梏。那时**社会革命**的时代就到来了。随着经济基础的变更，全部庞大的上层建筑也或慢或快地发生变革……”[7] 这段话将探讨的重心由（历史研究的）共时性（社会结构是怎样的）转移到历时性（一个特定的社会结构如何转变成另一个社会结构）上。正如马克思所总结的他的思想，这个过程产生了强有力但无法解释和未设防的术语和隐喻：生产力、生产关系（特别是产权制度）和遭遇“羁绊”的发展动力，所以有希望实现“基础”和“上层建筑”的转变。作为一个“总的结果”和“指导”，这种混杂是相当粗略的，它更像是一个谜语而不是一种解决办法，更像是一种提出问题的方式而不是提供现成答案的方式。

19世纪70年代后期，恩格斯代表马克思做了更为成功的宣传工作，使得这一解释性的要求再次浮现出来。在马克思逝世后的12年时间里，恩格斯继续对马克思的“思想”进行架构、界定和概念化，并将其概括为永恒

的命题和预言性的提纲，以“唯物主义”的确定性为框架，巩固社会主义政治和阶级斗争的基础。他在相关的对马克思的介绍性、序言性、新闻性和独立性的著作中做到了这一点，这些著作至此一直广为流传。从19世纪末开始，历史经验伴随着大量的形而上学，已经成为马克思主义的一个决定性特征，在将马克思介绍为“思想家”的过程中，历史（的视角）往往是其引以为傲的地方[8]。

经过将近150年的共识，人们可能会发现，马克思“对历史的唯物主义阐释”是令人费解的。事实上，对马克思而言，关于现在历史被认为是什么以及在过去历史是什么的问题，显然都是非常重要的。这一点我们从他现已出版的著作、手稿资料和“摘录笔记”中可以看出。作为一名激进主义者而进行写作活动，随后又在重新出版的《宣言》中以象征性的形象出现，马克思这种对历史的关注——往往是从方法论的角度进行展开——是他进行探讨的起点。显而易见的是，马克思正在利用他和恩格斯所重新 65
认识的历史来发起政治行动，而不是简单地为知识分子、学者、一般读者进行写作。

然而，从20世纪初开始，人们对马克思关于历史的看法以及他所研究的历史背景和事件的关注，已经转向了对其文本的研究和细读——而不是基于恩格斯的模型——以便确定包含在马克思的“历史理论”当中的“观点”或“概念”[9]的确切内容。这一做法产生了两种后果：只有被认为与这个问题相关的文本——实际上也是最适合抽象为方法论的文本[10]——马克思在进行研究时才会认为其是非常重要的。《宣言》包含许多相同的观点和术语（例如“羁绊”），但其本身并不适用于进行命题式的抽象，这是考虑到它的措辞是为了唤醒人们去采取行动，而不是用于学术研究。

1859年，恩格斯为马克思的《政治经济学批判。第一分册》所撰写的书评[11]开启了阐述马克思的“历史理论”的过程。但这一过程并不是在严肃的辩论中为这一理论进行辩护的过程，因为恩格斯的言辞宣告了他在阐述时所表达的不言而喻的真理，这与拙劣的观念恰好相反。俄国革命的和自封的马克思主义理论家格奥尔基·普列汉诺夫是第一个捍卫（且不只是简单地阐述）马克思理论的人。普列汉诺夫在他1895年的俄文著作《论一元论历史观之发展》（该书1896年被译成德文）中捍卫了马克思的理论。在此之后，普列汉诺夫所撰写的其他有关“唯物史观”的文章和研究被大量翻译和广泛转载。这些研究都有助于推广作为马克思主义典型特征的经济基础（或基础）和上层建筑的隐喻，并与“辩证唯物主义”一起构成黑格尔形而上学的科学版本[12]。“辩证唯物主义”这一概念，来源于恩格斯对“辩证法”的综合研究（据称其源于黑格尔），并被定义为适用于“自然、历史和思想”的“规律”[13]。这是一个涉及三方的图式，而不是从马克思（很少）对黑格尔的赞赏性评论中推导出来的，（甚至更少）是对一种“方法”的尝试性描述（这将预设马克思“思想”中的统一性，而不是他行动中的有效性）[14]。恩格斯在逝世前，对普列汉诺夫所表达的观点给予了个人认可，并同情地指出在这种专制和压迫的背景下，逃避俄国检查者和主张革命的难度。

66 这里的问题不在于对这些与马克思文本相关的概要（précis）和释义（paraphrase）的处理是否具有“真实性”，而在于注意与“理论”有关的文本选择如何作为一个本身有效的学术项目被承认和执行——或者与其他进行类似研究的人相联系——以及在进行社会主义或革命政治的政治定位的过程中，这种关于“理论”的辩论如何取得关键性的地位。至于普列汉诺夫在宪政前和反自由主义的背景下为叛逆和颠覆性的知识分子写作并与之一同工作，以及他接触哲学并同哲学家的互动，显然是模仿了马克思的一些政治努力和策略（尤其是在宣传对历史变革和自由主义“启蒙”价值的认识方面）。但是，在压迫较少的背景下，这些辩论——最终是对马克思主义的研究——更像是将政治置于学术活动之中，而不像马克思本人所追求的那种组织活动。马克思所谓的理论，主要是以激进主义和“论战式”（*ad hominem*）的修辞模式来书写的，其目的是逐渐动摇那些自认为在探索政治（而他们真正探索的是哲学）的知识分子，或者是研究“哲学经济学”的蒲鲁东和蒲鲁东主义的追随者们[15]。

也就是说，在不经意间，马克思开创性的探讨使他成为绝对重要的“理论家”。这些思想上的努力已经大大地改变了历史学家眼中的历史，以及有效的史学策略的具体内容。与此同时，通过要求本体论和认识论为历史学提供“基础”，这些辩论也将历史学与哲学相联系，而不仅仅是假定“伟人”口中永恒的“人类利益”，或者是在宗教或民族主义中采取道德正直的立场。普列汉诺夫的策略——作为一种政治叙事——将马克思的历史理论置于一系列政治上进步的“唯物主义”之中。在这样的“唯物主义”中，无神论、物质运动和社会生产活动填补了确立他最高成就的必要内容。由此可见，从宗教、道德、民族和“人类利益”的角度出发，历史学家普遍反对公开宣称的“唯物主义”和“经济”简化论，特别是反对“辩证”的形而上学，正如在普列汉诺夫和他自认的“马克思主义”同志的论述中所论证的那样。具有讽刺意味的是，从那以后，“马克思主义者”们经常发现自己对马克思的现存文本置之不理——除了极少数对“指导我的研究工作”（“我”指马克思。——译者注）[16] 的试探性总结之外——这些文本是探索性的而非确定性的，也不是对作为“物质”[17] 基础的“经 67
济”活动的还原。与之相矛盾的是，正如大量马克思的著作正在被收集、转录和出版（其中包括冗长的历史研究和深度的学术探索）一样，这种方法大大缩小了大多数评论家的视野范围。在这个高度集中的评论范围内，大多数研究活动旨在确定这个“理论”[18] 的真实性——并且在较长的时间内——以及为了确定这种调查和判断所进行的认识论基础究竟是什么。

20 世纪七八十年代的“分析的马克思主义学派”对历史“理论”采取了自诩为“严谨”的研究方法，这一学派汇集了语言哲学家、经济史学家、博弈论者和理性选择论的观点（rational choice perspectives），取得了显著的成就[19]。“分析的马克思主义学派”宣称自己反对黑格尔的形而上学以及恩格斯对“唯物主义”辩证法的反思（后来被称为“正反合三段论”和“辩证唯物主义综合论”）[20]，并将它们的著作植根于一种被认为与科学相符的经验主义。“分析的马克思主义学派”的科学观认为，验证（或者至少是证伪）是构建命题的严格要求，这些命题可以通过历史研究可发现的历史事实来检验。“分析的马克思主义学派”的小宣言（mini-manifesto）指出，它们的著作是为了在马克思主义社会理论研究中例证一种新的范式。它们所运用的不会是教条式的或纯粹解释学的方法。相反，它们将运用历史干预的眼光和非马克思主义的社会科学与哲学的工具，来研究和发展马克思所倡导的理论[21]。“分析的马克思主义学派”的希望就是，“马克思主义思想将从那些日益被人们普遍认为必不可少的方法和假设中解脱出来，从而使马克思主义中真实和重要的内容得以确立”[22]。当然这一方法预设了这样一种情况，就是将马克思的诗歌散文改写成这样的命题是一种服务（实际上是对他的“辩护”的一种练习），而学者和科学家们能够——以每个人的利益为基础——决定马克思“理论”的真理性（或其他），更确切地说，这种真理性被认为是马克思代表作中某些段落所体现的“理论”的真理性。

“分析的马克思主义学派”在术语的选择和使用方面带来明显困惑，
特别是在诸如“生产方式”、“生产力”、“生产关系”、“经济基础”和 68
“意识形态上层建筑”等描述性术语（在没有政治背景的情况下，从少量已出版和粗略的手稿中提取），如何用比马克思所呈现的更合乎逻辑的方式来定义和描述方面。科恩将马克思的（诚然漫不经心，却也是“暗示性的"）短语解释成以下主要命题：（a）生产力趋向发展贯穿整个历史（发展命题）。（b）一个社会生产关系的性质是由其生产力发展水平解释的（首要性命题本身）。……（c）人，就其特性而言，多少是有理性的。（d）人的历史境遇是一种匮乏的境遇。（e）人具有的那种一定程度的才智使他们能够改善其境遇[23]。科恩详细地回答了对于在马克思现在重写的诗歌散文中究竟能推断出什么是正在进行的结构性关系和可证伪的预言性主张的问题。这些问题具体包括：考虑到马克思的"逻辑"结构和马克思在其文本中所提出的关于"人性"的"合理"推定，经济或技术"决定论"的真实性（或非真实性）在实现从一种生产方式转变为另一种生产方式的历史变化中，以及在最终决定无产阶级革命是否"不可避免"中所产生的作用[24]。鉴于"分析的马克思主义学派"对它们所坚持的"精确"方法论的强烈承诺，它们将自己的主张植根于科学哲学之中，并将其认定为一种普遍的、单一的推测和协议，所以在20世纪的术语中，这一方案最终不可避免地给马克思带来很少的荣誉。在接下来的10年中，科恩写道："我之所以将我自己写的关于卡尔·马克思的历史理论一书称为一种辩护，是因为在这本书中，我捍卫了我所认为的……真实的东西。……然而，最近，我开始怀疑这本书所捍卫的理论是不是真实的……我现在认为，历史唯物主义不是虚假的，但我不知道如何判断它是否准确……我试
69 图……使这一理论更加明确和具体，从而阐明其确认的条件……但仍需要进行大量的更深层次的说明。"[25]（科恩等人）所表达的"严谨"的"分析性"术语本身已经处于社会学和科学史[26]的修正主义学者的批判之下，同时也处于对语言、真理和逻辑拥有截然不同观点的后结构主义者的批判之下[27]。

大部分的"抽象"讨论（"分析"性的研究或其他研究），显然缺乏与马克思观点——历史是什么，历史变化如何产生（或不产生），历史变化的意义是什么——的持续互动，这些观点实际上是在当时的时代语境中所产生的。简而言之，从本质上和方法论上与"历史"接触，对于激进主义分子——他们一边以批判的眼光审视当下，一边期待着更美好的未来——而言有何不同？这些讨论应该如何吸引观众和团结一场运动，以及实现一个目标？这个问题的部分答案在马克思所处的那个时代（也就是19世纪四五十年代）的德国的政治本质中可以找到。在当时，讨论政治问题和提议改革几乎完全不受欢迎，也缺失了赋予人民主权以及公众知情权的宪法[28]。大学知识分子至多得到宽容，而非保护。（在某些值得注意的情况下）他们是不被宽容的，所以遭到排斥和迫害。在23岁时，马克思获得了

博士学位，从而自然而然地成为大学知识分子群体中的一员，但他不出意料地继续做他所擅长做的事情，即进行一场思想斗争（其他任何类型的斗争都尽可能迅速地被处理了）。在德国，这些讨论只有经过审查员的充分审查和修改（或者高效地从国外进行走私，通常是瑞士、比利时或法国）才能够出版。马克思的著作——自由的报纸杂志、“针对个人的”学术论战（*ad hominem* intellectual polemic）、广受欢迎的各种演说和宣言，以及各种“要求”[29] 的宣传单——同时经过审查和以走私的方式才得以进入社会。

马克思的这一做法可能会创建一种语境。在此语境中，高层次的历史讨论会占有一席之地，也许还会有（尽管有限，但确实存在的）一个读者群体。然而，它并没有解释为什么马克思——和恩格斯时常——会耗费大量的脑力劳动来思考这类问题，以及为什么他不直接陈述其方案、写下愿景、发表演讲以及出版小册子？但是，从最近的研究中我们可以知道，他们二人的激进主义著作，主要是对当代德国社会主义者和共产主义者的批评，而并未涉及对后来被称为“唯物主义历史观”的一些反思[30]。然而， 70
这并不是一个将这些内容完全排斥在外的过程，而是一个编辑探索说明性材料的过程，以便直接向那些他们所认为的与其意见相左的人（比如，鲍威尔和蒲鲁东）提供有关历史的简洁的观点。

因此，我们在这里看到的是接受（reception）的影响：我们的两位作者在当时正与其他人进行关于“社会问题”和政治可能性的“人身攻击的”论战式辩论（*ad hominem* polemical debates）；之后有读者发现，这些论战不可理解（或者于马克思而言）并且非常乏味。随后的读者推断或挽救的往往是更为抽象的想法和概念，这些想法和概念可以用来思考当前的问题和政治可能性。纵观整个 19 世纪 40 年代，抽象化并不是重点：实际上，马克思和恩格斯的观点是，他们的对话者过于注重抽象（且不仅仅是以错误的方式来进行抽象），因此，他们绝不会过多地叙述“历史”。

考虑到 19 世纪 40 年代的所有对话者都强烈支持立宪主义和人民主权，马克思和恩格斯耗费如此多的时间来批评那些——从某种意义上来说——同行的知识分子，这似乎很奇怪，甚至有些不合情理。这些对话者自诩为“社会主义者”或“共产主义者”，或至少有意地暗示以下主题：“社会问题”值得同情和关注。然而，正如上文所阐释的那样[31]，人民主权的宪法基础从定义上而言在德国是革命性的，因此具有煽动性，并且最终是叛国的。马克思专注于将共产主义思想提炼为自由革命行动主义（revolutionary activism）的一个必要前提。这一主义（除了在秘密的交谈中）当时还不存在，因为它不需要向已经改变信仰的人传教。它需要努力地使这些信仰革命的自由主义者——更好地理解当前的形势——对反对派进行清醒的评估，以及对当前革命潜力有清晰的认识。

在这方面，恩格斯有更为有趣的记载，因为他是从另一种语境入手来阐释这一问题的。到 1845 年春天他和马克思在政治上正式联手之时，恩格斯已经发表了大约 50 篇报刊文章并出版了一本有名的著作。由于恩格斯曾在英国生活和工作过，这使得他与当时的宪政政治和民主化宣传，以及工业、商业和（不寻常的）工人阶级的实地工作经验有着密切的政治联系。与德国的形势不同，英国有大规模的示威活动，这同时也造成了大规模的
71 而不是单纯个人的压迫和迫害。恩格斯的激进主义著作，虽然十分关注英国和德国的政治时事，但其主题仍然与马克思对历史中的复杂利益的哲学上和方法论上的探索密切相关。事实上，马克思后来相信，恩格斯（虽然是“另辟蹊径”）得出了与他相一致的结论，他还特别提到了恩格斯 1845 年出版的起决定性作用的非史学性的德文著作——《英国工人阶级状况》[32]。然而，这里只是重申了一个难题：为什么共产主义的激进主义一开始就要求对历史和历史方法进行这样的探讨呢？

二、日常的过去与未来[33]

当我们把马克思的修辞策略理解为是用于吸引本是竞争对手的共产主义同事而不是其同行之时，这个难题就解决了。也就是说，理解现在需要（所以他也要求）理解过去。他同时反驳道：如果过去的错误观念隐藏在关于当下的政治判断之中，那么，这些政治判断也将是错误的。这些政治判断当然可以与当下的实际错误相联系——但对于共产主义者而言，这包括贫困、不平等、压迫和独裁主义等“社会问题”——同时也与如何在当下和未来确切地改善、改革以及革新人类社会经验相联系。

共产主义者和社会主义者——虽然并非总是如此，但这些术语通常可以互换——在当时提供了许多关于未来的看法，这些看法在言辞上和政治上显然都是重点。在各种学术语境中，当时的时代思想脉络经历了多年的重建。如今，更难以捕捉的是激进主义分子和群众参与的意识——其中所蕴含的热情和天真——它们往往不会在历史记载中流露出来，而且如果有，通常只是视觉上的（时间上近一点而言，是听觉上的），而非文字的传达。然而，对于他们内心的冲突，其中某些强烈的情绪和政治焦点可以在马克思和恩格斯的著作中被捕捉到，因为这些情绪本身就构成了对现实的接受，

而不是一个哲学上“亘古不变”的表述。

与之相矛盾的是，马克思和恩格斯的不同著作使得这一点难以把握，因为学者所关注的焦点通常是马克思和恩格斯两个人，他们的著作以及为了之后的利益而可以从学术的角度进行拯救的东西。由于这一焦点，这些 72
对话者——在当时十分重要，尤其是对要“张贴”在不同群体中的文章而言——往往消失在历史的尘埃之中，因为——与马克思和恩格斯不同——对于我们来说，这些对话者已经变成了小人物，但对于同时代的人（特别是对于马克思和恩格斯）来说他们却不是小人物。因此，这些对话往往被进行片面的阅读，而马克思和恩格斯的论著则变成了独白。然而，更进一步的问题是，当时的热情在现在看起来似乎很奇怪，因为当时的政治形势跟随历史人物一起烟消云散了。但无论如何，在早已民主化的社会中，政治环境已经使当时那种微不足道但有力的独裁主义逐步边缘化了，而当时的激进分子也在奋力与这种独裁主义做抗争。为什么马克思和恩格斯会与这些小人物接触？为什么他们对此满怀热情？根据已有的文献以及之后的预设，往往会产生这些问题，但通常不会产生真正令人信服的答案。因此，转而谈及并生动地呈现马克思和恩格斯亲身经历的文章，或许会带来些许乐趣。

值得注意的是，《宣言》第三部分呈现了一个由政治效价（political valence）和学术倾向（intellectual tendency）所构成的对 19 世纪 40 年代的社会主义和共产主义的“概述和回顾”（*tour d'horizon*），虽然这经常被讽刺、批评和贬低。马克思本来有决心要展开这样一种批判性的调查，而实际上作为新闻工作者的恩格斯也拥有相当丰富的经验，可以提供有关这些主题的报道。《宣言》中的相关论述（现在少有人阅读），突出的不仅仅是马克思和恩格斯对整个宗教，尤其是对基督教无情的嘲讽，同时对小规模乌托邦式的“殖民地”和试验，以及对卢梭所主张的回归农耕生活和其他“简单”或“自然”的生活状态，他们同样也持一种不屑的态度。这告诉我们许多关于马克思和恩格斯所不愿开始的地方，其中包括：基于信仰的解决方案，小规模、小群体的孤立主义，前工业化时期的民间艺术田园诗和回归“自然”的生活状态或者其他[34]。

相反，马克思探索人类（过去、现在与未来）思想结晶（mélange）的方法是积极参与其中，以一种明显可替代的并且在今天仍被激进主义分子所采取的策略（下面我们的讨论将证明这一点）。明智的目标是政治性的：社会主义和共产主义不会成为解决方案，因为当下的问题被误解了，这些问题被误解了，是因为历史的本质——以及使一个错误的现在变成更好的

73 未来所需要的历史变化——被误解了。而历史本身被误解——或者在大多数情况下根本就没有得到解决——是因为人类未能正确地认识文明。而文明被误解，是因为人类对自身没有正确的认识。作为一个非常严密的逻辑链，这可能是有道理的，而且在政治实践主义方面，它也可能会（或许又不会）吸引某种特定类型的读者。在19世纪40年代，《宣言》的第一部分和第二部分当然是召集读者的一个良好尝试，直至19世纪70年代，《宣言》中的内容才最终实现了大众传播。但是，正如马克思和恩格斯所说，《宣言》在某种程度上已经脱离了19世纪70年代的社会现实[35]。

抛开马克思和恩格斯的文本是否代表一种“理论”，它们在何种意义上代表一种“理论”，以及如果它们能够代表一种“理论”，这一“理论”在何种层面是或者不是“唯物主义”或“宿命论”（《宣言》中并未提及）这些棘手的问题，让我们先来认真思考一下马克思和恩格斯在《宣言》1872年的德文版序言中所提及的主要原则是什么（这些原则实际上并没有在这一“独特”版本的序言中被详细列出）。在我看来，这主要包含如下原则：

- 创造历史的是人类，而非超自然力量或非物质实体。
- 无论是在过去还是在现在，对于大多数人来说，真正重要的是日常的生产和消费，而不是王朝或战争。
- 文明依赖于生产和消费，这种生产和消费是一种作为社会总量的生存盈余，而不是道德、价值观或艺术之类的剩余。
- 劳动分工（或不劳动）和消费分配（无论是达到或者低于温饱水平，还是从高级到奢侈）都是文明社会的特征。
- 这些出于劳动或义务的需要而出现在法律和政治上的等级，以及可供团体和个人消费的资源，都是作为一个结构问题（在此结构之外或之内）的可预测的统治、反抗和斗争的来源，个人实际上没有多少选择权。
- 关于统治阶层的宗教、道德、知识、艺术和政治思想一般都产生于这些斗争的结构性断层线，并在这些断层线内普遍存在争议——无论它们之间具体有多少矛盾和有多么错综复杂的关系。

74
- 由于最新引进的蒸汽驱动生产和自动化生产工艺大大提高了生产效率，现代工业突破了以往的各种技术，进而影响了社会阶层和政治制度。
- 征服和贸易使这一已经增强和逐步增强的经济活动，成为真正的全球现象（并且日益如此）。

- 随着这些结构和力量的发展，财富和权力的不平等现象日益加剧；相反，平等化运动和政策则需要更多的政治斗争。
- 商品和服务的生产潜力与高度差异化的工作和消费模式之间的对比将更加明显，尽管不同国家和政体对此反应各有不同。
- 与历史上那些不清楚或不太可能作为政治策略的另类观点相反，对历史的这种“观点”精确地陈述了共产主义必须解决的“社会问题”。

或者正如《宣言》中所言：“至今一切社会的历史都是阶级斗争的历史。”① 而“阶级斗争”正是共产党人的政治定位之所在，他们提出上述原则并在行动中得出符合实际的结论[36]。

一方面，这个原则鼓舞了世界范围内的政治运动，它既包括已建立的民族国家的社会民主主义运动，也包括在民族解放斗争和去殖民化（decolonizing）语境中的国家建设。有的观点认为，无论出于何种原因，现代机械化和高生产效率的资源开采、产品制造和重型运输确实势不可挡，所以，这些生产和消费模式在全球的崛起似乎完全是有可能的（考虑到它们早已使全球化概念深入人心）[37]。当然，总的来说，大大小小的社会和国家以各种理由抵制国际市场的力量和强权政治，并且以各种形式屈服于一些社会变化，马克思和恩格斯早在 19 世纪 40 年代就已经提出来这些变化了。那时，蒸汽动力制造和重型运输系统，在英国及其殖民地和其他贸易和被征服的地区正处于起步阶段。《宣言》对此有过强有力的描述：“自然力的征服，机器的采用，化学在工业和农业中的应用，轮船的行驶，铁路
的通行，电报的使用，整个整个大陆的开垦，河川的通航，仿佛用法术从 75
地下呼唤出来的大量人口……”[38] 另一方面，人们对激进主义的热情和对这种学术的新鲜感逐渐消失，这一点可以理解，因为从那时起，马克思和恩格斯的语言变得有些过时，在当代社会的参照价值也变得模糊不清。然而，这种“观点”非常普遍并被人们认为是理所当然的。令人惊讶的是，大部分的疏漏都被学术诠释、真理考验、攻击、防御和二次讨论所占据，也就是说，（马克思）做出这些主张和判断的理由是什么？尽管如此，马克思所运用的这种方式带有一种明显的循环性质。为了验证马克思理论的有效性，人们必须知道“历史”究竟是什么（其中已知的部分是重要的）。无论是关于“文明的冲突”[39]、特定的“大战”、民主政治形式的兴衰，还

① 马克思，恩格斯．共产党宣言//马克思，恩格斯．马克思恩格斯文集：第 2 卷．北京：人民出版社，2009：31.

是通过资本主义企业创造的世界市场，马克思对所谓的经济解释和先赋决定论的痴迷，经过了有关人类、社会和文明的大众观点检验，而这种观点——在马克思所处的时代——正是他力图要取代的。

从另一种角度来看，我认为，无论马克思和恩格斯的“观点”在某些外源标准上到底是“对”的还是“错”的，就其本质而言，他们对历史的修正最引人注目的是定义问题：他们论证什么是历史，什么又是值得注意的显著的历史变化，首先是一个有待解答的问题。提出“经济是否决定历史”这个典型的争议性问题，引发了一个真正有趣的问题：有趣的地方在于，究竟是为了谁以及为何将历史作为重点？（无论这与传统、专业和学术史学有多么不同）

用马克思和恩格斯的话来说，提出这个问题沿用的是考古学的方法：在文本不存在的史前时期，真正重要的是历史文物（artefacts）。如果我们仅仅遵循文本，也就是说，如果我们只从书面记录可用的时代开始探索，这种熟悉的方法与《宣言》中一个有趣的观点相矛盾：在文本中叙述的思想已经与社会经济关系和制度产生了一定的、可变的关系，通过这种经济
76 关系和制度，剩余生产可以以任何方式用于差别分配和消费。书面文本把这些关系看作一种规则，所以他们通常不会过多或批判地谈论这些关系。因此，我们所读到的，正如马克思和恩格斯在一句巧妙但引人注目的引文中所言：“任何一个时代的统治思想始终都不过是统治阶级的思想。”[40]

这些历史文本中的思想有时当然可以得到检验，至少可以对照以各种形式与这些思想做斗争的当代观点。但是，从总体而言，历史文物是残缺的，且大多被边缘化，只有工业考古学家还对其有兴趣，而历史学家却并非如此。若将此事具体化，我们或许可以这样说，如果马克思和恩格斯要建造一个文明博物馆，它将首先展示的是一些不那么美观的工具，重建历史的生产场所，复制简单的食品和家具，比如像那些普通百姓家里有的食品和家具，以及壁炉、烟囱、锤子和螺丝的历史演变，以此作为极具戏剧性的时刻[41]。

此处的争论点实际上形成了一个对比：不是说这种研究历史文物的方法就是文明的一切；相反，文明一般被认为是“高级”政治、“高雅”艺术、“高”智商以及“高”品味的同义词。从“日常”和“个人”（以及女性）的视角来思考问题，使这些进程成为中心，并观察这些进程如何结束，也许是值得的。在《宣言》中，马克思和恩格斯并没有伟大的主张。在他们看来，艺术和战争在人类历史上根本没有任何意义，而“日常”生

活过程构成了大多数人的“生活经验”，这些过程的变化和历史学家的乐于描述（甚至是被过度渲染的朝代更迭和信仰转变），至少具有同样的意义[42]。

自20世纪末以来，历史以马克思和恩格斯所主张的方式日益被概念化，尽管这更像是对传统史学的“另类诠释”或补充，而不是完全替代。就当前的讨论而言，马克思和恩格斯的创新之处不在于发现历史中“经济学”的影响，或者是将“决定论”[43]归因于经济因素——重申一下我的观点——他们的创新之处在于试图揭开关于“历史”的定义问题，并给出一个被后人传颂同时也让人产生争议的答案。由于马克思和恩格斯所阐明的创新性方法，人类才对女性史，工人阶级史，土著、边缘化和殖民地人民“隐藏的”历史有所了解，即使——且在大多数情况下——他们所撰写的文本本身并不会产生具体的历史，甚至不会提到其中所涉及的值得关注的 77
问题。

揭开这一历史的定义问题后，马克思将我们引领到“为什么”的问题上：为什么在各个不同的历史时期，人们以不同的方式去做这些日常的事情？显然，这些方式——时断时续并——产生了现代高生产力的工业、蒸汽驱动的资源开采和产品制造的工序。在历史上，马克思和恩格斯并不是首位解决这一问题的人，但是他们对人类社会进行了细致考察（虽然并非只是在《宣言》中）并将其作为抽象的历史主体——一个以上文所阐述的单向时间轴和“路径依赖”顺序方式进行的主体。毫无疑问，他们的思想（虽然不是全部）绝大部分都被作者们从19世纪40年代满是争论的背景和当时的手稿中排除，因为这对于政治论战来说“过于理论化”。如上所述，这与20世纪初对马克思和恩格斯的学术评论恰恰相反，因为在那种语境中，越哲学化越抽象的评论，反而越好。

有趣的是，在这些思考当中，马克思规避了胜利和悲剧的双重危险，即人类社会是一个由进步和成功驱动的社会，或者人类社会注定充满了矛盾和不幸。前者——进步和成功——是生活在马克思所处时代的前一代或前两代的著名政治经济学家（尽管并非全部）所描绘的历史的特征，托马斯·罗伯特·马尔萨斯（Thomas Robert Malthus，1766—1834）就是其中的一个特例。后者——矛盾和不幸——是让-雅克·卢梭（Jean-Jacques Rousseau，1712—1778）对早期工业化和商业主义之间关系的典型思考方式。因此，他在“文明的”社会关系和政治结构中发现了越来越多的冷漠和残酷[44]。

马克思规避了“为什么”这个带有道德倾向的问题：人类可以说是变

得越来越好，因为人类正在“改善”自身素质；也可以说人类变得越来越不好，因为这些“改善”也在使人类日渐残酷。从马克思的观点来看，知识分子们并不知道，人们在日常生活中改变了自己与物质资源的关系。然而——这确实发生了——最近在生产上开始有了巨大的变化，日益强大的日常生产过程逐渐走向全球化和统一。但是，对于这种历史观和历史变迁
78 观来说（这似乎是合理的），没有其他必要再去思索“为什么”这一问题，这无论如何可能将人类束缚在他们实际早已知道的内容上，而不是将人类视为拥有超出人类预测能力之外的无穷无尽的潜力。换言之，人类社会有一些永恒的可识别的特征，以至于兴衰败落可以被预测，而这本身就需要一个永恒的、而非人尽皆知的观点（如果一个人认真细致地思考这种日常言论的话）。

马克思和恩格斯从当时的社会图景中得出的政治推论具有修辞意义（rhetorical import），这在性质上是表现性的，而不是严格意义上的描述性的。只有当人们相信这一社会图景时——《宣言》才会产生作用——人们才会将他们的政治变成阶级斗争。最后，普通劳动阶层取得胜利，或者出现少数人所描述的另一种情况——“斗争的各阶级同归于尽”[45]。因此，阶级斗争是一种可能会（也可能不会）发生的（政治）实践，而不是可以随时随地从描述上进行辨认和被孤立的进行观察的一种“事物”、“因素”或“力量”。毕竟，倘若阶级斗争独立于政治之外，那就不需要这样一个鼓舞人心的《宣言》让人们统一战线了[46]。

但是，在文本中，阶级斗争也是一场“或多或少隐蔽着的国内战争”[47]。这是对史学问题的又一次尝试，它提出了如下难题：能不能用“或多或少”隐藏于观察之外的东西来解释人们在文本和历史文物中所察觉到的内容？答案似乎是“为何不能呢？”自那时起，在科学哲学的范围内，有许多关于“不可观察对象”作用的辩护。但是，根据一些关于真理的认识论，这里的问题不在于上述问题的答案是否正确，而在于（作为潜在激进主义分子的）读者应如何对待这一观点：他们应该更加细致地考察“日常”现象，而不是想当然地流于表面。

马克思和恩格斯关于历史的探讨——以及他们将历史运用于政治修辞——是极具前瞻性的，因为他们叙述的回溯性元素集中展示了人际关系的可延展性（malleability），当然其重点是日常生产和消费，及运行的社会结构语境。传统历史学基于以下原则而发展：首先，我们必须从过去的错误中吸取教训，从而避免在将来重蹈覆辙；其次，马克思和恩格斯的历史学（对于恩格斯而言，主要是19世纪40年代）似乎都始于对比（contras-

ting）原则，即历史的多变性表明未来是人类所能创造的。前一原则认为， 79
人性包含是/非和好/坏的概念，因此我们能够判断“错误”的构成成分，这种“人性”的构成永远延续至未来。后一原则认为，人类是自我构成的——若“本质”本身有意义——人类的“本质”在于其可延展性，而可延展性的界限无法预见，这一点是人尽皆知的[48]。

从这一角度来看待马克思和恩格斯的历史学将产生一定的诠释效果，因为他们的历史学看起来更具有探索性，尤其是马克思的历史学（与其他普通历史学相比），它的说明性和争议性都更低。因此，马克思采取的做法是，提出历史问题并展开研究，在某种“观点”的基础之上进行“探索”，产生新的发现（无论结果是什么），而不是“证实真相”或证实早已制定的“理论”。基于马克思的政治观点和对人的潜力的研究方法，马克思（在历史研究方面）最感兴趣的一直是生产和交换之间商品化关系的发展，以及在生产、消费商品和服务的方式中（对他来说，由最新的变化）所构成的“资产阶级生产方式”。直到马克思晚年，这种社会形态才被称为“资本主义”（他很少使用的一个词）。这种历史上独特的发展是由机械化生产和金融流通的双重引擎所构成的，具有无限的生产力和无限的积累能力。恩格斯在《国民经济学批判大纲》[49] 中总结指出，众所周知这些过程在当时会受到危机的影响。马克思当时认真地阅读了此书并做了笔记，同时激动地制定了他自己（采取了与恩格斯相区别的其他方式）的政治批判计划[50]。

对于他那些现在已经闻名于世的研究——这些研究是20世纪的人们从他遗留下来的大量的手稿材料和笔记本中收集而来的——马克思感兴趣的是它们（由不出名到闻名于世）这种变化是如何发生的。例如，《宣言》中提到西班牙征服美洲，并将黄金进口到欧洲[51]。这一事件发生的关键在于欧洲西北部贸易的推动，在当时刺激了生产的大幅增长和商业关系的蓬勃发展。马克思对于其他地方为何没有发生这种变化的方式和原因也很感兴趣（虽然这种兴趣不完全对等）。罗马帝国晚期以及其他“前资本主义经济形态”时期，对马克思产生了极大的吸引力[52]。在传统的评论中，这
被认为是从“唯物主义历史观”中衍生出来的一种类型学实践，因此它也 80
是自我验证的一个循环。从这个角度来看，目的是确定究竟哪些因素造成了现代工业社会发展较晚，而不是较早。照此看来，从20世纪中叶起，马克思的“历史观”在历史学家当中是非常具有影响力的，虽然也存在着一定的争议和与之相反的方法[53]。

但是，以这样一种方式进行阅读，读者会错过马克思研究中的偶然性，

即在思想开放细节中的“具体内容”，以及在人类活动如何产生各种不同结果上存在的巨大好奇心。因此，在阅读马克思（的文本）时不能带有方法论上的预设，因为这样必然掩盖新的发现。换言之，如果事先决定“真正”造成重大影响的是“伟大人物”、“技术革新”、“大规模入侵”或“宗教战争”，那么，人们往往会忽视或贬低其中一些重要的元素，而凭借这些元素人类可能创造历史。某些读者会发现，以这种方式阅读马克思的文本，实际上是一种将历史视为混乱、沮丧和痴迷的方式。而其他人则可能只是陶醉于其中的细节，欣赏其中（思想）开放的求知欲。历史和“普通”人[54]，以及技术之间可能有很大的关系，这种观点在马克思所处的时代是新颖的。从那以后直至现在，这种观点受到首先引发广泛关注的政治经济学家以及随之而来的经济历史学家的纷纷效仿。

当然，在马克思所处的时代，人们所知道的历史并不多，对于日常生活中历史文物的研究更是少之又少。这些研究本就仅局限于零散地对史前时期进行的少数调查。历史资料以及被批准的研究领域仅限于古典和中世纪的文本、圣经和基督教手稿，偶有好奇心的古文物收藏家，以及包括埃及文物在内的希腊罗马世界系统考古学的开端。尽管在研究兴趣和资料方面存在明显的以欧洲为中心这一局限性，但马克思多年来一直致力于研究印度、中国、俄罗斯，尤其是美洲这些欧洲人不太了解且历史著作较少的地区[55]。在后世标准的衡量之下，他其中的一些研究看起来非常简单，甚
81 至偶尔有模棱两可和错误的地方，但其勇于研究和探索的精神却得到了充分的体现。有的评论家认为，马克思（在某些地方）有些自相矛盾。因为在他们看来，马克思的研究是为了“证明”他自己的“理论”，而这并不总是奏效的（甚至是不能令马克思自己满意的）。

在这里，一个有用的举措是将马克思的政治学和他的研究策略相联系，并进行细致的考察。如果假定马克思的政治学是基于——或应该是基于——他的“观点”的真理性之上，且这一真理性已经得到了验证，那么，他在政治上坚定地致力于研究民主革命和共产主义思想这样的做法，正是以上文多次提及的方式推动他的研究的。然而，如果他的政治学只是受一些鼓励人们采取行动的言论所驱使——《宣言》和其他激励性的文本都表明了这一点——那么，他的历史研究只能代表他对人类活动的一种探索，而这种探索可以在任何方向上进行。因此，从马克思的学术探索中人们可以学到很多东西，并且现在还有许多选项可供作为行动者的人们进行选择。马克思不愿为共产主义社会写下详细的纲要——也不愿长期担任群众运动的纲领性领袖——可能源自他的稳重（或许是谨慎），因为事件和

个体行为本身就存在着不确定性（indeterminacy）。这可以从他对1848—1849年的政治斗争，尤其是法国政治斗争的细致考察中略见一二。

马克思的小册子——《路易·波拿巴的雾月十八日》[56]起源于他在1848—1849年所撰写的新闻报道，这些报道是在席卷欧洲大陆的革命事件中书写和出版的。在此期间，群众运动废黜了非宪政的独裁统治者，在短时间内，人民统治机构和制宪议会取而代之。1852年出版的《路易·波拿巴的雾月十八日》当然是一种政治干预，该书用德文书写，但只在美国广为流传，因为在出版方面的变数始终困扰着马克思。翻译该书的计划并没有实现，这对马克思来说并不罕见，但他的意图是十分明确的：就像维克多·雨果（Victor Hugo，1802—1885）一样，马克思会提醒法国公众和其他的相关人员，路易·波拿巴（Louis Bonaparte，1808—1873）是一个犯法的骗子，而不是他皇室叔叔的救世主化身（saviour-incarnation）。

就之后大众的接受程度和评论而言，这一激昂的充满话题性且带有讽刺意味——甚至有点像文献记录——的著作，在当时被认为是一部“史学”佳作，这主要是因为在马克思的文本中包含了（replete）他所处的那个时代的所有（主要）人物（personalities）。随着岁月的流逝，许多读者 82
不得不在参考文献中进行查阅，才能了解到相关人物的历史背景。由于马克思在该著作中主要关注的是历史人物和政治力量之间的相互影响，而这些人物和政治力量对后世的读者而言又有些难以理解，所以，很难让读者产生共鸣。马克思在撰写这部著作的时候——这部著作不只是对现实的描述，更是对当时社会现状的一种政治干预——它还未成为历史，但它也表明他真正感兴趣的那种历史著作，即历史著作要深入挖掘细节，包括其缺陷、怪异和愚昧之处。自从有了更多的与经济学相关的研究资料，同时也由于没有革命暴动和政治动乱的影响，马克思后来的研究兴趣更多地集中于对这些资料的研究，他后来的大部分著作也与经济学相关。但是，这种关注并非绝对：马克思在19世纪50年代末和60年代所撰写的新闻报道再次表明，他对记录“真实展开的历史”并把握其中的具体细节很感兴趣。他的著作非常强调个性和意外发现，这一点可以从他对涉及“东方问题”的欧洲强权政治和英国在印度和爱尔兰的殖民政治的思考中看出[57]。但是，从大多数后来的评论家和传记作家的角度来看，这些著作简洁、历时性短，且内容各不相同，并不像《路易·波拿巴的雾月十八日》那样中心明确。然而，从马克思——以及从注重（values）激进主义分子参与——的角度来看，这些不同的著作将是完备的（seamless）、现代的和富有激情的。

三、历史主义方法论

这种阅读马克思的方式以及从他的历史著作中所得出的政治意义，表明马克思是一个历史主义者，并且始终把知识视为实践，把实践视为政治，把政治视为对未来的创造（future-making）。认识论因此被社会化和历史化，知识同样也是如此，而真理和谬误的判断标准不再独立于历史长河中的人类活动而单独存在。当然，在今天这仍然是一个非常激进的观点，它否定了基督教或其他末世论的观点，或其他类似于作为人类的“我们”究竟是谁、在这里做什么、有什么结局和目标、应当如何实现这些目标以及当历史“结束”时会发生些什么等这样的陈述。更确切地说，在马克思看来，所有的这些都可能会出现，但只有当人们集结起来的时候才能使它“发生”，无论人们试图创造的是什么。基于无论是从宗教理念还是从哲学
83 思辨（例如关于“人性”）出发，历史发展的基本标准都必然是人类所推动的社会经济进程的结果（正如我们从上述对《宣言》的探讨中所学到的）这样一种观点，马克思难以在人类知识和经验之外，再诉诸任何其他的实体，以及人类生物学、心理学、灵性或科技中那些决定或引导人类实现“终极”目标的因素。

多年以来，马克思主义的一个决定性特征是其努力证明“唯物主义历史观”的真理性（或其他特征），无论评论者是试图证明历史真相的马克思主义者，还是那些主张历史遵循其他发展模式（但他们却没有明确说明究竟是何模式）的反马克思主义者。实际上，这两种方法都为人们在“历史本身”中理解社会——包括其过去、现在和未来——奠定了“基础”，也就是说，对人类经验的永恒叙述预示着某种可以获得知识的固有模式。当然，这不仅仅是知晓这些知识具体是什么的问题，还是如何运用这些知识来指导行动的问题。或是一个更难回答的问题，即这些知识是否需要进行必要的运用——还是只需简单“了解”——这样人们就可以知道某个社会中已经发生的事或是了解整个人类。在马克思主义政治中，当自称为马克思主义的团体和政党获得了政治权利，或至少拥有足够的权利提出变革的要求并发起变革时，这种知识和能动性的两难困境就以各种方式表现出来。另一些马克思主义者则反对这种“唯意志论”，因为他们认为“历史”会做出自己的决定。但这一困境绝不只存在于马克思主义当中：任何一种从永恒的视角来理解人类社会的观点，或任何一种关于在时间中存在并随

时间而发展的模式，都会落入同样的陷阱。

然而，在政治上，这是一个十分普遍的陷阱，而一种决定论的承诺——以及由此而来的对过去、现在和未来的正确认识——无疑会激起人们的热情，并促使人们将信仰转化为共产主义事业，正如它对宗教、伪宗教或哲学所做的那样。实际上，恩格斯——作为马克思（思想）的传播者——有力地证明了上述观点，“唯物主义历史观”——产生于 1859 年之后——在 19 世纪 70 年代后期作为科学的基础广为流传。对此，马克思并没有什么意见——毕竟他和恩格斯是政治伙伴——而且他似乎也没有制造任何明显的冲突。但是，马克思晚年的许多文本和评论都反映了他对历史 84
理解的连续性，即历史产生于人类活动[58]。显然，这是一种权衡：如果虚假的基础论（foundationalism）在政治上表现得很好——正如许多事情可能发生的那样——那就有理由赞同它[59]。

我认为，在我们今天可能称为“反基础论”（anti-foundational）的观点之上探讨政治，存在一定的困难。或者更确切地说，“反基础论”的观点是一种将所有认识都定位于思想体系的观点，这种思想体系是在特定的政治、制度和日常经济语境中产生的。马克思所假设的那种可延展性，给激进的决策者们带来了很大的负担——这种负担渗入日常生活的方方面面——也规避了通往程序化组织的任何捷径，这些程序化组织可以遵循假定的保证，即特定的行动和结果已经在其他方面得到验证，并像知识一样唾手可得。但是，就我所理解的马克思而言，难道真的没有行动的指南吗？没有明确的目标要实现吗？那又是在何处，他们给我们留下了一个关于“进步”的概念（一个马克思和恩格斯自我认同的，并在他们的著作中得到充分体现的概念）呢？

四、马克思、恩格斯与进步

马克思很少使用“进步”一词，尽管他在自己的一份总结和阐释他“观点”的概述中，将历史划分为不同的时代，并认为它们是“进步的”[60]。在 20 世纪，这种（历史的进步）序列（sequence）引发了争议，这主要是因为马克思简短的评论存在歧义。历史显然是连续的，除了“古代”之外，“亚洲的、封建的和现代资产阶级的”生产方式与现代和近代的生产方式有重叠之处。在任何情况下，这些都不能通过一个共同因素，或者甚至是文本中所明确提到的一系列可识别因素来进行相互区分[61]。马克思的简略形态学（briefly sketched typology）似乎有些粗糙，在某种意义上只是一种区分不同社会形态在技术、生产活动关系、财产制度和货币流通（或不流通）等方面差异的尝试。马克思对某些历史时期的进一步阐释条理更为清晰——例如，石器时代、青铜器时代和铁器时代[62]——但在历史术语上缺乏令人信服的连续性，在理解现存的各种社会形态上也同样
85 如此。这些形态学只是一种启发，而不是告诉我们历史是什么以及历史如何运转和发展这一具体“理论”下的具体论点。

从19世纪60年代开始，恩格斯采取了一条相当不同的路线（考虑到他对“唯物主义历史观”的反复阐释），但总把这一“发现”归功于马克思。恩格斯以对历史真相的认识为前提的历史著作，比他的理论陈述更具有论证性和说服力。在他自己的研究中，他对这些理论进行演绎，以确定已知的且具有重大意义的历史现象，从而产生一种反映“理论”已经被注入政治当中的历史学。这种写作不是劝说性的，而是确定性的，即使是将历史事件考虑在内（如《德国农民战争》[63]）也没有达到他的政治期望。恩格斯笔下的“唯物主义历史观”为上述事件提供了一个合理的解释：他断言，不发达的生产力不可能产生这样一个共产主义驱动的民主化革命。但是，这种明显的回避否定了该理论的力量：这种反历史的运动最初又是如何兴起的呢？

相比之下，马克思的历史探索得出了一种有关人类偶然性事件发生的（多重）可能性的观点，而不是依据“经验”得出结论（考虑到恩格斯的探索实践更加偏向于演绎和论证）。尽管如此，马克思确实对某些政治可能性更感兴趣，实际上——作为一个政治干预问题——马克思对于促使某些还未被人理解的政治可能性变得更加容易被人理解非常感兴趣。而且，出于某些原因，马克思正在帮助（人们）——作为一种激烈的批判——断绝其他的政治可能性。这是一种使马克思的写作活跃于令人兴奋的民主意义的方向上，而不是独裁主义式的对基于确定认识论的知识的援引。

考虑到马克思的激进主义，人们对他整个职业生涯中的具体政治价值观和他所期望产生的结果毋庸置疑。毫无疑问，至于这些观点是如何相互联系（关键是如何相互依赖）的问题，同样有这样一种观点：并非所有的历史变革都具有同样的意义，而且以现代工业为基础的现代“资产阶级”生产的发展，标志着人类能力以及当前和未来的进步政治（progressive politics）不得不面对的重大——并且是全球性——的变化。

86 马克思的观点源于他对“社会问题”的政治意识以及民主化革命将成

为解决问题的关键这一可能性，而不是源于他在历史研究中[64]所得出的一种进步概念。这不是一种演绎，而是一项以当时还未被广泛共享的价值观为基础的计划，但这也并非马克思所特有。这些价值观是人类生命的价值和尊严，尤其是对当时人们所普遍认为的生命的价值由经济阶层和世袭地位等级所决定这一观点的公然否定。在马克思看来，这种等级本身在很大程度上受到财富等级的影响，并且受到在当时或任何时候都存在的货币、商业、财产和亲属体系这些财富获取途径的影响。值得注意的是，马克思的观点发挥了规避当时的种族划分和进化系统的作用，也断绝了与种族化奴隶制和殖民计划之间的明显联系（这些都是政治和精神生活的一部分）[65]。对于当时的“科学”决定论或“种族科学”，很少有对其明显的直接批评，也很少有直接证据表明马克思的思想依赖于它们。事实上，考虑到上述激进主义倾向的特征，这是不太可能发生的[66]。

进步的概念贯穿于马克思的大部分著作（尤其是《宣言》）。进步是生产力巨变的产物，马克思将这种生产力巨变与后来的作家所称的工业革命联系在一起。很难看出马克思怎么会对“进步”一词感到不满而没有继续要求马上进行政治革命。在马克思看来，政治革命要求动员所有民众，而不仅仅包括其利益范围内的特定阶级。这些利益产生的过程被认为是促使生产力高度发达的过程，通过这些过程，商品和服务可以以多种方式进行分配，从而使阶级不平等现象和“社会问题”不复存在。马克思和恩格斯在《宣言》中总结道：

> 由此可见，资产阶级赖以形成的生产资料和交换手段，是在封建社会里造成的。在这些生产资料和交换手段发展的一定阶段上，封建社会的生产和交换在其中进行的关系，封建的农业和工场手工业组织，一句话，封建的所有制关系，就不再适应已经发展的生产力了。这种关系已经在阻碍生产而不是促进生产了。它变成了束缚生产的桎梏。它必须被炸毁，它已经被炸毁了。
>
> 起而代之的是自由竞争以及与自由竞争相适应的社会制度和政治制度、资产阶级的经济统治和政治统治。
>
> 现在，我们眼前又进行着类似的运动。资产阶级的生产关系和交 87
> 换关系，资产阶级的所有制关系，这个曾经仿佛用法术创造了如此庞大的生产资料和交换手段的现代资产阶级社会，现在像一个魔法师一样不能再支配自己用法术呼唤出来的魔鬼了。[67]

许多评论家对马克思的责难，不仅仅是因为这些观点中所隐含的欧洲中心主义（Eurocentrism），而且还因为其中对在全球范围内不断推进工业化所产生的不利影响的肆意蔑视。《宣言》不是一篇充满负面影响的论述（除了通过对比的方式外），因此它也不是一个寻求更多细微（nuanced）观点的合适之处。马克思的著作中有一些文章讨论了由“资产阶级”或商业阶级所带来的、人类在个人和集体的苦难（以及在文化和文明的消亡）中所付出的代价。但是，考虑到他的计划——也就是将现代阶级结构的残酷性从其动力驱动技术的生产潜力中分离出来——他几乎不可能赞成回到某种前资本主义社会形态、民间工艺文化、“新时代”或是以其他方式拒绝发展技术的空想的社会中去。

从马克思和恩格斯在《宣言》中对资产阶级的虚拟赞歌（virtual paean），并将其视为整个地球乃至整个星球的改变者的观点中，我们不难理解最近工业污染对个人、阶级和全球健康有危害的观点[68]。但是，这些观点并没有被清楚地表述出来（因为事实上，直到 20 世纪 80 年代左右，这些观点才真正引人注目），并将那些后来被发现是先知的作家撇在一旁。然而，要把任何关于“解决方法”的观点强加给马克思是非常困难的，因为这些观点在本质上并不关注技术和工业，也与单纯剥夺生产力的使用和忽视节省劳动力的做法相对。虽然马克思持一种全球性的观点，但这是一种关于阶级斗争的全球性观点——正如我们将看到的那样——他认为问题的解决办法在于废除阶级，而不在于目前国家和国际经济关系结构中所假定的利益集团。气候变化的政治重要性在很大程度上取决于一种修辞，这不仅来自一种事实，而且还来自人类共同居住在同一个星球上的巧合，从外太空所拍摄的“蓝色星球”（blue marble）的照片是其强有力的象征[69]。

这并不表明，马克思推动大众化、民主化的政治干预活动，甚至是“激化”极左思想影响下的网络或原始政党的思想策略是非常成功的。事
88 实恰好相反。作为一名共产主义者，马克思从 19 世纪 50 年代开始就被称为流亡的革命者，随后作为社会主义者，他又在国际工人协会中孜孜不倦地工作。这样一来，他就可以避免对国家政治的直接干预（虽然在国家政治中他会有更大的知名度，但也要冒着被侵扰和驱逐的风险）。他所做出的努力具有国际性，其主要针对的是国家组织，而不仅仅是针对英国或德国。马克思所开展的活动并不是其他人“实地”（on the ground）进行的政党政治活动（political-party-work）。作为一个更大的运动和趋势中的一员，马克思在其一生中以其有限的方式产生了影响，但在其他方

面却被忽视或被边缘化了。毫不奇怪，从 19 世纪 70 年代开始，在社会主义运动的某些领域，马克思被偶像化（iconized）了，而在其他领域和反社会主义政治家以及反社会主义运动中他却被妖魔化（demonized）了，不过他的政治影响力也随之大大增强。但到那时，马克思已经成为一种象征，且没有再活跃于政治舞台之上。在随后不到 10 年的时间里，他就逝世了。

马克思关于生产进步（progress-producing）的观念——被理解为政治干预——是下一章所要探讨的主题。

注释

［1］科恩．卡尔·马克思的历史理论：一种辩护．段忠桥，译．北京：高等教育出版社，2008.

［2］在《关于费尔巴哈的提纲》第 11 条中，马克思明确指出："哲学家们只是用不同的方式**解释**世界，问题在于**改变**世界。"（粗体字为原文所加，请参见：马克思．关于费尔巴哈的提纲//马克思，恩格斯．马克思恩格斯文集：第 1 卷．北京：人民出版社，2009：502.）

［3］恩格斯．卡尔·马克思《政治经济学批判。第一分册》//马克思，恩格斯．马克思恩格斯文集：第 2 卷．北京：人民出版社，2009：597；Carver，*Engels*，ch. 5；该"理论"（指唯物主义历史观。——译者注）有时也被称为"历史唯物主义"。

［4］恩格斯．卡尔·马克思《政治经济学批判。第一分册》//马克思，恩格斯．马克思恩格斯文集：第 2 卷．北京：人民出版社，2009：597.

［5］［6］马克思．《政治经济学批判》序言//马克思，恩格斯．马克思恩格斯文集：第 2 卷．北京：人民出版社，2009：591.

［7］同［4］.

［8］甚至比他的"经济学"或"共产主义"更令人自豪。

［9］关于这部分内容的详细探讨，请参见本书第四章"民主与共产主义/社会主义"。

［10］主要是指 1859 年《〈政治经济学批判〉序言》。（马克思．《政治经济学批判》序言//马克思，恩格斯．马克思恩格斯文集：第 2 卷．北京：人民出版社，2009：588－594.）

［11］同［4］595－606.

［12］关于历史性研究，请参见：James D. White，*The Intellectual Origins of Dialectical Materialism*（Basingstoke：Palgrave Macmillan，1996）.

［13］这些规律包括质量互变规律、对立统一规律和否定之否定规律，这些都被认为是唯物主义关于物质运动的普遍性问题的组成部分。（请参见：Carver，*En-*

gels，chs 5—6.）

［14］关于持续的学术复兴，请参见：奥尔曼. 辩证法的舞蹈：马克思方法的步骤. 田世锭，何霜梅，译. 北京：高等教育出版社，2006；关于持续的政治复兴，请参见：福斯特. 马克思的生态学：唯物主义与自然. 刘仁胜，肖峰，译. 北京：高等教育出版社，2006.

［15］请参见本书第一章“使马克思成为马克思”。

［16］马克思.《政治经济学批判》序言//马克思，恩格斯. 马克思恩格斯文集：第 2 卷. 北京：人民出版社，2009：591.

［17］这表明，活动不只是唯心主义者所声称或暗示的“观念”，更是指以物质为中心的唯物主义所指的物质运动。（马克思. 关于费尔巴哈的提纲//马克思，恩格斯. 马克思恩格斯文集：第 1 卷. 北京：人民出版社，2009：499—502.）

［18］马克思在这里的概括并不被称为“理论”（*Theorie*）。

［19］关于这部分内容的探讨，请参见：Terrell Carver and Paul Thomas (eds), *Rational Choice Marxism* (Basingstoke: Palgrave, 1995).

［20］在黑格尔、马克思和恩格斯的著作中都没有出现过的公式化短语；请参见：Carver, *Marx's Social Theory*, p. 46.

［21］［22］埃尔斯特. 理解马克思. 何怀远，等译. 北京：中国人民大学出版社，2016.

［23］科恩. 卡尔·马克思的历史理论：一种辩护. 段忠桥，译. 北京：高等教育出版社，2008：163，182.

［24］对于这些术语和主张的引用和探讨，请参见：Holt, *Social Thought of Karl Marx*, ch. 5 ("Historical Materialism"), pp. 121—152.

［25］请参见：G. A. Cohen, *History, Labour, and Freedom: Themes from Marx* (Oxford: Clarendon Press, 1988), p. 132.

［26］托马斯·库恩（Thomas S. Kuhn）对先前的科学哲学进行了深刻的批判，他指出，确实存在科学的“哲学”。（库恩. 科学革命的结构. 金吾伦，胡新和，译. 北京：北京大学出版社，2012.）

［27］关于这部分内容简洁而有用的概述，请参见：Catherine Belsey, *Poststructuralism: A Very Short Introduction* (Oxford: Oxford University Press, 2002)；也可参见：卡弗. 政治性写作：后现代视野中的马克思形象. 张秀琴，译. 北京：北京师范大学出版社，2009.（该书采取了后结构主义的方法）

［28］同［15］.

［29］这些“要求”，是共产主义者同盟在刚开始的德国革命中的政治纲领，由马克思和恩格斯于 1848 年 3 月 21 日至 3 月 29 日在巴黎写成，并由马克思、卡尔·沙佩尔、亨·鲍威尔、恩格斯、约·莫尔和威·沃尔弗共同签署，于 1848 年 3 月 30 日左右印成了宣传单在德国各地流传，并于 1848 年 4 月初发表在《柏林阅报

室》、《曼海姆晚报》、《特利尔日报》和《德意志总汇报》等民主报纸上。（马克思，恩格斯．共产党在德国的要求//马克思，恩格斯．马克思恩格斯全集：第5卷．北京：人民出版社，1958：3－5；马克思，恩格斯．马克思恩格斯全集：第5卷．北京：人民出版社，1958：609注释1.）

［30］在1845年至1846年的人类论辩中排除那些“过于理论化”的材料，请参见：Carver and Blank，*Marx and Engels's 'German Ideology' Manuscripts*，pp.3－4，29－31.

［31］同［15］.

［32］恩格斯为了要说明无产阶级在资产阶级社会中的特殊作用，便写下了这本专门研究英国工人阶级状况的书。这本书的德文第一版于1845年在莱比锡出版，德文第二版于1892年出版。在该书的德文第二版（1892）中，恩格斯在其标题中增加了“在1844年”的字样，以表明该书所涉及的材料和内容在现在（1892）看来已成为一种历史（的材料和内容）。（恩格斯．英国工人阶级状况。根据亲身观察和可靠材料//马克思，恩格斯．马克思恩格斯全集：第2卷．北京：人民出版社，1957：269－587；马克思，恩格斯．马克思恩格斯全集：第2卷．北京：人民出版社，1957：693注释91.）

［33］对“日常”这一概念的概述，请参见：Piotr Sztompka，“The Focus on Everyday Life：A New Turn in Sociology”，*European Review* 16（2008）：1－15.

［34］这并不表明这些观点已经消失，鉴于环境污染和气候变化问题所引发的反工业运动，“生态”和原生态（或鼓励原生态）运动和实验的再度兴起；关于马克思所设想的共产主义社会与小规模的业余生产主义之间的联系和探讨，请参见：卡弗．政治性写作：后现代视野中的马克思形象．张秀琴，译．北京：北京师范大学出版社，2009.

［35］马克思，恩格斯．1872年德文版序言//马克思，恩格斯．马克思恩格斯文集：第2卷．北京：人民出版社，2009：5－6；也可参见本书第一章“使马克思成为马克思”。

［36］请参见《共产党宣言》第四部分；Karl Marx，*Later Political Writings*，edited and translated by Terrell Carver，Cambridge：Cambridge University Press，1996，pp.20－29；马克思，恩格斯．共产党宣言//马克思，恩格斯．马克思恩格斯文集：第2卷．北京：人民出版社，2009：31，54－64；也可参见本书第二章“阶级斗争与阶级妥协”。

［37］对于全球化的定义及简单阐述，请参见：Manfred B. Steger，*Globalization：A Very Short Introduction*，3rd edn（Oxford：Oxford University Press，2013）.

［38］马克思，恩格斯．共产党宣言//马克思，恩格斯．马克思恩格斯文集：第2卷．北京：人民出版社，2009：36.

［39］亨廷顿．文明的冲突与世界秩序的重建．周琪，译．北京：新华出版

社，2010.

[40] 马克思，恩格斯. 共产党宣言//马克思，恩格斯. 马克思恩格斯文集：第2卷. 北京：人民出版社，2009：51；在马克思“思想”（和马克思主义）的公式化建构中，这个简单的句子被列为“意识形态理论”的一个主要内容（尽管马克思在《宣言》中未提及“意识形态”）。

[41] 2010年大英博物馆展览和《大英博物馆百物展：浓缩的世界史》（*A History of the World in 100 Objects*）一书反映了这种观点，尽管收藏品绝不是聚焦于“日常”生活所产生的“日常”意义上的物品。请参见：https://www.britishmuseum.org/explore/a_history_of_the_world.aspx；在《资本论》第1卷第3篇第5章“劳动过程和价值增殖过程”和第4篇第13章“机器和大工业”中，马克思生动形象地说明了这种以人工制品研究历史变化的方法。（马克思. 资本论：第1卷//马克思，恩格斯. 马克思恩格斯文集：第5卷. 北京：人民出版社，2009：207－231，427－580.）

[42] 此处与妇女史和妇女研究有联系（虽然这些并不是马克思和恩格斯的具体研究）。这种对“日常”和“每个（女）人”的关注可以完全独立于独特的“马克思主义”之外进行研究。

[43] 如上所述，将“决定论”归因于马克思，在某种程度上取决于一个德语弱变化动词的英译；请参见马克思1859年《〈政治经济学批判〉序言》中对“决定”概念的使用。（马克思. 《政治经济学批判》序言//马克思，恩格斯. 马克思恩格斯文集：第2卷. 北京：人民出版社，2009：591.）

[44] 卢梭的《论人与人之间不平等的起因和基础》（于1755年出版）是一个瞩目的先驱，并对后世产生了巨大的影响。（卢梭. 论人与人之间不平等的起因和基础. 李平沤，译. 北京：商务印书馆，2015.）

[45] 马克思，恩格斯. 共产党宣言//马克思，恩格斯. 马克思恩格斯文集：第2卷. 北京：人民出版社，2009：31.

[46] 关于这一观点的详细阐述，请参见：Ernesto Laclau and Chantal Mouffe, *Hegemony and Socialist Strategy*: *Towards a Radical Democratic Politics* (Milton park: Routledge, 2014 [1985]).

[47] 马克思，恩格斯. 共产党宣言//马克思，恩格斯. 马克思恩格斯文集：第2卷. 北京：人民出版社，2009：43.

[48] 关于“马克思与人性”这一问题的探讨，请参见：塞耶斯. 马克思主义与人性. 冯颜利，译. 北京：东方出版社，2008.

[49] 恩格斯. 国民经济学批判大纲//马克思，恩格斯. 马克思恩格斯全集：第3卷. 2版. 北京：人民出版社，2002：442－473.

[50] 请参见：Terrell Carver, *Texts on Method* (Oxford: Blackwell, 1975), p.12.

[51] Karl Marx, *Later Political Writings 2*, edited and translated by Terrell Carver,

Cambridge: Cambridge University Press, 1996; 马克思，恩格斯. 共产党宣言//马克思，恩格斯. 马克思恩格斯文集：第2卷. 北京：人民出版社，2009：34.

［52］这首先以英文出版，作为当时未翻译的德文《政治经济学批判大纲》手稿集的摘录：Karl Marx, *Pre-Capitalist Economic Formations*, trans. Jack Cohen, ed. Eric Hobsbawm (London: Lawrence & Wishart, 1964).

［53］关于马克思主义历史编纂学的简介，请参见：Larry Patriquin (ed.), *The Ellen Meiksins Wood Reader* (Chicago: Haymarket, 2013)；Holt 就是以这样一种方式来对待这一“理论”的，请参见：Justin P. Holt, *The Social Thought of Karl Marx*, Los Angeles, CA: Sage, 2015, Chapter 5 “Historical Materialism”.

［54］而不是“暴民”干预“高级”政治。

［55］记载于“普雷斯科特上尉”（Captain Prescott）所撰写的西班牙征服墨西哥和秘鲁的历史当中，请参见：William H. Prescott, *The History of the Conquest of Mexico* (New York, 1843); William H. Prescott, *A History of the Conquest of Peru* (New York, 1847).

［56］马克思. 路易·波拿巴的雾月十八日//马克思，恩格斯. 马克思恩格斯文集：第2卷. 北京：人民出版社，2009：461－578.

［57］这些著作大部分收录于《马克思恩格斯全集》（英文版）第19、20、21卷。（中文版请参见《马克思恩格斯全集》第15、16、17卷）

［58］关于这部分内容的探讨，可参见马克思的《关于阿道夫·瓦格纳的笔记》（“Notes on Adolph Wagner”），这是马克思最后的手稿笔记。（请参见：Carver, *Texts on Method*, pp. 161－178.）

［59］后来恩格斯对达尔文主义的尝试代表了这种类似的做法，但马克思的回应依旧冷淡，尽管恩格斯和后来的评论家试图表明马克思的支持很含蓄。

［60］马克思.《政治经济学批判》序言//马克思，恩格斯. 马克思恩格斯文集：第2卷. 北京：人民出版社，2009：592.

［61］关于这部分内容的详细分析，请参见：Terrell Carver, *Marx's Social Theory* (Oxford: Oxford University Press, 1983)；关于与之相反的讨论方法，请参见：科恩. 卡尔·马克思的历史理论：一种辩护. 段忠桥，译. 北京：高等教育出版社，2008.

［62］马克思. 资本论：第1卷//马克思，恩格斯. 马克思恩格斯文集：第5卷. 北京：人民出版社，2009：211.

［63］恩格斯. 德国农民战争//马克思，恩格斯. 马克思恩格斯全集：第7卷. 北京：人民出版社，1959：383－483.

［64］这正是哲学家黑格尔所做的。

［65］对于这些方面深切的学术研究和批评请参见：Duncan Bell, *Reordering the World: Essays on Liberalism and Empire* (Princeton: Princeton University Press, 2016).

[66] 尽管恩格斯将隐含的和明确的决定论归因于马克思（从1859年起），但在马克思的文本中也出现了一些“命运的人质”（hostages to fortune），从（非常罕见地）提到物理和生物科学，到黑格尔主义（否定之否定），再到上面提到的英语误译。

[67] 马克思，恩格斯．共产党宣言//马克思，恩格斯．马克思恩格斯文集：第2卷．北京：人民出版社，2009：36－37；译文略有改动，用“资产阶级”（bourgeois/ie）取代“商业阶级”（Commercial）；这些追踪马克思早期的新闻报道与类似的从封建社会到现代经济现象的段落，请参见本书第二章“阶级斗争与阶级妥协”。

[68] 请参见：Kohei Saito, *Karl Marx and Ecosocialism*: *Capital*, *Nature and the Unfinished Critique of Political Economy* (New York: Monthly Review Press, forthcoming 2017).

[69] 请参见：http://visibleearth.nasa.gov/view.php?id=57723.

第四章 民主与共产主义/社会主义

自古希腊时期以来，民主——意味着“民治”（rule by the people）—— 89
一直是一个被轻视的概念，它代表着被“暴民”（the mob）、不合格的人、穷人或“乌合之众”（rabble）所统治，而且通常会引发混乱。历史上的“共和”统治（意味着无独裁/王权或专制的宗教权威的统治）被公认为一种精英主义的思想，它构建的是一种类似于委员会制度的小团体结构以实行亚里士多德所谓的“参与统治与被统治”（share in ruling and being ruled）[1]。古典的“均衡政体”（balanced constitution）[或“混合政体”（mixed constitution）] 从罗马共和时代起就在参议院或类似的机构中允许精英统治（不管精英的选择是否取决于家庭、财产和财富），这一统治后来被一些有限的制度所缓和。通过这些制度，社区中除男性外的“其他人”的声音可以通过被公认的代表所听到，而不是通过暴动，尽管这些方面经常是互补的。而且它也提供了一些日常的——或者紧急情况下的——法律执行的权力，这样的法律可以被强制执行，而违反者也可以被依法公正地处理。因此，正是通过这种方式，共和党宪法授权于行政人员或那些或多或少独立于立法决策者的人。当然，问题的关键在于控制这种独立性，尤其是当行政人员——或者甚至是一个临时的独裁者——作为唯一和永久的统治者，公然挑战立法精英的主权时[2]。

一般而言，现代议会制度是从君主制权力的衰减（几乎总是在胁迫的情况下被给予的），从夺取权力、废除君主制（通过革命的共和主义），从战胜者对战败者民主宪政制度的实施（在战争、冲突或干预之后）过程中 90
发展起来的。古典的“均衡政体”在不同程度上为这些建设国家的实践活动提供了多种要素，如经常举办公民大会（popular assemblies）（由人民进而构成国家），以多种方式与“上议院”（second chamber）分享主权，这在一定程度上模仿了古罗马元老院的精英主义，以此来“审查”民意。虽然这些主题有无尽的变化形式，但1787年的美国模式为这一混合体增加了三种要素：以明确宣示主权为起点，而不是与其相对的君主主权的下放（“我们人民……”）[3]；对政府的立法机构、行政机构与司法机构的权力进行明确的划分；值得注意的是，司法独立的原则和实践，特别是不受立法和行政的“干涉”以及宪法之外（extra-constitutional）的权力僭越。

历史上指向人民主权即远离君权和神权的运动是暴力的，而不是和平的。它往往涉及民族解放、反帝国主义、反殖民主义和排外的民族主义，以及国家的建设和复兴计划，这经常涉及外来干预以及地方内战。在过去450年左右的时间里，反民主的运动已经和坚持民主的运动一样流行，而在通常情况下，反革命运动往往和民主革命一样成功。民主作为一种全球乃至全球化的人性范本，是第二次世界大战之后才出现的现象。大国强权政治也是如此，它声明其终极价值，并抹杀那些是它的或被认为是它的对手和敌人的东西。当然，考虑到民主建设中的各种程序与机制的复杂性，民主并不是一个“什么”的问题，而是一个“多少”的问题[4]。它也是一个“（选举）谁”的问题，而且经常是一个“当（选举）出现问题的时候该怎么做”的问题。对于这些问题的处理有许多不同的方式，如果从全球性的角度来看，我们需要对不断发展着的制度框架进行修补、改善、修订和更新。

一、“社会问题”中的政治与经济

虽然“笨蛋，重点在经济！”（It's the economy, stupid!）只是源于1992年美国总统竞选细节中的一句口头禅，但它却被广泛接受，因为它谈及了
91 一个真理：第二次世界大战之后的民选政府必须管理经济，否则就会激怒选民，使其在选举中失败。即使既定的政策是要退出经济管理，或者声称完全通过私有化和解除管制的策略完全放弃经济管理，但这并不意味着经济不重要，而是要承认经济很重要。这一重点的发展——与其说是在政治如何运作上，不如说是在政治应该怎么做上——在很大程度上是马克思的功劳，即使他的名字并不涉及这一普遍观念，即使他不是唯一沿着这一思路来进行思考的人。马克思在这一根本性政治变革上的默默无闻不应该遮蔽其重要性。他对工业现代性环境的理解和贡献，也不应该被他自身有意挑选出来的与众不同的东西或其他人挑选出来的代表他的东西所局限。关于他自己，他在书信中评论指出：“我的新贡献就是证明了下列几

点：（1）**阶级的存在**仅仅同**生产发展的一定历史阶段**相联系；（2）阶级斗争必然要导致**无产阶级专政**；（3）这个专政不过是达到**消灭一切阶级**和进入**无阶级社会**的过渡。”[5]

然而，与其遵循这一马克思主义所特有的类型学（typology），不如把马克思的政治实践主义与当时的民主运动联系起来，这更符合我们的目的。这种方法包括研究他所支持的运动，思考他对“经济”的思想是如何在这些著作中因而如何在他的政治中产生的。它还需要讨论“无产阶级专政”是如何与民主相结合的。

首先，我们需要了解那句口头禅的“重点”如果不在于“经济”，那在于“什么”。在这种情况下，我们需要追问的是，什么才是一个政治体和政治家（除经济之外）最为关心的问题。今天，在经济是政府的重要职责的前提下，我们很难想象一种不以“经济”问题为主导问题的政治，而且，事实上，有些政府本身就是主权财富基金（sovereign wealth funds）。甚至当经济目标通过政府行为或其他手段（如公民投票）牺牲其他目标时，这些牺牲也都被认为是重要的和必须被仔细考虑的。然而，退回到马克思所处的那个年代，那种认为政治管理的是经济而不是皇家国库（royal treasury），以及对经济的管理在一定程度上是“为了人民”的思想，在大部分 92
地方（尤其是在莱茵河东部地区），都被认为是奇怪的和有些公然叛国的。

皇家国库管理着税收或贡品，以造福皇室或其他统治阶级，以及军队、受宠的朝臣和“退休者”（pensioners）等人。而慈善捐赠和教会机构则解决“穷人”的贫困、艰难以及苦难问题——或者没有。到 19 世纪初，“社会问题”（social question）的提出恰恰是为了使这些事情成为“公共利益”，并以“公共利益”的名义向“公众”进行呼吁，因为这在根本上就是一个民主化的活动，而并非出自皇室或皇室法庭的活动。“社会问题”的提出意味着，在他们中间有些人，但肯定不是他们所有人——考虑到存在于财富、教育、性别和种族方面的等级——除了有在特权阶层中立足的诉求外，还有着要求政治权利和政治参与的诉求。在今天，仍然有一些国家（虽然不是很多）以这种方式进行运作，它们严重依赖于销售国家资源（例如石油），而不是像前现代政权通常所做的那样依赖于税收或征服。

从 1842 年起，马克思开始直面“社会问题”，并且（勉强地）用法律的手段来寻求答案。但这也引发了关于撰写（马克思）个人传记方面的一些难题，事实上这些问题困惑至今：并非所有人都是“左倾”的“自由主义者”或社会民主主义者，或者并非所有人都将“经济”问题视为政治的首要问题，因为还有其他的价值观和斗争，如国家主权、妇女的生育权利、公民权利、同性婚姻、海外干预、种族纯洁性和宗教一致性等。

考虑到在马克思的家人和朋友中并没有其他人研究过“社会问题”，为什么马克思要对这一问题展开研究呢？通过考察在拿破仑一世征服和统治下的马克思的家乡——莱茵省的历史以及回顾马克思在1842年前的生活，传记作家指出，在这一时期，1789年法国革命国民议会上通过的《人权和公民权宣言》①（rights of man and the citizen）是一个重要原因。结果，在某些领域宗教歧视（例如，基督教信仰作为大学入学和入职前的一种测试）被废除了，以及一种代表性的（虽然是协商性的）“节食”者或集会者被引进，尽管它们是从极少数的一些选民中挑选出来的[6]。

93 虽然这些改革背后的价值观是相当有限的人民主权，但这些制度起初并不是通过地方政治，而是通过对外征服而产生的。为了法国的国家目标，拿破仑主政时期的重点是税收和征兵，而不是针对穷人或其他人的再分配支出或市场干预。在那时，虽然慈善和“救济穷人”对贫困的个体和家庭来说都是很容易被理解且无疑是可以践行的，但这种类型的政府干预和政策在概念上是没有意义的。1814年拿破仑战败后，莱茵联邦②（Confederation of the Rhine land）宣告解体，尽管在一些自由主义者的圈子里，这种记忆和价值观依然存在。当地人（以及警察）都知道马克思的父亲和他未来的岳父都有很温和的自由主义思想和同情心[7]。

在特里尔，马克思接受了古典教育，并在读大学时就建立了对“法律……哲学和历史”[8] 研究的兴趣[9]。据我们所知，当时，他的自由化的“思想自由”观念直接指向对言论自由的学术捍卫，这一捍卫主要是他在对宗教的批判中，进而是在对宗教国家化（religious establishments）的批判中，进而是在对神所认可的德国的君主制原则和君主制度的批判中进行的。这些都是非常激进的，他显然是受到了法国大革命时期的理性主义理想的鼓舞，当然这也是因为他站在法庭政治和以中产阶级男性知识分子、公职人员和法律专家为中心的实现民主化的道路之上。但就我们所知，这还不是“社会问题”，也不是最与政治相关的经济问题。

---

① 《人权和公民权宣言》（《人权宣言》），是1789年8月26日在法国大革命时期颁布的纲领性文件。

② 莱茵邦联（德语：Rheinbund，法语：Confédération du Rhin），又称莱茵联盟，是俄罗斯帝国沙皇亚历山大一世和奥地利帝国皇帝弗朗茨二世于奥斯特里茨战役战败后由拿破仑所建立的，是1806年至1813年存在于德意志地区的政治实体，最初成员有16个前神圣罗马帝国的邦国。

传记作家通常不会将“社会问题”与马克思如此明确地联系在一起，他们通常依靠的是现阶段存在于特里尔的自由派（以及反普鲁士）知识分子群体中对启蒙怀疑主义（Enlightenment scepticism）和法国反教权主义（anti-clericalism）思潮的诉求。值得一提的是，恩格斯得出与马克思同样结论所经由的“道路”与马克思完全不同[10]。恩格斯在我们现在称为乌珀塔尔（Wuppertal）的地方长大，这个地方在 18 世纪初就开始了工业化（纺织加工业）进程，而也正是在此期间，恩格斯家族作为工厂的所有者连续经营了几代。恩格斯家族是当地新教教派（Protestant sect）的忠实信徒，他们是新教的虔诚派，即圣经原教旨主义者，对世俗文本（即使是古典文本）持怀疑的态度。在政治方面，虔诚的信徒当然对法国大革命中反信仰、支持理性主义的共和主义怀有敌意。简而言之，恩格斯是在工业的和保守的乌珀河流域成长起来的，这里的环境与（作为马克思直接背景 94
的）特里尔的自由主义相比，几乎是完全不同的[11]。

在一个简短的自述中，马克思本人将他在科隆《莱茵报》上的新闻工作作为他对“物质利益”（经济问题）研究的起点[12]。这些（物质利益）问题是根据“民有”（of the people）（的思想）来定义的，因为普鲁士法院所关心的是与其自身利益相关的税收，而不是公众的利益。尽管马克思本人并不信任这些拥有并经营报纸（这给他的生活带来深远的影响）的自由主义和自由化的个体，但我们知道这些人是谁，以及他们的利益存在于何处。他们是商人，关心的是稳定的劳动力和商业关系；一群不稳定的由无地劳动者而形成的“乌合之众”、出于绝望的非法入侵者，甚至是没有资格得到慈善救济的穷人，都不是他们所想要的[13]。但是，在探究恩格斯对“社会问题”的研究“道路”中可能还存在另一个线索，即他从 16 岁开始就被安排在各地［例如，不来梅（Bremen）和曼彻斯特（Manchester）］的家族企业中学习如何经商。为此，他与别人一起参观过许多工厂，也看到了许多穷人——特别是在英国，他想知道该如何做才能使政府意识到这些现象是“国家”问题[14]。

传记作家可能会忽略或者低估马克思思想中这个特殊的转折点[15]。这是因为他们将马克思看作一个知识分子，因为他的文本——甚至是刊发在那些报纸上的文章——都是以这种风格和措辞呈现出来的，都极其晦涩（convoluted）和极具书卷气（bookish）。如上所述，这与当时的审查制度有关，由此也可以推定，他的读者多限于精英阶层，尽管有多少人真正从马克思高度学术化的风格中获益是颇具争议的。马克思关于“物质利益”问题的探究和探讨（正如他的编辑部同事所做的那样），并没有真正被记录下来，尽管似乎存在一个有趣的巧合。让我们回过头来看一下恩格斯更为实际的情况。年轻的恩格斯刚开始根本没有学历，因此，这些商业交往仅仅是他的习惯使然。他所创作出来的作品——尽管是批判性的——符合一种新闻措辞，使得以英语为母语的传记作家和读者对此更为熟悉（事实上，他的有些著作确实是用英语撰写的）。马克思和恩格斯通往同一个政治目标的“道路”看上去多少有些不同，这似乎是在一个“物质利益”占主导地位的环境中汇合在一起的。

95 我们没有恩格斯早期阅读政治经济学家著作时所摘录的笔记，也并不清楚他 1843 年所撰写的《国民经济学批判大纲》是如何引起马克思的注意的，除了假定曼彻斯特的切萨姆图书馆（Chetham's Library）可能是一个重要的原因之外（因为在其中可查询到恩格斯的相关思想）。在他后来（1845）的“必去之旅”（must-go trip）中，他带着马克思去了那里（曼彻斯特），这一点当然是非常重要的[16]。恩格斯的英语非常好，他对经济学的论述也相当熟悉。从某种意义上说，他已经为批判政治经济学做了很好的准备。事实上，他有许多批判都是围绕英国北部的宪章派（Chartist）和其他“改革者”展开的。

二、哲学与政治的相遇

作为知识分子的马克思在 1843 年《莱茵报》被迫停刊后不得不“退回”书房转而对黑格尔进行研究和批判（这与其在学生时代同黑格尔的浪漫“邂逅”恰好相反），这对于大多数以英语为母语的传记作家而言在某种程度上是一种解脱。不过，正如一些人所指出的那样，也正如马克思自己所言，考虑到黑格尔将社会作为一种结构，尽管他没有认识到“社会问题”会创造贫穷——而不是整体的秩序和稳定（这是主要问题），但他的《法哲学原理》却是一种用德语探讨部分政治经济学基础的捷径。我们也知道，马克思拥有亚当·斯密的《国富论》（法文版）藏书[17]。

马克思精通哲学，并且非常机敏地处理了黑格尔在普鲁士宫廷和大学政治世界中所发挥的延续性作用。因此，显而易见的是，他在阅读黑格尔的思想和著作时是将其看作一个充满变化和可延展的故事，而并非一种简单证实普鲁士中心主义权威的哲学。《黑格尔法哲学批判》手稿（1932 年出版）是一部非凡的作品[18]，它引发了自 20 世纪 60 年代以来人们对其的详细注解和评论。但是，这些评论关注的焦点在于马克思的言论，以及这些言论如何与“他的思想”吻合，因而大都忽略了对其确切政治核心的认真思考：他过去在做什么？马克思在《〈黑格尔法哲学批判〉导言》中提供了一个令人吃惊的答案。它告诉读者很多在马克思所处的时代背景下(而不是现如今)，他解决“社会问题”的方法。马克思将“社会问题”的解决方法与民主化相联系，使两者进而融合为社会革命。在马克思的理解中，社会革命在制度上是政治性的（以法国大革命的模式为例），而在物 96
质上却是经济性的，因此在民主道路上比任何革命都走得更远。

与其将马克思所发表的《〈黑格尔法哲学批判〉导言》[19] 仅仅作为一篇关于批判黑格尔的著作来阅读，（我建议）不如将其作为一部关于马克思自己的著作来审视。1844年出版的《德法年鉴》收录了该篇（批判黑格尔关于社会和国家观点的）《〈黑格尔法哲学批判〉导言》，马克思思想的连续性和激进主义也在其中清晰可见。这薄薄的一册书在德国遭到严令禁止，也为马克思及其伙伴招来了通缉令。值得一提的是，与马克思共同编辑该刊物的卢格，作为一名从大学激进主义分子进入自由主义的（革命）新闻事业的经历也（在一定程度上）预示了马克思自己后来的革命轨迹。在此之前（1843），卢格所创办的《哈雷年鉴》（Hallische Jahrbücher）在萨克森王国（Kingdom of Saxony）被查封，因此他离开哈雷前往巴黎（《德法年鉴》在巴黎用德文出版，经走私进入德国），并进一步前往瑞士[20]。

一般而言，评论家和传记作家一直努力地将马克思的方法归于青年黑格尔派，其主要是为了颠覆黑格尔的主张，从而攻击哲学唯心主义。他们强调马克思的纲领性结论，即“**德国人的解放**就是**人的解放**。这个解放的**头脑**是**哲学**，它的**心脏**是**无产阶级**”[21]。为此，人们对马克思在何处以及如何从法语中提炼出“无产阶级”这一术语产生了浓厚的兴趣，因为根据以往的经验，“无产阶级”这一术语在德国甚至是在法国，都没有明显的指示对象。即使是在英国，产业工人虽然在某些制造业领域十分常见，但他们却是普通人口中的少数，大部分人仍然受雇于农业生产。但是，对于我们来说，我们更感兴趣的是遵循马克思关于“社会问题”的阐释，看看他的讨论是如何围绕着行动主义的可行性这个出发点来展开的。

当下十分有名但非常简短的《〈黑格尔法哲学批判〉导言》在出版时少有人关注，其主要原因在于大部分出版了的《德法年鉴》被普鲁士警察所没收。《〈黑格尔法哲学批判〉导言》仅在20世纪60年代广为流传，并在此后重新出版。这种知名度，在很大程度上归功于《〈黑格尔法哲学批判〉导言》作为马克思对著名哲学家黑格尔的批判本身所具备的简洁性和可读性，以及它声称自己是无产阶级革命“学说”的先例，因为它记载了

马克思第一次在其（生前）公开发表的文本中对“无产阶级”这一术语的
97 使用。当然，在后来的几年时间里，“无产阶级”这一术语在《宣言》的再版中被称为“马克思主义”，因而变得更加出名，如前文所述，它出现在第一部分（“资产阶级和无产阶级”）和第二部分（“无产阶级和共产党人”）的小标题之中。然而，作为以较为确定的方式对文本进行政治性解析的前奏，我们不妨先来读一读马克思与卢格之间的书信[22]。这几封信也收录于《德法年鉴》中，且于1967年首次在英国发表。

读者能从这些书信中得到的直接信息是作者对普鲁士政府完全蔑视的态度，以及作者对任何痕迹的自由主义的抛弃，并将普鲁士政府赤裸裸的“专制”制度（在这些公开发表的书信中，马克思将其描述为国家耻辱）呈现在世人面前。马克思尖锐地指出，普鲁士政府的专制制度是国际舞台上其他国家所严厉批判的事情。在马克思看来，德国的“国家制度”是一种“畸形”，是一条“满载愚人的船只”和一出“滑稽剧”，尽管“可怜”的德国人民还没有意识到这一点（据他估计）[23]。两位作者（马克思和卢格）在这些公开发表的书信中一致认为，当时的新国王弗雷德里希-威廉四世（Friedrich Wilhelm IV）被撤销的“改革”举措是“旧政权”所遗留下来的症状。在他们看来，这位普鲁士王国的君主对法国大革命自由化思想的敌意依然存在。在即位之初，他们还对这位新国王的改革抱有一丝期望；而后来他们则认为，这位新国王完全反对将被剥夺的奴隶变成解放的人类这样一种政治制度，而这种政治制度正是马克思和卢格所最终提倡的[24]。

在（1843年9月。——译者注）给卢格的回信中，马克思简要地指出：“这里的空气会把人变成奴隶，我在德国根本看不到任何可以自由活动的余地。”① 随后，马克思和卢格对如何处理这个问题进行了讨论，这听起来应该非常熟悉且实用，至少对作为一个关于如何设定政治目标并实现目标的“展望”而言是如此。注意到“哲学已经世俗化了”② 且不再抽象和高高在上了，马克思指出，哲学已经“卷入了斗争的漩涡”[25]，并以此来庆祝这种平凡。那哲学究竟是在和什么进行斗争，且哲学的这种斗争又是为了超越什么？马克思答道，“批判的哲学”（critical philosophy）。需要特别指出的是，这一“批判的哲学”与当今学术界的批判理论[26]（critical

① 马克思，恩格斯．马克思恩格斯全集：第47卷．2版．北京：人民出版社，2004：63.

② 同①64.

theory）不同，它应该将自己定位于同“政治国家”的斗争之中，从而发挥“人类的实际斗争的目录”① 的作用。在国家斗争层面，马克思感到矛盾的地方介于“基于社会财产的制度”（君主中世纪主义）（monarchical medievalism）与“基于代表的制度”（民主宪政主义）（democratizing constitutionalism）之间[27]。但是，马克思迅速将这种观点与“社会问题”相联系，并将这一观点置于一个非常基本但高度政治化的政治经济学条件下： 98
“因为这个问题只是用**政治的**方式来表明人的统治同私有制的统治之间的区别。”[28] 马克思在这里所做的对比反映了双重结论：解决“社会问题”与建立代议制机构并不完全一致；相反，解决方案必须“进入”经济内部斗争，正如我们今天所说的那样。

那么，马克思指出：“问题在于，这该怎么着手呢？”同样，这有两种做法，（在这种情况下，抓住当前的两个事实）即批判宗教制度和君主主义政治，“不管这两个对象怎样”，然后直面这些问题，“把它们作为出发点，而不应当拿任何现成的制度”。在直面问题时需要区分各种共产主义（那些各种作家所教导的共产主义），以及概括为“真正的人的本质的**现实性**”的社会主义或人道主义原则[29]。

当然，详细阐释这个概念会导致自相矛盾的产生：马克思引用了埃蒂耶纳·卡贝（Étienne Cabet，1788—1856）的话来进行说明，并将以卡贝的方式阐释另一种“现成的”或“片面的”体系。马克思把他的革命读者塑造为一种诉诸理性的批评家，并用他所提出的开明的方式让他的德国同代人参与到这些斗争中来：“当批评家阐明代议制度比等级制度优越时，他**实际上**就**接触到了**一大批人的**利益**。”② 正如马克思所言，这种党派利益的落脚点在于私有财产所扮演的角色（简单地引用马克思的话来说），也就是“（私有）财产制度”。这种制度与共产主义相对立，是“人道主义原则的特殊表现”③ 或“社会主义原则的一种特殊的片面的实现”[30]。马克思所发表的《〈黑格尔法哲学批判〉导言》用更为学术的方式详细地阐明了这一立场。然而，有趣之处在于他应当如何为政治实践主义制定一个简短却又相当明确的策略，以使得几乎任何一个“占领运动”的参与者或涉及类似活动的人都能够轻易地理解他的政治实践主义。

值得注意的是，马克思的《〈黑格尔法哲学批判〉导言》在内容上其

① 马克思，恩格斯．马克思恩格斯全集：第 47 卷．2 版．北京：人民出版社，2004：65.

② 同①66.

③ 同①64.

实与黑格尔并无太大关系。这在现在看来似乎有些令人费解，但在马克思写下《〈黑格尔法哲学批判〉导言》的1843年可能并非如此。黑格尔、黑格尔哲学，特别是黑格尔的社会哲学、国家哲学和法哲学，既是对保守的普鲁士君主制“旧政权”的隐喻，也是对像马克思这样的自由化、民主化
99 批评者的隐喻，只有通过这样的隐喻，他们才能对“旧政权”公开发表评论。但是，黑格尔又不仅仅是一个隐喻，因为他的哲学确实是一个政治问题，甚至是为保守派和改革者双方披上现代形象这一外衣的政治难题。这是因为君主已经任命了“老黑格尔派”成员（也就是那些讲授黑格尔文本以及其他经典教育文本，然后得出支持威权主义和等级制度结论的哲学家）在重要的大学担任教职[31]。从哲学上得出的这些结论将排除以下观念：那些不属于精英阶层的人，或者不属于精英阶层所选择的人，应该参与实质性的（乃至宪法所规定的），或是判断政府法令是否恰当的决策。

因此，正如后来评论家所设想的那样，马克思公开发表的对黑格尔的批判并不是一种哲学批判，而是一种对当时政治的批判。这种批判被普鲁士政府严肃地认定为一种特殊的哲学思想，实际上不仅仅是因为它所谓的政治内容，而且还在于它的传播媒介（精英大学的精英哲学院系）。作为一个民主化的激进主义者，马克思对两者都进行了批判。他认为，对于激进派来说，哲学不是一种实际的政治活动，而追求哲学就好像默认它是一种实践活动一样，这构成了一种严重的错觉和应受谴责的移位（displacement）。毫无疑问，马克思嘲笑“旧政权”的这种政治信息是通过欺骗——哲学家只是那种在面对马克思所谈论的，发生在其他国家的现代化、政治和工业化现实时——依然选择相信“传统”思想的“聪明人”而提供的。在《〈黑格尔法哲学批判〉导言》中，马克思明确指出：“随导言之后将要作的探讨——这是为这项工作尽的一份力——首先不是联系原本，而是联系副本即联系德国的国家**哲学**和法**哲学**来进行的。其所以如此，正是因为这一探讨是联系**德国**进行的。”[32]

马克思的批判概念——他对激进主义的明显称呼——与哲学无关，并且有意让读者感到恐惧。马克思宣称德国社会不合时宜地逃避现代世界，并让自己沉溺于虚幻的日耳曼历史，因此他提出了一种由“**搏斗式的**批判”① 所组成的批判。他指出：“为了激起人民的**勇气**，必须使他们对自己**大吃一惊**。”② 有趣的是，马克思也为其他国家吸取了教训：“对当代德国

① 马克思，恩格斯．马克思恩格斯全集：第3卷．2版．北京：人民出版社，2002：202.

② 同①203.

政治状况作斗争就是对现代各国的过去作斗争，而且对过去的回忆依然困
扰着这些国家。”[33] 因此，这里的冲突——介于专制保守主义和现代化自 100
由主义之间——是一个普遍的冲突——只是马克思认为德国的局势是落后的和可悲的。

在《〈黑格尔法哲学批判〉导言》中，马克思的结论是“批判一旦提高到真正的人的问题，批判就超出了德国现状，不然的话，批判就会认为自己的对象所处的水平**低于**这个对象的实际水平……工业以至于整个财富领域对政治领域的关系，是现代主要问题之一”①。遵循这一思路，马克思对德国政治经济学家弗里德里希·李斯特（Friedrich List，1789—1846）（虽然他当时并未指名道姓）进行了猛烈的抨击。李斯特的著作瓦解了德国现代工业和财富创造的发展，转而创造了一种植根于德国爱国主义的愿景，即国民经济学（*Nationalökonomie*），可惜他并没有那种推动马克思叙事向前发展的关于社会变革的国际视角。马克思指出，“在法国和英国，问题是**政治经济学**或**社会对财富的统治**”②，或者换句话说，法国和英国的民主化公众正在将政治中的“社会问题”视为当时的重要问题，而据马克思所言，当时的德国统治者、政治经济学家和具有民主化倾向的激进分子，根本无法理解这一问题[34]。

总之，根据马克思的观点，“**德国各邦政府**……把**现代政治领域**——它的长处我们不具备——的**文明缺陷**同旧制度的**野蛮缺陷**——这些缺陷我们却充分享受——结合在一起”③。这包括德国的商业阶级或“资产阶级”，这个阶级通过推翻君主制，经由国民议会建立政府，在法国民主化进程中发挥了革命性的作用。用代议制的术语来说，这个议会属于“第三等级”，即“人民”——尽管是按阶级和性别来划分的。马克思在当时对“德国中间阶级”的看法是不讨喜的，并将其称为“其他一切阶级的平庸习性的总代表”[35]。经过理性的论证和分析，而非社会学式的推理，马克思将“无产阶级”（“德国无产阶级只是通过兴起的**工业**运动才开始形成”）作为它的对立面和最终的对手[36]。

然而，任何对激进改革的强烈呼吁都必然是推测性的，并且在形式上

① 马克思，恩格斯. 马克思恩格斯全集：第3卷. 2版. 北京：人民出版社，2002：204.

② 诚如马克思所言：“在德国，问题却是**国民经济学**或**私有财产对国民的统治**。”（请参见：马克思.《黑格尔法哲学批判》导言//马克思，恩格斯. 马克思恩格斯全集：第3卷. 2版. 北京：人民出版社，2002：204.）

③ 同①209，213.

是语言表述性的，而且没有具体的所指。在《〈黑格尔法哲学批判〉导言》中，马克思将无产阶级视为一种表现形式：用言语对无产阶级进行的呼吁有助于它的发展和壮大。而与对德国落后现状的强烈谴责相反的是，马克思同样看到了工业化在德国的兴起。随之而来的是，劳动力和就业的市场
101 化，因此“**人工制造的**”① ——而不是在旧秩序下“**自然形成的**”② 贫民——开始构成“社会问题”本身。在此，正如马克思所提出的那样，活跃的联系在于小商贩组成的前“中间等级”（middle estate），小生产者和小经销商的解体，这些小生产者和小经销商将投入工厂生产，而新兴的无产阶级数量也会随之增加。从理论上讲，在这个过程中，围绕人类解放这一原则重新组织社会的“社会问题”将会出现，因为“人工制造的”社会力量，而不是自然形成的力量（比如旧秩序本身），不仅会带来“社会问题”，而且会带来“社会问题”的解决方案，这一点是毋庸置疑的[37]。

三、与重商主义联盟

到目前为止，这一论点仅仅说明了一种社会延展性（social malleability）——以及社会责任——今天任何一个认识到这个“社会问题”的人都可以很容易地参与到其中来。事实上，那些没有理解社会事务和政府责任的观点，只会对“社会问题”视而不见，或者将其转化为经济参与之外的其他问题。今天的其他选择——就像在马克思所处的那个时代一样——包括各种形式的宗教威权主义。这些措施旨在强化源自传统的道德价值观念，并宣称其价值高于经济考量。作为一种公共政策，这些政权和运动的特点是专门用来限制现代或世俗的“西方”经济入侵社会生活。当下另一个常见的选择是作为一种方案（project）的民族国家主义（ethno-nationalism），它有时甚至达到了与国际经济几乎隔绝的程度，它往往但并不总是军事独裁。在今天，还存在着一些抵制民主化的君主制国家。民主化通常被理解为政府是通过代议制机构而从“人民”中产生并对其负责的。事实上，如果政府不这样做，政府就是违法的。这些对比告诉我们，马克思在确定革命事业中的共同思路方面是恰到好处的。他主张，通过向商业精英（而不是王室和法院精英）开放政府来实现政府的民主化，并建立涉及

①② 马克思，恩格斯．马克思恩格斯全集：第3卷．2版．北京：人民出版社，2002：213.

“私人”（非公有）财富的投资和“自由”（去封建）劳动力雇佣的商品经济（这通常被概括为“自由市场”和“自由贸易”）。

自马克思所处的那个时代以来，在自由主义的传统中就提出了一种非 102
常强烈的主张，即重商主义（commercialism）与民主是一致的，将两者分开不仅是对个人的不公正，也会造成经济效率的低下。然而，在社会民主主义的传统中却有相反的主张被提出，即重商主义和市场力量会产生相当大的不公平，这是个人在可继承的阶级条件下所经历的，因此民主制度有义务充当收入和财富产生和分配的监管者和管理机构。通过引起公众对经济问题的关注来实现民主化是一回事，平衡相互竞争的政治哲学和有关“成功”的实质性主张则是另一回事。根据马克思的论证，作为一种工业化但无阶级的社会制度，他的最终目标——共产主义将会导致货币的废止。这是他从那个时期的乌托邦著作中所熟知的一个概念，尽管他自己也曾批评过这些作家。然而，对马克思激进主义的考察，揭示了这种长远的观点是如何构成更直接的目标和局部的计划的。由于当时马克思被驱逐出德国各州，所以，他的这些活动主要发生在布鲁塞尔（他 1845—1847 年居住于此）。

在马克思参与联盟建设（coalition-building）的过程中，必然会出现属于特定阶级的个人和机会，这些个人和机会可能会被德国激进的流亡者和他的同伴所接受。这些人主要包括中间阶级（middle-class）和有商业头脑的民主党委员会成员。他们在当地用法语举行了一些公开会议，并传播了进一步扩大选举权和公众参与政治决策的文献[38]。作为一个独立的君主立宪制国家，比利时本身就是 1830 年民主化革命的产物，它推翻了低地国家①后拿破仑时代复辟的君主制，同年在法国也引发了类似的革命。马克思与法国革命理想的联系可以说更多是来自这场革命，而不是直接来源于 1789—1793 年的经验。关于法国大革命的历史著述——除了遭遇令人震惊的谴责之外——在德国各州是不可能出现的，而比利时的民主革命从某种意义上说是件时事，它发生在马克思 12 岁时的青年时期。

这一时期人们的理想首先是扩大选举权。在先前复辟的君主制下，选
举权仅限参与咨询会议或集会的精英拥有，其次要消除生产中的贸易壁垒 103
和禁令、行会和行会限制，并积极促进作为权利和人类解放的重要问题的商业企业的发展。值得注意的是，1830 年以前，在欧洲几乎没有人为任何事情投票（无论以何种形式），而且君主们把他们对个人主权的要求作为

① 低地国家（Low Countries）是对欧洲西北沿海地区的荷兰、比利时和卢森堡三国的统称。

一种神圣的权利来炫耀，即使他们的主权实际上并不是绝对的。即使是在1830年革命之后，甚至是在1832年英国的大改革法案颁布之后，这种选举权也几乎没有扩大，只惠及了受过教育和有财产的男性中的极少数。马克思在布鲁塞尔的（商业自由派）朋友非常像他在科隆《莱茵报》时期的支持者，他们的“物质”利益引发了马克思的极大兴趣，并对他产生了重要影响。马克思的《关于自由贸易的演说》[39] 现在很少被人引用（即使是那些对他的“经济学”非常感兴趣的人也是如此），而它代表了这一时期激进主义的一项重要工作，也体现了这种民主化的重要参与。为了方便当地人阅读，这篇“演说”是马克思用法语撰写的，他在其1859年简短的自我小结①中还特别提及了此文[40]。

然而，正如我们现在所做的那样，对历史文献记载的进一步研究表明，马克思和恩格斯在“自由贸易”问题上进行了大量的积极合作。他们所做的工作揭示了当时的问题和这些问题在今天仍然存在的事实，以及这些事实的严峻性［特别是考虑到全球国内生产总值和当地生活水平的明显不平等，以及劳动者通过各种现代交通工具实现全球流动以获得更好的工资和生活水平这一现状时］。自由贸易与保护主义在商业化的布鲁塞尔和当地法语媒体中都是一个生动的话题，而且对于马克思和恩格斯，以及在那里的讲德语的流亡者来说也是非常重要的。在《德意志-布鲁塞尔报》上，恩格斯撰写了《讨论自由贸易问题的布鲁塞尔会议》（1847年9月16—18日）一文，记录了为期两天（在他看来）的关于自由贸易是否会使“世界”受益这一问题的毫无生气的刻板辩论[41]。

恩格斯指出，这场辩论几乎没有提及他眼中对经典和流行的政治经济学著作的正确认识。实际上，恩格斯记录了反对经济保护主义的集会，这些集会由来自当地或外地，主要是英国和法国的“经济学家、工业家、商人一类人物”参加，但其中没有来自德国的商业“自由贸易派”[42]。第三天的讨论引起了恩格斯的注意，即“实行普遍的自由贸易是否对工人阶级
104 有利?”他认为，这是一个会让读者产生浓厚兴趣的话题。恩格斯的朋友［曾经在约克郡（Yorkshire）住过一些年头的德国诗人］乔治·维尔特（Georg Weerth，1822—1856），并不认为“保护关税制度”将使工人阶级受益。他直截了当地指出：保护关税制度实际上根本不保护工人，而自由贸

① 指马克思1859年的《〈政治经济学批判〉序言》（马克思．《政治经济学批判》序言//马克思，恩格斯．马克思恩格斯文集：第2卷．北京：人民出版社，2009：588-594）。

易同样根本不能改变他们的悲惨处境[43]。

虽然马克思未曾在此次会议中发言（在恩格斯的文章中有记载①），但他对这些熟悉的问题有更为细致的“观察”。他的文本（在20世纪）从一份丢失的法语原版的德语译文中找到，在那篇演说稿中，他所关注的是贸易保护主义者的政治纲领。在他看来，这些贸易保护主义者主要来自两个学派。李斯特的追随者们主张，关税只保护大规模的行业，而不是像有些人所想象的那样，保护小规模的手工艺品生产和企业，从而影响工人阶级就业。在马克思看来，李斯特的这种观点实际上是以牺牲工人阶级的就业和生活水平为代价，来促进全球经济发展的。相比之下，另一位德国政治经济学家古斯塔夫·冯·古里希②（Gustav von Gülich，1791—1847）的追随者们则主张，完全禁止进口外国工业品，对其他产品以及工业机械征收高关税，以保护手工业生产。作为贸易保护主义者，古里希声称这些政策和原则将使工人阶级受益[44]。

马克思很快就把这两个学派的错误归咎于它们自身内在的民族主义，并进一步指出：“受自己同胞的剥削总比受外国人剥削好些。”他还指出，这两者最后的避难所就是声称，它们是以多种方式在保护国家，并且这是社会改革的唯一途径，必须独立于经济体制之外。马克思也揭示了以下矛盾：鉴于这两个学派都声称能够将商业财富作为资本积累，那么，这种力量是如何转向弱者的，难道“资本本身能够大发慈悲”[45]？关于今天依然存在的“社会问题”的争论点，马克思提出了两点概括。一个是政治理论和社会活动中的煽动性论点：“一般说来，社会改革永远也不会以强者的软弱为前提；它们应当是而且也将是弱者的强大所引起的。”另一个则涉及政治中“社会问题”的地位：如果社会经济结构中的“社会问题”不能够解决（正如国家贸易保护主义者所说的那样），那么，它就是一个与其他事物有关的“特殊”问题，它或许可以在其他
地方解决[46]。马克思并不打算讨论这将如何运作，但近年来，宗教、 105
民族主义和专制民粹主义中的“自由主义”困惑却处于一个非常相似的境地。

在谈及与“社会问题”相关的自由贸易时，马克思在他的公开演讲和

① 在这篇文章中，恩格斯明确指出，“鉴于马克思先生的演说虽未发表，但对于这种无耻谎言却是再也想象不出的最好、最有力的驳斥”（恩格斯．讨论自由贸易问题的布鲁塞尔会议//马克思，恩格斯．马克思恩格斯全集：第4卷．北京：人民出版社，1958：291-292）。

② 又译作古斯塔夫·冯·居利希（马克思．保护关税派、自由贸易派和工人阶级//马克思，恩格斯．马克思恩格斯全集：第4卷．北京：人民出版社，1958：282）。

发表的“演说”中概述了社会改革者所面临的两难困境，也就是说，他为那些参与“社会问题”的人提供了一个一般模式，而这（“社会问题”）既决定于也包括经济和社会的根本改变。在马克思的心中存在着一个“务实的”共产主义者。值得注意的是，革命的概念不仅适用于马克思本人的激进立场，而且还适用于非宪政的专制国家，因为在这些国家中，任何有关“社会问题”的概念都是革命性的。马克思于 1848 年 1 月 9 日用法语在布鲁塞尔民主协会（Brussels Democratic Association）的公众大会上所做的“演说”①（先于同年 2 月在巴黎开始的民主化革命），是一种政治干预，是在他为去年 9 月的计划演讲所做的笔记的基础上发展而成的。《德意志-布鲁塞尔报》为德国读者发表了关于马克思 1848 年 1 月“演说”的报道，演说的宣传册版本也于同年 1 月底以法文出版，而其他的翻译版本——比如佛兰芒语（Flemish）版——未能出现，对于马克思而言，他早已习以为常。值得一提的是，该“演说”的完整德语译文（由魏德迈翻译而成）在当年的晚些时候也在德国出版了[47]。

在 1859 年的《〈政治经济学批判〉序言》中，马克思特别回顾并提及了这篇“演说”，指出其意义之所在。实际上，这是他给那些对于比利时政治和政策自由化感兴趣的中间阶级商人上的一堂政治理论课：

- 有人认为，自由贸易是“每个人在对待别人的关系上的自由”，但实际上，“这是资本榨取工人最后脂膏的自由”[48]。
- “从魁奈到李嘉图的经济学家们所表述的一切规律是建立在这样的假定上的：迄今妨碍自由贸易的羁绊已不再存在”，这些正是那些“自由贸易的信徒”所希望看到的[49]。
- 他们所发现的其中最重要的一条规律是“竞争把每一种商品的价格都降低到该商品的最低生产费用”。因此，“最低工资是劳动的自然价格”，也就是说，“要维持工人使他能勉强养活自己并在某种程度上延续自己的子嗣，就需要一些物品，生产这些工人生活必需品时的最低限度的支出恰好就是最低工资”[50]。
- 随着“工业的发展”，工资的最低限度在“生活资料”的质量方面不断下降，最后“就把人变成机器人了”[51]。
- “自由贸易的信徒”或者否定政治经济学规律，或者就直面阶级剥

① 是指马克思的《关于自由贸易的演说》（马克思．关于自由贸易的演说//马克思，恩格斯．马克思恩格斯全集：第 4 卷．北京：人民出版社，1958：444－459）。

削这一残酷的事实[52]。

- 一些“自由贸易的信徒”主张，“世界范围的剥削”并不是“普遍的友爱”[53]。 106
- 国际劳动分工并不会促进在贸易货物中以“优越的自然条件”为基础的国家之间的“和谐”[54]。
- 生产在国际上转移到原料和劳动力都最廉价的地方[55]。
- “即使在现时，也会有些工业部门去支配所有其他部门，并且保证那些主要从事于这些行业的民族来统治世界市场。”[56]
- “自由贸易的信徒”承认，一个国家可以牺牲别国而致富，应该也会承认，在每一个国家内一个阶级可以牺牲另一阶级而致富[57]。

马克思关于“保护关税制度”的评论特别尖锐且有先见之明：它“不过是为了在某个国家建立大工业的手段，也就是使这个国家依赖于世界市场”，因此，它对“自由贸易也就有了或多或少的依赖性”。同时，“保护关税制度”也通过促进“国内自由竞争的发展”来反对封建主义和中世纪主义的各种保护主义。但总体而言，这个制度是保守的，因为它以独裁的民族主义为基础。这种民族主义在面对全球经济时不可持续，因为全球经济受到经济规律中的自由贸易原则的促进和推动。然而，自由贸易本身具有自我毁灭性，因为它必然会产生极端的不平等，从而引发阶级对立[58]。

马克思期望革命和社会变革能够从这些对立中发展起来，而这种对立在解决或者至少承认“社会问题”的社会民主方面确实已经发生了。那些涉及或不涉及暴力的革命一直被视为妥协，有时特别是作为在普遍“人性化”基础之上的阶级妥协：例如，消除老年或儿童贫困、普遍的国家养老金、健康保险，等等。马克思的计划清晰且具有挑衅性（可能是有意如此），因为他的激进主义——就像大多数激进主义者那样——依赖于陈述一个立场进而捍卫这个立场。在后来的生活当中，当马克思有更多（被迫的）空闲时间和更多的研究资源时，大部分关于“社会问题”的经验细节被他填补，形成了其重要代表作，即《资本论》第一卷。在这部著作中，他对历史和当代的不平等、剥削、苦难和奴役都给予了生动的描绘。

四、民主化的现在，可预见的未来

马克思经常代表他人（特别是他所属的委员会或团体）进行写作，所 107
以他更愿意以程序化（programmatically）的方式进行明确表达。其中有两个文本最能体现这一点，一个是1848年的《宣言》，另一个是《法兰西内战》。《法兰西内战》是1871年巴黎公社（1870年普法战争结束后的一场城市起义）失败后马克思为国际工人协会起草的一篇英文演讲稿。《宣言》中的要求清单实际上是工人革命的“第一步”，在接下来的一个世纪里，工人阶级（甚至包括妇女在内）在一些国家的宪法和代表机构中获得了一些政治参与的机会。如今，这看起来就像是一份社会民主的需要清单，甚至仅仅是自由的制度需求，而这些需求现在大多与人们对民主政府所做的记忆它们是如何做的共识不谋而合。在马克思写下这些要求的时候，它们是“共产主义”的，从某种意义上说，它们是大胆而激进的自由主义，而不是说它们本身要求，或者要求全面废除经济结构的阶级和一般的货币交换。

这些“第一步”要求包括“剥夺地产”、“征收高额累进税”、“废除继承权”成立“国家银行”、国家“集中”管理“运输业”、“增加国家工厂和生产工具”、“实行普遍劳动义务制”、“把农业和工业结合起来，促使城乡对立逐步消灭”、“对所有儿童实行公共的和免费的教育”[59]。通过社会民主和福利国家的视角来理解这些内容，我们可以公平地将对土地使用的征收权和规划控制看作“剥夺”（事实上，有时自由主义者也会对其进行如此描述）。同样公平的是，各国央行也可以作为“国家银行”发行和管理货币，将交通运输政策和基础设施规划“集中化”，融合国家产业战略、公共投资以及任何数量的税收减免成为“国有化工厂”，把“农业综合企业”作为一个公共补贴和高度管制的“产业”进行管理。即使这些措施实际上并不是出于良治的考虑，但就目前而言，它们在原则上仍然是可行的。

在1848年，无论是共产主义还是其他方面，所有的这些观点都是斗争
108 （而不仅仅是辩论）的要点，因为斗争恰恰是为了确立公众可以参与辩论的空间的权利。斗争持续了数十年，而且出现了许多反转：事实上——正如马克思在《法兰西内战》[60] 中所详细阐述的那样——是大规模的镇压甚至是大屠杀。马克思的共产主义是“实践的”（用他自己的话来说），正是因为他在理论上和实践中，将共产主义与乌托邦式的幻想和实验区别开来，也因为他使共产主义与今天出现的观点以及要求相一致。这——因为后来的事件对我们的思想产生了影响——与共产主义作为一种独特的运动甚至是与共产主义（尽管其在定义和方案上都是相关的）无关。

自1864年成立以来，国际工人协会一直与马克思的名字联系在一起，它是一个由社会主义团体和国家代表团所组成的国际“保护伞”组织。在当时，无论从何种意义上看，几乎没有合法的、重要的大规模政党。尽管

起义在大多数媒体报道中被视为野蛮的爆发，但是在与法国共和国的和平相处以及在普鲁士占领者的胜利之下被莫名其妙地反对，国际工人协会自然而然地把这些事看作人民（广义上理解为工人）的悲剧，以及民众决策意义上的民主悲剧（尽管有省级共和党反诉）[61]。

因此，这个演说①在当时是存在争议的，并且使得马克思在英国新闻媒体界招来了一个恶名——生活在伦敦的“红色恐怖博士”[62]。他的评论和往常一样，是一种政治干预，旨在激发（或者说是慰藉）读者，并以非常具体的方式来纪念起义。这在马克思所处的时代就因其历史不准确性而遭受了许多批评，但后来他并没有作为见证者出现在巴黎，而且他所写的这个题材也不是关于历史的，而是关于目前的政治的。作为一种激进的实践活动，神话创作经常是政治上的，所以，如果询问公社的制度是否真如马克思所描述的那样，那是毫无意义的。然而，从另一个角度来看，这是一个原因——在集体的背景下——马克思更像一个理论家在进行创作，虽然他不是一个真正的专家，因为他是在代表一个组织和执行委员会进行写作。

马克思把公社作为国家的决策模式——且应该成为“甚至最小村落的政治形式”——它是一种具有代表性但被授权的民主制度，“生产者的自治机关”由“服役期限极短”的“国民军”来驻守，这是一个切实可行的政治条件而不是乌托邦式的条件。在这种模式中，决策从代表大会的最底
层开始，代表们在三方成员制定的严格的授权下，由代表大会向地区议会 109
推进，并以同样的方式在地区层面和国民议会层面进行。因此，国家一级的决定主要是协调一致的。总之，“它实质上是工人阶级的政府，是生产者阶级同占有者阶级斗争的结果，是终于发现的、可以使劳动在经济上获得解放的政治形式”[63]。这些想法中有许多是当今的政治要求，尽管是在政府的集中结构内，但它们本身就被充分地灌输了经济管理的重要性这一理念。

然而，马克思认同“专政”这一实际术语是一种政治和学术上的产物，正如他没有在公开发表的论著中使用“无产阶级专政”这一概念一样（而是在与他人的书信中出于“自我阐明”[64]问题的需要而使用这一概念），并且把这一概念从某种意义上归于共产主义或社会主义的要旨。在推

① 指《法兰西内战。国际工人协会总委员会宣言》，因为该文是马克思代表国际工人协会总委员会向全世界无产阶级发表的演说（马克思，恩格斯．马克思恩格斯全集：第17卷．北京：人民出版社，1963：761注释191）。

动革命民主化和推崇独裁统治之间存在着明显矛盾的线索，这是阶级斗争的结果。马克思的探索性原则是阶级的政治化，政治变革源于这些斗争(不管是在过去还是现在，都是如此)。在这一观点上，可能成功的民主化斗争将是阶级斗争——拥有商业财产的（资产）阶级打败封建阶级，然后在适当的时候，工人阶级（无产阶级）击败商业阶级（资产阶级)。在马克思看来，这必然是一场类似于政治的经济斗争，因为这两种斗争基本上是相同的（尽管有表象和否定)。因此，在这一过程中民主化制度是高度进步的，但在非贵族参与方式允许的情况下，它是新兴阶层的工具。但至关重要的是，进一步的民主化为下一个阶级的切入提供了保证，只要进一步扩大选举权和公民权利，就能使广大选民获得政治上（控制）的权利。《宣言》中明确提出，无产阶级“在反对资产阶级的斗争中一定要联合为阶级，通过革命使自己成为统治阶级”[65]。正如马克思在其整个职业生涯中所断言的那样（尽管在对词汇和体裁的接受程度上，他的目标受众有所不同)，民主（就目前的情况而言）是商业财产所有者为阶级统治而设计的“资产阶级”计划。可以预见到的是，他们将不惜一切代价保护自己的
110 财产不受再分配的影响，而且——最重要的是——不受重新定义为“公共”财产而非“私人”财产的影响。马克思在他的小册子《路易·波拿巴的雾月十八日》中表达了他强烈的政治愤怒，当他看到商业阶层的当选代表把国家交给一个独裁者——“总统”的时候［这位独裁者暴虐的强盗主义（gangsterism）仅仅被帝国庸俗的表象所掩盖］。

然而，作为一种可行的政治形式，马克思在《法兰西内战》中所提出的无产阶级“自下而上”的阶级统治模式，似乎不太可能复制生产和消费的经济优势，尽管这些优势并不全是目前的代表机制所普遍推广的。但就这样马克思的模式仍指出，在某些方面，构成民主的经济政治结构在目前是一个无缝的体系。马克思所提及的“劳动解放”在今天很难被理解，因此很难将其解释为一个口号或一个目标。实际上，马克思曾明确表示，这是一个有待“解决”的问题。它可以是一些相对简单的东西，如工人合作社或合作企业（在这种合作企业中，工人之间是一种共同合作的关系)；也可以是一些具有革命性的东西，如地球上一个在道德上负责任的平等主义的“生态社区”[66]。

作为一位倡导民主的理论家，马克思的真正力量在于：他最清晰详细地描述了民主结构的脆弱程度、选举权如何容易落入威权主义的政客手中，以及在代议制机构中，所有权和财富控制在多大程度上起到了“民主”的作用。他关于法兰西第二共和国（1848—1851）兴衰的评论，是对人民主

权的宪法原则和实际存在的代议制机构的特殊捍卫，同时也详细地说明了为什么这些原则如此脆弱，以及为什么成功地捍卫这些原则如此困难。这些制度并没有被马克思斥责为因其怯懦而未能实现“共产主义”理想，从而导致与现存商业社会的革命决裂；相反，他斥责它们没有按照自己阶级划分的民主和代表制观念，甚至是宪法的限制和标准行事，实际上，它们的懦弱行为甚至损害了它们作为“资产阶级”代理人的个人和集体利益。

《路易·波拿巴的雾月十八日》解释了为什么在总统选举中男性的普选权很容易被波拿巴作为总统候选人进行操纵，使得他这样一个神话般的 111
冒险家获胜。国民议会的政治阶层对此感到非常惊讶，他们并没有料到农民的选票会支持帝国主义的土地改革和民族主义。然而，城市工人阶级的公民选举在有产阶级及其同样的议会代表中，或者在报纸所有者和编辑中并不普遍。由于担心秩序的混乱和阶层的驱动对私人财产的威胁，连续几届议会团体放弃了民众主权并联合起来，希望看到关于经济问题的城市示威活动遭到镇压。这些立法者当时就要限制选举权，并压制不必要的反对[67]。

波拿巴认为，通过违宪的方式延长他的总统任期，并且得到全国公民投票的支持和议员们的同意，他就有机会成为（资产阶级）“秩序”① 的救世主（saviour），并通过颁布相应的法令来进行统治。随后，这一法案结束了以人民主权为基础的共和统治，取而代之的是波拿巴（正如马克思在他的那本小册子中所指出的那样）以拿破仑三世的身份统治国家，并于1852年末通过了另一场公民投票。

从文本类型的角度看，马克思的《路易·波拿巴的雾月十八日》不是对历史事件的回顾，而是对正在形成中的历史的描述。因为他通过新闻报道密切关注了1848—1849年的革命，并且在事件发生时写下了自己的报刊文章（这也是他进行叙述的基础）。马克思所指出的是自由民主内部的一种动态，许多评论家和理论家都忽略了这一点，他们更愿意把它看作一种反常的或无法解释的谜题：为什么人们会投票给民粹主义的威权主义者？这种主义有时是不是一种夸张且可笑的举止呢？为什么国会议员——他们是人民主权的具象化，也是人民主权的守护者——会如此倾向于贬低、消减或废除个人的基本权利，而那些野心勃勃的行政人员和将军却把内部“秩序”或国家“安全”问题都交由他们处理呢？马克思甚至详细地描述

① 马克思，恩格斯．马克思恩格斯文集：第2卷．北京：人民出版社，2009：574.

了波拿巴军事化警察部队中显而易见的暴行，他的腐败和不可持续的经济政策、他的“赌场资本主义”（casino capitalism），以及他将税收资金与贿赂和收益相结合的做法[68]。

马克思对这个动荡时期的阶级政治进行了描述，对工人阶级为人民主权而战的英雄主义给予了极大的赞赏，尽管他对无产阶级激进主义的“接受”是可以预见的，这也同样引起了怀疑和敌意的评论。但更有趣、更详
112 细、更有针对性的描述实际上是关于最富有的精英阶层、地位较低的贵族和地主、富有的商人和金融家之间的政治，最后是关于在自由职业者、所有权拥有者和食利者（rentiers），以及靠“私人手段”的谋生者中存在的更广泛的中间阶级。正如马克思所阐释的那样，这些阶级和“阶级部门”（class fractions）很容易引起恐慌，因为它们害怕自己所拥有的东西会被那些（几乎是）一无所有者夺走。在这种情况下，经济利益经常会被歪曲，所以，波拿巴关于自己的神话压倒了商业阶级通常情况下对民主制度的任何信心。因此，威权主义受大众需求的影响。

从理论上讲，马克思认为，自由民主体制是建立在商品生产和财富积累的基础上的，是财产、威权主义和代表机制之间的动态关系。他的分析所得出的结论是，人民主权需要积极的支持，因为对混乱和无政府状态的“恐惧”会加剧阶级对财产的恐惧，以及基于人格对威权的错觉。自马克思所处的时代以来，大多数民主国家在内战中已经恢复了专制统治和军事独裁统治，许多民主国家不止一次地屈服了。马克思花费了更多的时间在联合政治（coalitional politics）中支持人民主权以及处理与政治形成有关的特征问题。

在下一章“资本主义与革命”中，我们将详细探讨马克思是如何阐释“私人”利益和公共机构之间的关系的。

注释

[1] 亚里士多德. 政治学. 吴寿彭，译. 北京：商务印书馆，1965：114.

[2] 关于民主的简要分析和历史性探讨，请参见：John Hoffman and Paul Graham, *Introduction to Political Theory*, 3rd edn（Harlow: Pearson, 2015）, ch. 5.

[3] 请参见《美利坚合众国宪法》序言。

[4] 请参见与“审核”（audit）、“赤字”（deficit）和“指标”（index）相关的关于民主的各种出版材料，这些材料追踪民主的特质、收集证据，并产生评价和排序的结果。

[5] 马克思. 马克思致约·魏德迈//马克思，恩格斯. 马克思恩格斯全集：第

28 卷. 北京：人民出版社，1973：509（粗体字为原文所加）；也可参见本书第一章“使马克思成为马克思”。

［6］请参见本书第二章“阶级斗争与阶级妥协”。

［7］斯珀伯. 卡尔·马克思：一个 19 世纪的人. 邓峰，译. 北京：中信出版社，2014：第一章. 也可参见本书第二章“阶级斗争与阶级妥协”。

［8］马克思.《政治经济学批判》序言//马克思，恩格斯. 马克思恩格斯文集：第 2 卷. 北京：人民出版社，2009：588.

［9］Sperber，*Karl Marx*，ch. 2.

［10］马克思曾经明确指出，“他从另一条道路（参看他的《英国工人阶级状况》）得出同我一样的结果”（“他”指恩格斯。——译者注）。（马克思.《政治经济学批判》序言//马克思，恩格斯. 马克思恩格斯文集：第 2 卷. 北京：人民出版社，2009：592－593.）

［11］关于更多恩格斯的详细内容，请参见：Carver，*Friedrich Engels*：*His Life and Thought*，chs. 1－2.

［12］马克思.《政治经济学批判》序言//马克思，恩格斯. 马克思恩格斯文集：第 2 卷. 北京：人民出版社，2009：588；也可参见本书第二章“阶级斗争与阶级妥协”。

［13］Stedman Jones，*Karl Marx*，pp. 104－115.

［14］Carver，*Friedrich Engels*，ch. 4.

［15］关于简要的强调，请参见：Stedman Jones，*Karl Marx*，pp. 135－144.

［16］Carver，*Engels*，ch. 4.

［17］请参见：Leopold，*Young Karl Marx*.（中文版请参见：利奥波德. 青年马克思：德国哲学、当代政治与人类繁荣. 刘同舫，万小磊，译. 广州：中山大学出版社，2017.）该书对这些作品进行了最彻底的语境分析。

［18］马克思，恩格斯. 马克思恩格斯全集：第 3 卷. 2 版. 北京：人民出版社，2002：5－158.

［19］同［18］199－214.

［20］请参见：Stedman Jones，*Karl Marx*，pp. 135－150；也可参见本书第二章“阶级斗争与阶级妥协”。

［21］马克思.《黑格尔法哲学批判》导言//马克思，恩格斯. 马克思恩格斯全集：第 3 卷. 2 版. 北京：人民出版社，2002：214.（粗体字为原书所加）

［22］请参见《马克思恩格斯全集》（英文版）第 3 卷第 133－145 页［这是刊发在《德法年鉴》第 1—2 期合刊号上两位主编（马克思和卢格）之间八封通信中的其中三封（均为马克思写给卢格）］。中文版请参见：马克思. 马克思致阿尔诺德·卢格//马克思，恩格斯. 马克思恩格斯全集：第 47 卷. 2 版. 北京：人民出版社，2004：54－55，56－63，63－67.

[23] 马克思. 马克思致阿尔诺德·卢格//马克思，恩格斯. 北京：马克思恩格斯全集：第47卷. 2版. 北京：人民出版社，2004：55.

[24] 同 [23] 57–63.

[25] 同 [23] 64.

[26] 请参见：Stephen Eric Bronner，*Critical Theory*：*A Very Short Introduction*（Oxford：Oxford University Press，2011）.

[27] 简单来说，矛盾在基于中世纪社会等级或“国民等级”的君主制之间，而不是基于个人主义、代议制机构、财产交易权和其他法国革命制度之上的君主制。

[28] 同 [23] 65–66.（粗体字为原文所加）

[29] 同 [23] 65.

[30] 同 [23] 64–65.（粗体字为原文所加）

[31] 恩格斯在柏林服兵役期间作为一名记者参与了这个政治化的学术界，具体请参见：Carver，*Friedrich Engels*，ch. 3.

[32] 马克思.《黑格尔法哲学批判》导言//马克思，恩格斯. 马克思恩格斯全集：第3卷. 2版. 北京：人民出版社，2002：200.（粗体字为原文所加）

[33] 同 [32] 203.（粗体字为原文所加）

[34] 同 [32] 204.（粗体字为原文所加）

[35] 同 [32] 212.（粗体字为原文所加）

[36] 同 [32] 213.（粗体字为原文所加）

[37] 同 [32] 213.

[38] 请参见：Gabriel，*Love and Capital*，pp. 93–113.（中文版请参见：加布里埃尔. 爱与资本：马克思家事. 朱艳辉，译. 长沙：湖南人民出版社，2018.）在这部著作中，一些政治活动的细节也被包含在内了。

[39] [*Discours sur libre échange*].

[40] 马克思.《政治经济学批判》序言//马克思，恩格斯. 马克思恩格斯文集：第2卷. 北京：人民出版社，2009：593.

[41] 恩格斯. 讨论自由贸易问题的布鲁塞尔会议//马克思，恩格斯. 马克思恩格斯全集：第4卷. 北京：人民出版社，1958：285–296；这篇文章也刊登在曼彻斯特的《北极星报》（*Northern Star*）（1847年10月9日第520号）上。

[42] 恩格斯. 讨论自由贸易问题的布鲁塞尔会议//马克思，恩格斯. 马克思恩格斯全集：第4卷. 北京：人民出版社，1958：285.

[43] 同 [42] 286，288.

[44] 马克思. 保护关税派、自由贸易派和工人阶级//马克思，恩格斯. 马克思恩格斯全集：第4卷. 北京：人民出版社，1958：282–284.

[45] [46] 同 [44] 284.

［47］马克思，恩格斯．马克思恩格斯全集：第 4 卷．北京：人民出版社，1958：626 注释 213.

［48］马克思．关于自由贸易的演说//马克思，恩格斯．马克思恩格斯全集：第 4 卷．北京：人民出版社，1958：457.

［49］同［48］455. 美国人民对北美自由贸易协会（North American Free Trade Association）的批评与这一论点不谋而合，同样，其他地方对类似协会的类似论点也是如此，例如英国的欧洲怀疑论者对欧盟的看法。

［50］同［48］455.

［51］同［48］456；许多批判性的研究追随了这一论点，例如，Eric Schlosser, *Fast Food Nation: The Dark Side of the All-American Meal* (Boston: Houghton Mifflin, 2001)；以及 Barbara Ehrenreich, *Nickel and Dimed: On Getting By in America* (New York: Henry Holt, 2001)；对“高科技”工作环境的批判性评论在 Dave Eggers 的 *The Circle* (San Francisco, CA: McSweeny's, 2013) 这本书中被小说化了；另见有关“零工经济”（gig economy）的媒体评论。

［52］同［48］456—457.

［53］同［48］457.

［54］同［48］有趣的是，马克思在这里讽刺的是后殖民时期的景象，他指出，“先生们，你们也许认为生产咖啡和砂糖是西印度的自然秉赋吧”，然而，“二百年以前，跟贸易毫无关系的自然界在那里连一棵咖啡树、一株甘蔗也没有生长出来”。(马克思．关于自由贸易的演说//马克思，恩格斯．马克思恩格斯全集：第 4 卷．北京：人民出版社，1958：457—458.)

［55］同［48］458. 现如今，全球化几乎已成为“全球”自西向东、从北向南的“劳务出口”的代名词；请参见：Terry Boswell and Dimitris Stevis, *Globalization and Labor: Democratizing Global Governance* (Lanham, MD: Rowman & Littlefield, 2008).

［56］同［48］458；媒体对“高科技”金融和数码行业的评论表明了这一点，尤其是对这些行业公司的“泡沫”估值。

［57］同［48］458；Leo Panitch and Sam Gindin, *The Making of Global Capitalism: The Political Economy of American Empire* (London: Verso, 2012).

［58］同［48］458，459.

［59］马克思，恩格斯．共产党宣言//马克思，恩格斯．马克思恩格斯文集：第 2 卷．北京：人民出版社，2009：52—53.

［60］马克思．法兰西内战。国际工人协会总委员会宣言//马克思，恩格斯．马克思恩格斯全集：第 17 卷．北京：人民出版社，1963：331—389.

［61］请参见：Musto, *Workers Unite!*, pp. 30—36.

［62］同［13］507—509.

［63］同［60］361.

［64］如《哥达纲领批判》；后者是 1875 年制定的社会主义运动的统一文件，马克思做了“旁注”，由恩格斯于 1891 年出版，作为把现在统一的德国社会主义党同“马克思主义”纲领结合起来的一个项目的一部分（马克思. 哥达纲领批判//马克思，恩格斯. 马克思恩格斯全集：第 19 卷. 北京：人民出版社，1963：11－35）；也可参见：Richard N. Hunt，*The Political Ideas of Marx and Engels*，vol. 1：*Marxism and Totalitarian Democracy*，*1818—1850*（London：Macmillan，1975），pp. 284－336.

［65］同［59］53.

［66］请参见本书第五章“资本主义与革命”以及第六章“剥削与异化”。

［67］马克思. 路易·波拿巴的雾月十八日//马克思，恩格斯. 马克思恩格斯文集：第 2 卷. 北京：人民出版社，2009：540－559.

［68］关于这部分内容的详细探讨，请参见：Terrell Carver，“Marx's *Eighteenth Brumaire of Louis Bonaparte*：Democracy，Dictatorship，and the Politics of Class Struggle”，in *Dictatorship in History and Theory*：*Bonapartism*，*Caesarism*，*and Totalitarianism*，eds. Peter Baehr and Melvin Richter（Cambridge：Cambridge University Press，2004），pp. 103－128.

第五章　资本主义与革命

马克思被公认为迄今为止最伟大的——从最彻底的意义上来说——资 113
本主义批判家。但这并不表明，今天的大多数人都接受了他对（资本主义）的系统批判，甚至也并不表明他对（资本主义）的系统定义和特性描述一开始就很有价值。到目前为止，本书对马克思的研究方法一直是找寻他在他的那个时代与今天的我们所使用的那些相同概念：阶级、历史、进步、民主、社会主义[1]。这种方法违背了这样一种假设，即马克思之所以有趣，是因为他自己——以及其他许多人——以这样或那样的方式精心挑选出了一位与众不同的马克思主义者，从而“造就了马克思”[2]。后一种策略的缺陷不在于它把马克思历史化了——毕竟，他本身就是历史的——而在于它疏离了我们，也使得他的政治变得隐晦不明。正如我们所看到的那样，他的政治（活动）推动了他的著作的传播。这些著作是对志同道合的革命者的联合活动的干预，旨在唤醒那些过去或将来都是自由民主的志同道合的公众（至少在某种程度上是这样）。正如前几章所指出的那样，在 19 世纪 60 年代之前的德国，任何程度的自由民主都是革命性（或者至少是高度可疑）的，可能会受到骚扰和惩罚。事实上，继 19 世纪 40 年代社会主义政党在德意志帝国再次被定义为非法政党之后，在 1878—1891 年，妇女参加政治会议也被认为是非法的[3]。

因此，马克思与他同时代人所分享的东西——并且仍然分享给我们的东西——似乎是一个适当的、现实的和富有成效的起点。作为一种特定的
实践和经济体系，资本主义（一般来说是没有争议的）现在纯粹作为一个 114
描述性的术语。它肯定已经变成了一种语言，即使在今天的大多数经济讨论中，我们常听到的是“自由”市场、交易员、投机者、投资者、储户、亿万富翁、“高净值个人”、企业家、风险资本之类的术语。将一个系统分解成日常的话语有一定的政治意义，它可以使读者看到，这些术语和实践

是为了在日常活动中获得相互联系。微观经济学的“基础”就从这里开始，通过构建精确的和数学操作性定义、理论和政策建议来提炼和重新定义这些日常用语。这些日常的微观经济“基础”是价格、效用、边际性、偏好、储蓄、投资、流动性、利润、支出和消费，上升到货币政策、财政政策、银行间贷款利率、GDP、经常账户和资本账户“收支平衡”，以及品质较好的新闻媒体所认为的将被理解的类似概念。

在作为激进主义分子接触“社会问题”的理论生涯中，马克思所使用的有关经济系统的术语有所变化。他早期使用的是“市民社会”这一概念，尽管他使用（和黑格尔使用的）这一概念意指“公民社会”（或资产阶级社会）（*bürgerliche Gesellschaft*）或通常被译成英语的“资产阶级社会”（bourgeois society）。但是，现在很难在非马克思主义者中找到这一惯用语——“资产阶级社会”。英语中的另一种说法是市民社会，它最初意味着自发的（行为）或“第三行业”，也就是说，经济活动既不是国营的和公共性的行业（雇佣公务员或公职人员），也不是私有行业（在商业和营利性企业雇用工作人员）。或者，用更为20世纪的后马克思主义的说法来说，市民社会包括商业、营利性企业，但不包括国营或国家管控的活动。因此，当今对这一概念的用法有些模棱两可、令人困惑，因为我们不清楚这一概念到底是仅仅意味着自发性组织，还是也包括私有企业。当然，从历史的角度来看，市民社会意味着什么是市民的，而不是宗教或军事权威及相关活动的；然而，这些“国家的”活动是通过税收、救济或纳贡等资金支持的。因此，市民等于平民（庶民）。在德语国家中，“市民的”意味着“资产阶级的”[4]。

“资产阶级社会”在从德语“*bürgerliche Gesellschaft*”翻译成英语时仅借取了一个法语词，而该词在风格上暗含暴发户、庸俗的意思。这反映了
115 当时法国在单纯的商业活动上，对贵族进行的美学和道德评估。与黑格尔同时代的德国人和与马克思同时代的德国人对这两种观点进行了反驳，从一方面来说，都反映了反对商业势利并区分商业活动；从另一方面来说，都反映了国家/军队/宗教/贵族机构。然而，马克思的“资产阶级社会”这一概念并未被用来贬低或确认某一阶级与好或坏的品质或品德的关系，而只是用来区分一种不同于（只是“生物性”）家庭生活与（更“理性”）国家和教会官僚主义的社会“秩序”。而在德意志语境中，它和明显“肮脏的”商业活动连接起来，而那些商业活动在商品和服务中引进动力驱动的工业流程和大幅提高生产潜力，并通过贸易和加工进行牟利。

一、与政治经济学的实际接触

在早期的新闻工作中，马克思强烈争辩道，当时的政府至少应为那些“人为造成的”穷人承担一些责任（考虑到这是人类的经济活动而非某一“自然”的过程，以及“罪有应得”或无法控制的命运所导致的）[5]。另外，经济活动本身是“人为的（活动）”，因为这种活动的发生、改变和发展都是由人类活动所引起的。理解这些需要审查和判断，而不是仅凭情有可原的无知或顺从。马克思似乎在1843年——正如他所说的那样——通过接触科隆的《莱茵报》中那些具有商业头脑的编辑和商业支持者，并遇到了令人苦恼的“物质利益”问题之后，理解了这一点[6]。

从直觉上看，马克思似乎将自己定位于编辑集体中较为激进的一边，并通过力推“社会问题”，让该报刊的管理层——且最终让自己——陷入困境。而该集体中不那么激进的另一边只力推“贸易问题”[7]，他们宣称，国家对此完全感兴趣并不是出于收税或教化管制的目的。1843年3月该报刊被查封后，对于马克思来说，需要改变的不是继续对黑格尔哲学的接触，而是集中学习法国和英国的政治经济学，并通过运用黑格尔的方法将这些材料融入其哲学化的“秩序”阶级结构。在《法哲学原理》（1820）中，116
黑格尔明确表明，这个理想版本介于中世纪“秩序”或“产权”和更现代的参与商业活动的“市民”个体概念之间——尽管是在国家所定义的“企业”而非在“自由市场”的企业结构中[8]。

当青年马克思有机会接触黑格尔用法语所写著作的原始材料时（当时的黑格尔和马克思都不会英语），他实际上通过黑格尔的文章和备注了解到了一些政治经济学家，其中包括：皮埃尔·布阿吉尔贝尔（Pierre le Pesant, sieur de Boisguillebert, 1646—1714）、詹姆斯·斯图亚特爵士（Sir James Steuart, 1712—1780）、让-巴蒂斯特·萨伊（Jean-Baptiste Say, 1767—1832）、亚当·斯密，等等。但是，马克思迅速地从中获得了一些更为简洁有趣的“政治经济学”结论。恩格斯撰写了一篇关于政治经济学批判的短文，并于1843年11月提交给马克思（和卢格联合）主编的《德法年鉴》第一期（合刊号）[9]。

政治经济学是关于经济问题的描述性和评价性的文献（literature），其历史可以追溯至17世纪。在当时它是使用治国术的体裁写成的，因此带有顾问性风格。当然，这种风格假定有些统治者可能会对建议感兴趣以及他们的国家足够强大，并且出于对财富的渴求，能够参与扩张。在那种情境之下，贸易创造财富（而非简单通过等价交换）这一观点本身就存在争议。对此，人们普遍表示怀疑，并且摒弃基于经验、哲学和道德上的考虑。此外，金钱和财富的关系总是带有一些神秘的色彩（如果考虑到它和借贷与利息的关系），也会让人有点厌恶，基于传统宗教有关高利贷教义以及它们与古希腊时期亚里士多德对“用钱币生钱币”的怀疑相吻合这一看法[10]。

当时有——现在也有——这样一种政治科学：社会科学是不是“政治经济学”或——像现在一样——仅仅是“经济学”。同样，回到上文我们对历史的探讨[11]，有一个问题值得思考（现在也是如此），那就是关于在更广义的政治社会和社会生活中现行实践的延展性问题。反过来，这个问题在如何最好地简单地呈现当今的实践究竟是什么时，观点不一。那些从历史角度出发的人，通常认为现代财富生产和资金积累实践是现代、文明和进步的标志，与野蛮、落后和退步形成对照。那些不关心这一历史问题
117 的人，明显非常乐于见到那些看起来可以展示当前商业实践永恒性和自然性的童话。在《国富论》中，亚当·斯密虚构的“猎人”通过以物易物的方式，用海狸换取长颈鹿，发明钱币后，这一缓慢而复杂的做法才变得高效起来。另外，也有一些其他类似的故事，如《鲁滨孙漂流记》或那些“假设性的”（just-so）解释和辩解性的体裁[12]。

然而，马克思并未简单地与其自身的观点相争论，并以其他政治经济学家那样的方式进行创作，因为为了确定这些问题和争论的确切要点，他并未充分地阅读原著。不过，很明显，他怀疑他们在倡导一个新的商业和企业阶级时持有政治偏见。恩格斯的总结性描述在对待政治经济学“基本原理”上是非常有用的，他的短文用大篇幅的德文说明了这一问题。更巧妙的是，恩格斯得出了关于“社会问题”的结论以及关于政治经济学的政治，而不仅仅是作为个体的政治经济学家的政治。这些结论反映了马克思本人在关于资产阶级“物质利益”问题方面的经历，以及他在阶级分裂和工业化的社会环境中所面临的苦难。后来，马克思将恩格斯的文章描述为“鼓舞人心的”，并立即起草了一份“政治经济学批判”的计划，因此，恩格斯的著作所起到的直接鼓舞人心的作用是非常明显的[13]。

1844 年，马克思对恩格斯文章的总结或概括被收录于他的“经济学哲学笔记”① 之中，这些笔记主要是他当时阅读（通常是法文或德文的）政

① 《1844 年经济学哲学手稿》。

治经济学著作时所做的摘录和笔记[14]。实际上，恩格斯不仅仅向马克思提供了可用的“基本原理”，还有——用恩格斯自己的话来说——当时情境下共产主义的政治“立场”。在这种语境中，共产主义仅仅意味着对私有财产的批判和在未来某个（或多或少在某种特定意义上的）特定时刻将之废除。共产主义者的另一种方案是普遍的公共财产——同样，从某种意义上说，这取决于是哪个共产主义作家在思考这些问题。实际上，马克思所遇到的“所有”的共产主义作家都不能令他满意（他们要么太过含糊，要么太过具体）。因此，他开始对构成观点和定义的“概念”（tool kit）进行详细的研究。

在《弗里德里希·恩格斯〈国民经济学批判大纲〉一文摘要》中，马
克思开篇就摘录了“**私有制**。它的最初的结果：**商业**：和一切活动一样， *118*
是商人收入的**直接**泉源”[15]。在接下来的一句话中，他从商业到价值来追溯政治经济学，并深入分析实际价值或效用（某物对个人的实际用途）和交换价值，他将它与——通过政治经济学中的另一种解释——价格联系起来。他指出，这些并不等于生产成本，否则，就没有“获利”或利润可言。而且（或许令人感到疑惑的是），他评论道，“只有能够垄断的东西才有**价格**”。但对于当时的马克思而言，私有财产——作为起点——首先是对某些事物的垄断控制，它在排斥他人的同时也让一些人拥有特权。从那以后，马克思的笔记变得更像是提出问题而非下定义。实际上，他在理解资本与劳动、利润与资本，以及利息与利润之间的关系方面设置了难题。关于利润，他很快得出结论说，它“是资本用来衡量生产费用的砝码”，并且是“资本所固有的”。他对工资和生产成本之间的关系感到惊讶，并总结指出，“人的劳动分为劳动和资本”，这和恩格斯对科学的概括解释一样[16]。

卢格和马克思所接受并发表的恩格斯的实际文本，在很大程度上是一种政治化、道德化的宪章派的新闻修辞风格，而恩格斯对于这一类型作品的写作手法是相当娴熟的（super-adept）。他开篇就将国民经济学和商业扩展、机器生产联系起来，并指出这一（商业）活动和科学产生于“彼此妒忌和贪婪”，而且“带有最令人厌恶的自私自利的烙印”。在该文的结尾处，他明确指出，“我希望不久能够有机会来详细地阐述这个制度的极端的不道德，并且无情地揭露经济学家们在这里表现得十分出色的那种伪善”[17]。总体而言，恩格斯将生产和商业国际化的历史与伴随着这些而发展的国民经济学联系了起来。

值得再次指出的是，政治经济学是由其实践者在政治框架内构想出来

的治国之道，因此，治国之道在其实践中应成为经济的，这当然包括废除那些管制和约束“自由贸易”的中世纪精神（无论是国内的还是国外的）。在 19 世纪末，经济学和政治学的分离还未发生，实际上现在普遍存在的独
119 立的政治学应当引起注意，因为这些学术问题具有非常实际的政治后果。事实与价值的区分、肯定与规范的区分、科学客观性与政治偏见的区分，以及将一些假设、推论和真理从批评和否定经过分析的、社会实践的、关于政治或实际的道德后果的问题中区分开来，这些本身就是政治运动。无论政治经济学家是不是重商主义者，提倡以它国为代价积累本国财富；或者无论他们是不是“自由贸易者”，提倡竞争市场贸易以获取个人的共同利益，恩格斯的观点都彻底地批判了这二者的共同（理论）基础：资本作为货币财富的积累，允许有产者以牺牲那些遭受个人和世代不平等（包括赤贫）的雇佣劳动者为代价而获利。因此，对于恩格斯而言，政治经济学是一种伪善的“科学”，通过这一“科学”，这些不可接受的后果被遮蔽了，或者从表面上得到了“证明”。

二、马克思之后

在任何武力占据或气候变化的抗议活动中不难找到类似的观点，尽管正如上述恩格斯的——最终也是马克思的——道德性描述很容易被视作马克思主义的观点而遭到摒弃，因为它们与 20 世纪全球“大国”和政治意识形态之间的斗争、失败、纯真和荣誉产生了共鸣。或者，相对于上文所概述的政治经济学，现代经济学被强制以经验/统计的术语描述经济事实，从这些术语中，道德化的判断可以转向政策，无论从某种意义上说是改良的或是革命的。但就直接应用——从马克思的文本和思想转移到当前对资本主义的理解——而言，存在着一种反向的不合时宜性（anachronism）：过去所使用的术语，即政治经济学，不是现在所使用的术语，即现代经济学。

换句话说，这里的困难在于，我们可以阅读到马克思在《资本论》第一卷和其他著作中对资本主义生产模式的批判分析，但我们会发现他的术语风格会令人感到非常沮丧。这是因为，从 19 世纪 70 年代开始，通过边际革命，政治经济学转化为现代经济学的时间迟于他著作的时间，但是，这在很大程度上控制了我们对他——和我们——所共同面临的那些问题的思考。此外，任何直接将马克思与我们自己联系在一起的尝试，都会被另
120 一个幽灵（马克思主义经济学）所缠绕。这种混合形式的经济学试图在现

代经济学和马克思的政治经济学批判之间做出精确而又科学有力的转换。在此，要想弄清楚这一点，一个可能的策略是使我们的注意力回归到作为一个系统的资本主义制度之中，即回归到我们首先想要谈论的东西之上。

马克思在其一生中形成了他本人对这一问题的看法的独特术语，首先（正如我们在上文中所阐述的那样）是公民社会/市民社会/资产阶级社会（*bürgerliche Gesellschaft*/civil society/bourgeois society），然后是现代资产阶级生产方式（*bürgerliche Produktionsweise*）或资产阶级生产关系（*die bürgerlichen Produktionsverhältnisse*）。但是，我们还应当注意到，英语中的“资产阶级”这个外来词汇所包含的含义与德语中的“市民”（*bürgerliche*）这一概念的内涵不同：前者所暗含的商业可能一样或比后者还要强。马克思改变了他将使用哪些政治经济学的基本概念来组织其对政治经济学的批判和他将以何种顺序来使用这些基本概念，以及他所计划的对政治经济学的批判如何书写成册的问题的看法：首先是1859年写成的对政治经济学批判的半卷手稿，后来是一个被删减了的系列的第一卷[18]。但是，他肯定将他眼中的当代理论家视作在一个统一的体系中工作的人。到《资本论》（1867）第一卷出版时，“资本”一词作为一个中心的组织概念——并且是主要的攻击目标——已经变得十分清晰。马克思在《资本论》第一卷中的开场白——“资本主义生产方式占统治地位的社会的财富……”[19]——也很清楚地说明了与这一概念相关的社会的历史性差异。当然，这两种措辞——“资本和资本主义”——是同时存在的。但如今人们所熟知的（英文的）“资本主义”（capitalism）一词似乎直到19世纪70年代末才出现。因此，在马克思出版《资本论》第一卷时（德文的）“资本主义”（*Kapitalismus*）一词其实并不流行。无论如何，这个词的发明旨在促进马克思所倡导的通过激进主义来批判和谴责资本主义的实践。

自马克思所处的时代以来，作为一个概念的“资本主义”已经变得更加具有描述性，即使这种描述性用法明显倾向于遮蔽马克思所关注的历史问题。也就是说，构成这一制度的实际特征是否源于人类在历史上自行发挥作用的永恒性（除非受到压迫）的一面？或者，这一制度是将文明的/进步的/现代的/民主的社会同落后的/原始的/独裁的/倒退的社会区分开来的？这一制度本身是否仅仅是为了某些人，或是仅仅为了那些“勤劳的和 *121*
有理性的”[20]人，或是为了任何人，或是为了“整个星球”而朝着更加美好的未来发展（除非受到压制）？这一制度是否需要政治保护，或者平衡调整，或者改良，或者危机过后的突然干预，或者危机防范措施？在什么时候“修复系统”会破坏这一制度？或是把这一制度变成别的东西？这些决定是否完全是政治决定，或者仅仅是“从科学的角度”就可以做出的技术决定?

对于马克思而言，他的世界不仅简单得多，而且他所要做的工作也不是上面提到的任何一项。他的激进主义必然是政治性的，正如政治经济学家所做的工作一样，因为他们必须使国家和政府——正如他们所做的那样——相信，那些关于货物和劳务的生产、消费、流通和交换的真理与治国方略有关，而且，从某种程度而言，他们必须决定采纳和实行哪个思想派别、哪部论著以及哪个个人的观点和建议。上文所详细说明的问题和疑虑之所以存在，是因为那场对资本主义的战争持续了100年的时间，并且我们今天仍然认为，“笨蛋，重点在经济!”[21]。

因此，在19世纪70年代，战场果断地偏离了马克思的批判，但这并不是因为它通过以阶级斗争和工人阶级激进主义的概念方式来处理“社会问题”[22]。相反，这一转移是在经济学从方法论和概念上从政治经济学转向经济学时发生的，因此——必然地——偏离了马克思批判中最具体的专业性术语，以及与他和他的“思想”联系得最紧密的相关的详细论点和主张。马克思对政治经济学的批判是内在的：它是在政治经济学家所设定的术语范围内进行的，并作为他们辩论和分歧的主题和基本假设。政治经济学家和马克思是在“自然科学”的框架下，从方法论上对这些术语进行处理的。从中世纪和古典文献中流传下来的这些假设和概念，从根本上说是一种叙事活动（narrative exercise）。这一做法是对财富和价值等一般概念的探讨，以便为涉及贸易和货币的活动提供解释（并制定规则），无论其道德语境是爱国的国家建设还是个人主义的市场交易。

财富是主要问题：它到底来自土地还是劳动?如果是前者的话，那么财富是否最终来源于一种稀缺但本质上又极其有限的（租金）资源?如果是后者的话，那么劳动者的诚实劳动与工厂所有者的利润又有何关系?更
122 确切地说，当货币财富以任何一种途径进行积累时，它是来自作为平等交换价值的中性媒介的硬币或纸币吗?如果不是的话，那么它是否源自必然不平等的价值交换?如果是的话，那么有什么理由要这么做?正如我们所指出的那样，亚里士多德以及深受他影响的宗教和世俗思想家，都对财富是在“用钱币生钱币”（贷款利息）这一正当的过程中产生的观点表示怀疑。但是，支持货币流通、风险投资、多元化商品和服务，以及不断改进生产的政治经济学家往往采取相反的立场。他们主张，企业激励、利润再投资于一些生产效益更高的企业，以及作为一种生产性服务的信贷可随时获得，这是一个事实，也是十分必要的。

经济学中的边际革命通过取消辩论条款，从而脱离了这些问题。价格仅仅是价值，或者更确切地说，任何与价值相关的问题都只是哲学问题，非常具有科学意义，相比之下，相关的概念是价格，毕竟是经验的（现存于市场中的价格）和数值的（这让一种完全不同的方法蓬勃发展，即定量分析）。随后，通过市场交易的贸易很容易得以解释，以货币形式进行的财富积累被认为是符合逻辑的、有利的结果。哲学问题只出现在哲学而非经济学的讨论中。经济讨论是从对个人和效用偏好（utility-preferences）的抽象而“日常”的假设出发的，而不是从产生非目的性的道德问题的辩论开始的——这是为了接受而非探寻市场关系的真实性。从现代经济学的观点来看，社会并没有自然或必然地被分成大地主、小产权制和劳役的“秩序”或阶级；社会是由个人所组成的，他们使用和交易资源以便能够获取更多（至少在原则上是如此），或者作为一种启发式的方法和社会理想而存在。然而，我在这里所讨论的重点并不是评判任何一种框架——政治经济学或现代经济学——的优点或缺点，而是强调二者之间的不可通约性（incommensurability），以及考虑到完全不同的假设在理解马克思的过程中所出现的相互交流和翻译的困难。

而且，边际革命脱离了马克思批评思想中的概念，他本人——当然还有许多其他的评论家和批评家——把这一批判思想视为马克思主义和马克思主义经济学中最鲜明的马克思式的构成要素。在对政治经济学的批判过程中，马克思赞扬了政治经济学家所设置的一个重要问题——当货币交换 123
在理论上是平等价值的交换时，利润从何而来？为了提供一个好的回答：从某种程度而言，劳动必须是价值的重要组成部分，而且——正如马克思所独特地主张的那样——实际上是“剩余”价值的生产源泉。在货币交换体系中，利润就是从这些价值中产生的。边际主义者以及大多数现代经济学家，仅仅只是拒绝接受利润本身就是一个问题的观点，而不是在他们的体系内部的假设，或者（我们可以说）是用来探讨生产、消费、分配和交换时在一个目前毫无争议的货币基础上进行的一种新的“范式”[23]。以那种方式为前提，他们通过提出实际问题而非哲学问题，从而产生了一种社会科学。相比之下，马克思被塑造为已经过时的形象，且明显带有政治色彩（而非“科学”色彩）和非数学色彩（实际上并非如此）。在马克思主义经济学中，折中的方案是通过可量化的代理来论证马克思有关劳动、剩余价值、价格和利润的观点，从而得出一个政治结论：雇佣劳动者受到剥削——而非公平对待——而且资本主义本身无法消除这种剥削，因为这个系统的结构是为了降低劳动等生产成本，以促进资本积累和生产性投资[24]。

三、马克思的批判

然而，为什么马克思经常会被认为是资本主义社会，尤其是资本主义制度最彻底的批判家，并把对资本主义的批判理解为一种全球经验主义的现象和全球政治实践主义的目标？令人惊讶的是，这又把我们带回到资产阶级或商业阶级，以及作为震撼世界的历史行动者的马克思和恩格斯在《宣言》中所描绘的令人难忘的画面之中[25]。正如作者所述，整个城市曾经是并且现在也是，从地底下冒出来的，随着科学技术的产生和发展，在较少的劳动力投入的情况下产生了大量的新产品，所以，几乎所有的东西都被改变了，尤其是法律和政治体系、宗教和道德、艺术和科学。近些年来，这一文本被公认为是对全球化的基础性描述，尤其是它将商业的发展和金融化描述为一股席卷全球的、势不可挡的、自我定义的渐进式发展的力量[26]。市场经济所带来的好处是能生产出廉价的必需品和意想不到的奢侈品，这当然值得赞颂。但是，如果我们把这些对市场经济的益处进行描绘的段落从特定的语境中单独提取出来，那么它们无疑是一首对资产阶级的虚拟赞歌（virtual hymn）[27]。

124 当今许多对全球化现象持批评态度的人——我们不一定知道他们——把对资本主义的批判视为一种对历史过程的批判，其理解方式与马克思和恩格斯的理解方式非常相似。在《宣言》中，马克思和恩格斯指出，文化和传统、政治和经济体系，几乎无力抵抗商业化的力量。廉价商品驱逐了当地的生产商，反过来，它又同样让当地的消费者产生了更多的需求，使得这些消费者无法享受先前的货源并且恢复先前的消费习惯。市场力量和金融危机造成了生产和消费的不稳定，导致了失业和贫穷。这一制度倾向于将大量财富集中于极少数人的手中，并使得社会中——大多数人（甚至是最贫困的人）——的不平等现象不断加剧。政客们和政治体系宣传虚伪的灵丹妙药，他们声称，“我们都深陷其中”“别无选择”，那些获得高薪和资金奖励的人（循环往复地）是（财富的）“应得者”且在道德上受人敬仰，而那些低收入人群（循环往复地）是（财富的）“不配者”（underserving）且在道德上低人一等。根植于自私的个人主义，资本主义通过自私的“私有”个体在集体提供的利益上产生了“投机取巧”，而在“集体行为的问题”上则相反：自私的个人不会为了集体的利益而牺牲其“私人”的利益。当出现全球性的气候变化和生态问题时，这些都是常见的论断。或许这一切当中最糟糕——同时也是最马克思式——的控诉是，主张代议制自由民主与资本主义相一致，以至于金钱主宰了一切，正如美国讽刺作家威尔·罗杰斯（Will Rogers，1879—1935）关于美国的言论，“我们有（用金钱可以买到的）最好的国会”（We have the best Congress money can buy）[28]。这当然是趾高气扬地为资本主义所做的自由政治辩护，也就是说，货币交换和消费者的选择是个人自由的范例，没有这些，民主就会被完全颠覆[29]。

总而言之，正是由于采取了一种全球性的视野和一种历史主义的方法，马克思和恩格斯把资本主义视为一个历史过程，并且把对资本主义的批判视为一种政治批判，其具有非常重要的价值。这一历史主义的方法削弱了这样一种观点：历史制造的任何恶果，即使方法不同，地点也不同，“人性”都是不可改变的原因；或者，史诗般的历史巨变必定是不可能的，因为资本主义显然是一种决定性的历史变革，它在很大程度上消除了前现代制度。然而，将一个历史进程描述为商业阶级的崛起，以及与之相伴而生的资本主义制度崛起的观点，与认为资本主义是一种具有内在逻辑体系 125
（运用哲学的分析可以揭示这种逻辑）的观点是截然不同的。现代经济学基于个人积累的边际效用以及国家税收、货币和财政政策、市场监管和危机管理等综合概念，已经预先消除了其内在逻辑的概念，将该系统视作或多或少经验的（通常是历史的），仅仅作为它目前可观察到的、内部相互关联且相互交错的各个部分的总和。在马克思看来，这些经济活动全都是“表面”的现象（即使它们的关系错综复杂），需要对其进行更加“深入”的探索和政治批判。

但是，对于马克思而言，这些错综复杂的东西并不仅仅是系统本身的组成部分，而且是系统逻辑从更深层次的现象到表面现象的运作方式。他努力从“表面”的观察中推断并解释了这一逻辑，但在他对商品、货币和资本这些概念的漫长分析中，这种逻辑已经存在了，它们之间的关系是从必要的真理中推导出来的——他如是说道。这包括关于劳动的真理，特别是关于劳动力（labour-power）的真理（这是他对政治经济的独特的概念性修正）以及关于交换价值的真理（他把它视为我们所观察到的价格的调节器）。实际上，这种观点认为，在看似无法解释或随机出现的现象中，稳定性是概念推理所能揭示的“更深层次”过程的结果。对于马克思而言，现代经济学看起来更像是在做一种毫无用处的归纳练习，它只是用更加复杂的表述来描绘表象中的相互关系，而不是从本质上对其进行解释。鉴于此，现代经济学对他而言——正如今天它对许多批评家而言——更像是一种社会科学，它完全或在很大程度上是富人和权贵的同谋，或者是一种抽象的以自我为参照的方式，它与真实的人类现实并无可靠的联系[30]。当然，这些都是当前的批评，但从马克思的角度来看，马克思很可能也会提出这些批评。事实上，他对当时的政治经济学家，特别是穆勒的评论，也是如此[31]。

然而，众所周知，马克思在生前公开发表过的批评文献是非常难读懂的。出于当前的目的，我们也很难将其理解为一种政治干预，至少第一眼看过去（众所周知，正如许多读者对《资本论》第一卷的理解一样）是如
126 此[32]。在 19 世纪 40 年代，马克思所发表的文章和用法语独自撰写的旨在影响整个欧洲的著作（《哲学的贫困》），使得这一情形略显清晰。他的德语文章是对遭遇严格审查和非常危险的世界的政治干预，在这个世界里，辩论是以代码（code）进行的，而且在很大程度上受到听众的限制。虽然马克思在《资本论》之前的一些著作中非常直接地进行问题辩论，例如关于新闻出版自由的辩论以及（同蒲鲁东）关于个人的辩论，但他的其他一些著作更主要的是在当时的政治语境中处理“黑格尔问题”，（除了对其他青年黑格尔派）其结果当然是晦涩难懂的。可是，自 20 世纪 30 年代以来，当然也自 20 世纪 60 年代以来，马克思这种带有“黑格尔风格”的著作和手稿变得非常有名（至少在学术界中和哲学圈内是如此）。马克思主义的政治追随者，无论是苏联人、中国人还是其他国家的人，很晚才对马克思的这些早期著作感兴趣（因为当时这些著作并不被认为是马克思主义的典范）。究其原因，部分是因为马克思的这些早期著作本身的难度，这既源于读者对英语世界中的黑格尔哲学学派的不熟悉，也源于马克思哲学思想本身的复杂性。对于学术读者而言，在德国唯心主义内部及其反对者的立场上，部分接受这些令人晦涩的观点是相当令人吃惊的，这与理解《资本论》第一卷的困难（至少对哲学家来说是这样的）形成了鲜明的对比。无论如何，正如上文所提及的那样，20 世纪的经济学家（除非是公开的马克思主义者）通常不屑于书中的具体内容和对其做一个整体的评价。

简而言之，除了人们口头上表示《资本论》第一卷是马克思重要的系列代表作中的第一卷之外，这部著作在马克思的全部著作中的被接受程度和使用情况并不是很好。但是，为了把握马克思依旧备受争议的观点，即资本主义是一个具有内在逻辑的系统，我们需要制定一种阅读策略，以帮助我们理解他这部最彻底、最详尽的著作。我们知道，这部著作有三个德文版本（1867 年和 1872 年）和一个法文译本（1872—1875）。在《资本论》第一卷法文译本中，他做了大量实质性的修订，这反映在该著作的德

文第三版（1883）中[33]。

四、学者与层次体系

作为一名激进分子，马克思有着广泛的干涉主义策略。这种激进主义通过我们所收集到的他的著作渗透给我们，但这些著作的大部分原则和“现时性”（of the moment）已不复存在。马克思所撰写的报刊文章几乎没 127
有受到非常认真的对待，即使其中大部分都是用英文为美国的报纸杂志所撰写的。这其中偶尔会有一些主题类的著作（而不是类似于日记类的著作），如《论印度》（On India）和《论爱尔兰》（On Ireland）。在我看来，和《资本论》第一卷（以及之前为《资本论》的写作而做的笔记和手稿、在马克思逝世后经恩格斯整理编辑出版的《资本论》第二卷和第三卷）一样，马克思所做的新闻工作以及他发表的报刊文章本身也是一种对作为一种制度的资本主义的批判。如果我们以1857—1858年的经济和金融危机为例，就可以清楚地感受到资本主义制度的内在逻辑是如何在阶级分裂的社会中发挥作用的，因此，就阶级斗争而言，我们也就能清楚地感受到它的政治潜力。但是，我们不能从马克思所出版的《资本论》第一卷或他所发表的报刊文章中得到的是，他的理论在事件所发生时的公式化应用，以至于已经发生的和未发生的事件都不能验证某一预测性的理论。更确切地说，我们得到的是一种坚定的判断，即资本主义是一个系统，它有其自身内在的逻辑，经济和金融危机很好地证明了这一点，因为它们本身是这一系统所无法避免的而且是内生性的，就像恩格斯在其早期著作《国民经济学批判大纲》中所指出的那样。

在与恩格斯的通信中，马克思生动地总结了他在报纸上所阅读到的东西：“伦敦的金融恐慌近日来缓和了一些，但不久就会重新开始……但是另一方面，英格兰银行的以百分之十的利息为最高限度的贷款（用第一流的有价证券作抵押的）使得有可能做成一大批交易，而这些交易最终还是会引向再度破产。”[34] 在接下来的几段论述中，马克思依据资本主义制度的内在逻辑，建构了一个似乎可信的历史序列。他指出，“与历次危机不同，现在在某种程度上还在伦敦维持着所谓金融市场的，是一些实际上只是近十年来才得到发展的股份银行……如果现在这些银行中有一家破产，那就要普遍地闹起来”[35]。然而，这一内在逻辑既不是因果性的，也不是按时间顺序进行的：“所以非常遗憾的是，英国皇家银行破产过早了。”[36]

就在同一时期，在马克思为《纽约每日论坛报》(*New-York Daily Tribune*) 所撰写的一篇文章中包含了更多的理论（一些与恩格斯通信时不
128 必要的或简单假设的东西)：“但是，尽管有过去的一切教训而危机仍然在经过一定时期后有规则地重复发生这一事实，使我们不能把个别人的轻率冒失看做是造成危机的终极原因。如果在某一个贸易时期终结时，投机表现为直接预报崩溃即将来临的先兆，那末不要忘记，投机本身是在这个时期的前几个阶段上产生的，因此它本身就是结果和表现[37]，而不是终极原因和实质。那些企图用投机来解释工商业之所以发生有规则的痉挛的政治经济学家，就好像那个如今已经绝种了的把发寒热当做产生一切疾病的真正原因的自然哲学家学派一样。”[38] 然而，回到《资本论》第一卷上，它的体裁和措辞——至少在开篇和整个理论部分——是完全不同的。与构成新闻报道的经济危机事件不同，马克思批判的对象（资本或者说是资本主义）本身就有点难以理解。他是在用“政治的”术语反对资本主义生产方式占主导地位的社会，还是在用“科学的”术语反对他所描述的有关这一社会的抽象理论，即政治经济学？不同于某些现代经济学家否认现实中的人类思维和行为与抽象概念之间的任何必要联系（并且通过抽象的概念，人类的行为可以被理论化并得以解释)，马克思显然认为，政治经济学中的理论概念是其试图描述、影响并在许多情况下为之辩护的社会的构成部分(至少从某种程度上来说是如此)。这意味着我们可以把《资本论》第一卷的论述放入述行性（performativity）的框架之中，使政治经济学的术语——商品、货币、资本——除了在实际的社会活动中被重复使用的现实和其他类似的概念（这些概念正是用政治经济学的术语来进行理解的）在实际活动中被使用的现实之外，没有其他别的现实。也就是说，我们知道货币是什么，因为我们在现实中看到别人以实际的方式在使用它，因此——在做这些实际的买卖过程中——他们正在用一种“死的”金属或纸制品构造一个强有力的现实（也就是我们所经历的社会现实)。马克思的共产主义/社会主义政治必然强调工人、潜在的工人以及依赖他们的人的消极经历。马克思已经颠覆了一种普遍的经验主义，通过这种经验主义，概念仅仅指称物体本身，例如，货币只是经过铸造的金属或经过授权印刷的纸张或类似的代币；普遍的理性主义则用抽象的概念来定义和解释（社会）关系，而
129 这种理性主义所指的这些关系并不是（或者说不完全是那些）现实的活动本身所涉及的（社会）关系，例如，边际效用在消费者偏好中的层次结构(hierarchy)。

从这种角度来看，《资本论》第一卷的问题不仅在于其中关于政治经

济学的内容在出版几年之后就过时了，而且还在于马克思对政治经济学批判的构思本身就非常大胆，至今仍令大多数读者困惑不解。然而，一旦克服这个开始的困难，整个（政治经济学批判的）计划的架构——至少是在《资本论》第一卷中——就会变得清晰可见。正如马克思所言，他所遵循的是从特殊单元（individual unit）到一般现象（general phenomenon）的思路，这是古典哲学中的一种普遍方法[39]。这里的特殊单元是商品，一般现象是资本。尽管这个概念发展的逻辑是典型的黑格尔式哲学，因为它将概念的发展描绘为一种抽象的“运动”，但（马克思的）文本提供了大量来自现实生活的经验例证，而非鲁滨孙式的虚构小说。这种经验性的笔记和参考资料是为了帮助读者理解正在发生的事情，并在此过程中唤起他们适当的政治敏锐性。通过这一阐述，读者将会明晰作为一种价值客体（物）的“商品”的构成性概念——作为使用价值和交换价值的解析，作为一种价值体现的货币，以及最后作为实践对象的资本。马克思以“自行增殖的价值”提供了一种描述性和解释性的论述，这一概念在数量上是无限的，但最终受制于（他努力去发现和阐明的）资本主义制度的内在逻辑[40]。

五、商品、货币、资本

马克思在其著作中称赞了那些政治经济学家所做的工作（他在进行政治经济学批判的过程中参考或综合过他们的观点），尽管在他的注释中提到了一些信息含量丰富但带有讽刺意味的内容。他赞扬那些政治经济学家察觉到（从某种程度上说）价值和利润是劳动的功能的观点。并不是所有的政治经济学家都在此基础上提出或论证了这个问题，但在马克思看来，他们所使用的各种方法都是非常肤浅的，这种方法仅仅通过观察表面现象（例如市场价格）就能简单地反映出来。他细致而又以极具亚里士多德式的方式分析劳动作为一种活动、劳动力作为一种活动的潜力，他指出，劳动力具有一种独特的属性，即延长劳动时间生产的产品比依据投入量复制其潜力再生产的产 130
品多——投入通过“‘具体化的’劳动时间”来计量[41]。

无论是被消耗的劳动时间还是“具体化的”劳动时间，在这里都是投入和产出的共同衡量标准。马克思认为，在平等交换的前提下，剩余劳动时间是利润的源泉。因此，劳动是价值的唯一来源，并且（从经济层面上）产生出剩余价值和利润。当然，随着马克思（及其读者）对表面经济现象（这种表面经济现象显然是由资本主义制度的内在逻辑所衍生和控制的）的阐述，对这一相当抽象的论述的经验参照就变得更有问题了。而劳动时间、价值和剩余价值的概念则在系统中演变为虚拟的或隐含的调控者。在马克思看来，“社会必要劳动时间”[42]（socially necessary labour-time）是价值的调控者（并由此而引起了价格的波动），而不是实际工厂中的实际工人在实际的生产和交换竞争过程中的实际的劳动时间投入[43]。

一方面，马克思通过运用观察、抽象、分析、推演和综合等方法对资本主义作为一种有内在逻辑系统的论述，遵循了其独特的逻辑道路。另一方面，资本主义作为一种制度而出现，仅仅是因为它反映了其自身的内在逻辑。任何想通过收集和分析表面现象来洞察（资本主义的）内在运行逻辑的人，例如，日常定价中的市场稳定性、异常或者周期性崩溃所引起的市场不稳定性，都不会与马克思的论述中不可观察到的“基石”有任何明显的联系。也就是说，测量工人的社会必要劳动时间产出以及“具体化的”社会必要劳动时间再生产投入——假设这是可能的——将不会告诉你任何有关该系统的东西，因为这并非劳动者和商品之间社会必要身份的内在逻辑之所在。尽管如此，当前物理宇宙学中“暗物质”理论的支持者们的立场基本一致（正如马克思对现存经济的研究一样），他们也正在寻找证据来支持他们的理论，这个理论本身也来自不可观察的事物。

尽管如此，总体而言，马克思作为一名作家——同时也作为一名讽刺幽默作家——的老练程度也产生了另一个解释性难题：他究竟在什么时候（或者说在什么地方）引用和提及了当代经济学中他所赞同的东西，以及他称赞它们所设置的哪个问题和提供的哪些解决方案？更确切地说，他究
131 竟是从什么时候作为一个坚定的批判家和当机立断的政治活动家（political activist）开始独立发声，严厉斥责政治经济学对资产阶级权力不加批判的支持态度？这里存在着两件对马克思不利的事情：他孜孜不倦地研究政治经济学为的是对其进行彻底的批判，使其走向没落，但他造成政治经济学没落的这种方式很容易被误解为对政治经济学的修正。这是一个众所周知的问题，它源自讥讽——就体裁而言——采取了谐拟（paraody）的形式。

六、评论者与批评者

毫不奇怪的是，一些评论者认为，马克思是一个次要的李嘉图式的经济学家，因为马克思在其经济学著作中的叙述风格与政治经济学家李嘉图的概念阐述最为相似。自 19 世纪 70 年代末以来，其他一些评论者或者说

是大多数读者，只是简单地认为马克思在阐述一种奇怪的错误的“观点”（或一种沉闷乏味的详细替代方案）。这一观点是在很大程度上取代了政治经济学的继马克思的著作（《资本论》第一卷）出版之后的边际主义经济学。马克思的大部分批判都是相当微妙的讽刺，并且——在 19 世纪 40 年代受到审查的青年黑格尔派的政治模式中坚持了数十年——是其激进的批判和进步的激进主义的主要模式。实际上，《资本论》第一卷中的论述性段落像一种精致的谐拟，即将政治经济学看作一种“非常直截了当”的、详尽的，但随后却产生了毁灭性的、最终相当爆炸性的政治批判的观点。这一批判的重点是其所推断出的结论，即（资本主义）系统的内在运行逻辑将产生一个不断下降的利润率，以至于特别必要的约束将会得到加强，直到必然出现一个系统性的矛盾，但从政治的角度来看，这是一个可以解决的问题[44]。巨大的生产能力将产生大量无法销售的商品，这恰恰是因为机器密集型技术取代了现有的工人以降低成本，从而使其定价更具有竞争力。但是，如果没有工人从事生产，就不会有工资，也就没有消费者，因此就会出现商品过剩。

虽然如此，从某种意义上说，资本主义是一个具有内在运行逻辑的系统这一观点并未完全消失。尤其是当危机出现时，这一定律作为一种问题的设定考虑出现，然后探寻原因，找到阻止和改良的策略。虽然引起经济灾难的原因非常不同（而且是临时的），但它却引发了一种对系统的修复 132
反应，而这反过来又以系统为前提。当然，这里出现了系统性的变化：从货币的金本位到布雷顿森林货币协定，从固定到浮动汇率，从对股票和证券的卡特尔式贸易限制到由聚合风险构成的金融证券的自动化交易[45]。

然而，如果不承诺遵循典型的马克思式的命题，即理解这种（资本主义）系统的逻辑——被揭露出来时——将在我们社会政治关系发生深刻历史变化的政治进程中发挥重要作用的话，我们也有可能认为，危机的发生是地方性的、不可避免的，甚至是不断恶化的。在他看来，这种变化本身与先前的变化是不同的，因为人类将——通过自我意识的理性决断——以社会和政治的方式控制其自身的命运[46]。或者不是如《宣言》所指出的那样，阶级斗争很可能以“斗争的各阶级同归于尽”而告终[47]。在对人类的可延展性和与之相伴随的结构的可延展性程度的历史研究中，马克思肯定意识到了退化。与“退化”一词相对应的是，无论是通过污染和变异，还是通过气候变化和水资源战争而形成的全球性的生态灾难。

应对人类问题的技术修复——应该很明显——是马克思的专长（*forté*）。在他看来，现代制造业的生产潜力由于对劳动力的剥削和周期性的大规模失业而显得毫无条理可言。但是，通过其他结构——有着完全不同的内在逻辑——人类可以以一种易于被理解的、主张平等的，进而以适当的民主的方式收获利益。没有特别的原因解释为何这种政治愿景不能应对这种污染和气候变化的客观存在性。至少，污染作为系统（的部分）——正如现代经济学家（至少有时）所认为的那种客观存在性一样——公然出现在马克思的资本主义批判之中。在考虑到恶劣的工作条件、慢性疾病和过早死亡的时候，有评论出现了[48]；在他所处的那个时代过去100年后，《清洁空气法案》才开始实质性地改善主要工业化国家的环境。作为一名激进主义者，马克思支持许多改革主义者的措施，他并不认为政治干预会使事情变得更糟，尽管其目的是让事情变得更好——这与指出其他措施可能会让事情变得更糟，因而稍不注意就会引发进步变革的观点是
133 不同的。然而，马克思也指出，改革主义失败了（或者说改革主义者所倡导的改革措施根本没有被尝试过），革命暴力出现了——这些当然并不总是会让事情变得更好[49]。总而言之，马克思（主义者）认为，人类创造产生的各种力量——非常直接地，例如通过市场化关系——控制人类的生活并造成灾难性后果。这一点至今仍然存在，我们在很大程度上仍未摆脱它们。

具体而言，马克思在《资本论》第一卷（修订版为第二版）中对上述观点进行了深刻的阐述。恩格斯（毫无疑问还有其他人）曾抱怨说，原著的开篇阐述很难让人理解，这一阐述需要进一步的扩展和补充以帮助读者理解。马克思其中的一项修正内容包括现在的著名小节《商品的拜物教性质及其秘密》①，但不幸的是，马克思所提出的论点的确切形式经常被人误解。马克思著作中的“拜物教”一词不是指后来的弗洛伊德学说的概念，而是源于一部18世纪的著作——《论物神崇拜》[50]（*Cult of the Fetish Gods*）。它的意思并不是指对某物有一种特别的性别迷恋。更确切地说，马克思所指的是一种非常具体的观点，即人类自己所创造出来的东西反过来控制人类自己的行为，例如对神灵的崇拜。这些现象已经存在，且在某些情况下已经消失或遭到否定。因此，它们在历史上是可塑的，而并不是人类社会存在的必要特征。

最初在18世纪所创造出来的“拜物教”一词将偶像崇拜作为一种社会的制度的现实来呈现，通过这种现实，无生命的物体似乎获得了有生命的力量。在马克思看来，与通过上帝的力量而运作的历史上可塑的制度，以

① 马克思．资本论：第1卷//马克思，恩格斯．马克思恩格斯文集：第5卷．北京：人民出版社，2009：14.

及普遍意义上的货币关系（尤其是钱币关系）一样，市场关系拥有判定许多人生与死的权力[51]。马克思在其著作中对宗教的大量讽刺，包括对基督教、迷信和骗术（contricks）的具体涉及，使他的观点更加生动并且鲜明起来。他认为，对市场关系的自然性、必要性和不变性信仰，以及对三位一体的商品、货币和资本的信仰，显然是非理性的。同时，他也并未天真地认为，通过（像他自己这样的知识分子）揭露出（资本主义的）非理性主义本身就足以使资本主义垮台，甚至在某种程度上改革资本主义[52]。关于各种社会形态，无论是偶像崇拜、市场崇拜，还是（作为一种没有阶级存在但生产力很高的社会）共产主义，马克思的假设都是述行性的：人们需要使之发生，政治活动作为一种干预——在阶级斗争中或通过阶级斗争——其目的是实现或者阻止其发生[53]。

七、马克思与革命

对于马克思而言，革命绝不是一种简单的考虑；但事实上，革命（在 134
马克思那里）意味着什么却从未被明确地探讨过。在这里，还存在着另一种悖论：马克思非常赞同人类历史上的深刻革命，他通过他的激进主义来提高人们对这种可能性的意识；然而，这种可能性是如何产生的，在什么地方、什么时候出现的，以及这种可能性将产生怎样的结果——据我们所知——这些问题在他那里也是开放式的。他所说的通常是“即将到来的革命”的类型，或者是“失败的革命”的类型。前者是激励性的，而非预测性的，因为那种修辞通常被用来宣称一种实际情况的存在，使听众或读者相信并使之发生，从而使之成为事实。马克思是以一位参与政治的局内人的身份，而非不参与其中的冒险做出预测的局外观察者的身份来进行写作的。这种写作方式可能更像一位社会科学家，或一位客观的新闻工作者[54]。关于“即将到来的革命”，多年来被引用得最多的例子当然出自《宣言》：“……我们循序探讨了现存社会内部或多或少隐蔽着的国内战争，直到这个战争爆发为公开的革命，无产阶级用暴力推翻资产阶级而建立自己的统治。”[55] 但是，随着马克思的早期著作《〈黑格尔法哲学批判〉导言》及其英文译本的再次发行，下面这段话经常被引用：“德国惟一**实际**可能的解放是以宣布人是人的最高本质**这个**理论为立足点的解放……这个解放的**头脑**是**哲学**，它的**心脏**是**无产阶级**。哲学不消灭无产阶级，就不能成为现实；无产阶级不把哲学变成现实，就不可能消灭自身。”[56] “失败的革命”的类型包含了一个预期的困境，即本来是对1848—1849年整个欧洲的失败的革命以及1869—1870年巴黎的失败的革命的事后剖析，但很快就转变成了对上述革命所进行的充满希望的述行性修辞模式。马克思在他1852年同时期的宣传小册子《路易·波拿巴的雾月十八日》中再现了1848
135 年的“六月起义”，但未被经常引用，却表明了一个两难的问题：应如何在描述政治失败的同时又不破坏政治事业。马克思对1848年2月发生的推翻法国国王路易-菲利普的城市起义的描述，有一个特定的结构（毫无疑问值得商榷）：“二月事变原先的目标是选举改革，以求扩大有产阶级内部享有政治特权者的范围和推翻金融贵族独占的统治……成立共和国似乎就是自然而然的事情了……手持武器夺得了共和国的无产阶级，在共和国上面盖上了自己的印记，并把它宣布为**社会共和国**。这样就表露出了现代革命的总的内容。”[57] 根据马克思的描述，我们了解到其他的政治力量——各个不同等级的有产阶级和各种象征性的承诺——（正如马克思所言）摧毁了“巴黎无产阶级”所表达的社会要求。马克思指出，巴黎无产阶级以（1848年的）“**六月起义**”做了回答，“这是欧洲各国内战史上最大的一次事变”。根据马克思的估计，以及有选择性地从新闻报道中得出的结果，他指出，“资产阶级共和国胜利以后，起义者被屠杀的有3 000多人，未经审判就被放逐的有15 000人”。无论当时的情况以及参与起义的人的下场如何，无疑都有起义和叛乱的失败，因此，马克思在进行写作时就会遭遇一个问题：“六月起义者的失败，固然为资产阶级共和国的奠基和建立准备和扫清了基地，但同时它也表明，欧洲的问题并不是争论‘共和国还是君主国’的问题，而是别的问题。它揭示出，**资产阶级共和国**在这里是表示一个阶级对其他阶级实行无限制的专制统治。”[58] 马克思确切地解释了这意味着什么，并展示了“红色恐怖”是如何被用来制造独裁统治的，以至于即使是有产阶级也会因为失去“资产阶级”自由而失去安全保障：“任何最单纯的资产阶级财政改革的要求、任何最平凡的自由主义的要求、任何最表面的共和主义的要求、任何最浅薄的民主主义的要求，都同时被当做‘侵害社会的行为’加以惩罚，被当做‘社会主义’加以指责……最后，资产阶级社会中的败类组成**维护秩序的神圣队伍**，而主人公克拉普林斯基就以‘**社会救主**’的资格进入了土伊勒里宫。”[59] 在马克思的著作——
136 《法兰西内战》中，关于巴黎城市起义的类似描述更常被引用，尽管通常是在充满希望的立场上[60]，马克思在起义的短暂结构中觉察到了未来社会的轮廓。不过，马克思擅长通过极具讽刺意味的挖苦手段，将一场惨败——在比之强得多的强者手中——转化为一场胜利。他指出：“工人的巴黎在英勇地自我牺牲时，也曾把一些房屋和纪念碑付之一炬……公社知道，它的敌人毫不爱惜巴黎人民的生命，但是十分爱惜他们的巴黎住宅……如果说巴黎工人像汪达尔人一样行动过，那末这是誓死防御的汪达尔人行为。”[61] 但是，在谈到1848年正在进行的一系列革命时，我们发现，作为一名新闻工作者/激进主义者的马克思当时所谓的“即将到来”的革命并未发生，因为在那时革命已然开始了。但革命并未明显失败，因为在正在发生的事件中，并没有出现预先已经得出的结论。作为主编的马克思与作为编辑委员会委员的恩格斯一起创办了一份报纸，即现在的《新莱茵报·民主派机关报》（*Neue Rheinische Zeitung—Organ der Demokratie*）。该报纸报道了发生在巴黎的“六月革命”，其报道如下：“**科伦** 6月24日晚10时。23日的巴黎邮件没有收到。据到达这里的信差说，当他离开巴黎的时候，群众跟国民自卫军的厮杀已经开始了，在离城不远的地方他曾听到猛烈的炮声。”[62] 几天后，我们在该报纸上看到的《巴黎消息》，是马克思以带有“摇旗呐喊”的风格为莱茵兰本地的读者所撰写的文章：“**科伦** 6月26日。鉴于刚从巴黎得到的消息所占的篇幅太多，我们不得不把所有评论性的文章抽掉……”我们从巴黎得到的最后消息是“**巴黎淹没在血泊中；起义**发展成为**比以往任何一次革命都要伟大的革命**，发展成为**无产阶级反对资产阶级的革命**”。这次规模巨大的六月革命不像（1830年的）七月革命和（1848年的）二月革命，三天是不够的，但是人民的胜利比任何时候都更有把握[63]。

但是，到了6月28日，马克思在使革命继续进行下去的同时，开始称
赞牺牲者。他指出，“巴黎工人被敌人的优势力量**镇压下去**了，但是并没有 137
向他们**投降**。工人**被击溃**了，但真正**被打败**的是他们的敌人”，“给这些脸色严峻阴沉的人戴上桂冠，是一种**特权**，是**民主报刊的权利**”[64]。有趣的是，这篇文章早在1850年就被摘录为一篇堪称典范的总结性和历史叙述性文章。因此，在读者眼里，马克思从某种程度上摆脱了革命激进主义的斗争，使其置身于一种能够充分利用失败的修辞的位置之上。之后，这篇文章于1851年收录于宪章派每周发行的机关刊物——《寄语人民》（*Notes to the People*）的英文译本中。1895年，经过恩格斯的编辑整理，这篇文章收录并发表于《法兰西阶级斗争》这本小册子①之中[65]。

① 1895年，该书（其实是马克思专为“新莱茵报。政治经济评论”所写的一篇连载文章，其总题目为《从1848到1849年》）以《法兰西阶级斗争》为书名以单行本的形式在柏林出版，书中载有恩格斯所新增的导言和新增的一章内容（马克思，恩格斯. 马克思恩格斯全集：第7卷. 北京：人民出版社，1959：637注释5）。

以事件发生的先后顺序来阅读马克思的观点，与对马克思进行（作为）一种事后的历史性评价阅读之间并无明显的不一致。但是，马克思一如既往地对失败的革命进行评论，这一做法确实使他的一致性显得非常具有公式性和“应用性”，而不是探索性和参与性。当然，在1848年，随着事态的发展，其他有着相似和鲜明性格的作家也进行了许多其他的干预。这些评论或许依然可以在档案中、在专家的收藏品中，以及在有限的流通中进行查阅，并引起有限的兴趣。和其他作家不同的是，马克思著作的流传得益于其名牌效应（name-branding）。但其付出的代价是，读者往往倾向于关注他的著作及其“思想”的一致性，而不是他的活动及激进主义。

在本书的最后一章中，我们将要探讨的概念——自20世纪60年代末以来——是我们在向学术界和普通大众呈现马克思“思想”时的一个主要概念：异化。然而，就马克思的激进主义而言，这个概念被另一个概念即剥削所策略性地取代了。所以，在本书中，这两个概念将被放在一起进行探讨。

注释

[1] 共产主义也没有完全消失；请参见：Jodi Dean, *The Communist Horizon* (London: Verso, 2012).

[2] 请参见本书第一章“使马克思成为马克思”。

[3] 请参见：Anne Lopes and Gary Roth, *Men's Feminism: August Bebel and the German Socialist Movement* (Amherst, NY: Humanity Books, 2000), pp. 99, 107 n. 45.

[4] 请参见：Michael Edwards (ed.), *Oxford Handbook of Civil Society* (Oxford: Oxford University Press, 2013).

[5] 请参见本书第二章“阶级斗争与阶级妥协”。

[6] 请参见：马克思.《政治经济学批判》序言//马克思，恩格斯. 马克思恩格斯文集：第2卷. 北京：人民出版社，2009：588.

[7] 参见本书第四章“民主与共产主义/社会主义”。

[8] 对于“读者指南”请参见：David Rose, *Hegel's Philosophy of Right* (London: Continuum, 2011)；马克思还阅读了其他关于共和思想的经典著作，如马基雅弗利和卢梭的著作，以及关于美国、波兰、瑞典、威尼斯等国的历史性研究的论著；利奥波德. 青年马克思：德国哲学、当代政治与人类繁荣. 刘同舫，万小磊，译. 广州：中山大学出版社，2017.

[9] 同[5].

[10] 亚里士多德. 政治学. 吴寿彭，译. 北京：商务印书馆，1965：30-32.

［11］请参见本书第三章“历史与进步”。

［12］*The Wealth of Nations*, bk 1, ch. vi (Harmondsworth: Penguin, 1970), pp. 150–157.

［13］具体讨论请参见：Terrell Carver, “Marx-and Engels's ‘Outlines of a Critique of Political Economy’”, *History of Political Thought* 4:2 (1983): 357–365.

［14］关于马克思当时所做的笔记和后来出版的《1844 年经济学哲学手稿》之间关系的详细探讨，请参见：罗扬．理论的诞生：以 1844 年笔记为例．赵玉兰，译．马克思主义与现实，2012（2）．

［15］马克思．弗里德里希·恩格斯《国民经济学批判大纲》一文摘要//马克思，恩格斯．马克思恩格斯全集：第 42 卷．北京：人民出版社，1979：3.

［16］同［15］4.

［17］恩格斯．国民经济学批判大纲//马克思，恩格斯．马克思恩格斯全集：第 3 卷．2 版．北京：人民出版社，2002：473.

［18］关于这部分内容的详细探讨，请参见：Carver, *Texts on Method*, pp. 9–37.

［19］马克思．资本论：第 1 卷//马克思，恩格斯．马克思恩格斯文集：第 5 卷．北京：人民出版社，2009：47.

［20］请参见：Locke, ‘Second’ *Treatise of Civil Government*, in *Two Treatises of Civil Government*, ed. Peter Laslett. (Cambridge: Cambridge University Press, 1988), p. 291.

［21］请参见本书第四章“民主与共产主义/社会主义”。

［22］“无产阶级（的）”（Proletariat/ian）作为从法文中借用的德文词，后来又变成了“马克思主义的”政治修辞，在英语中所提出的问题与我所认同的“资产阶级（的）”（bourgeois/ie）［与“商业阶级”（commercial classes）相对］相类似，因此在这里和随后的地方出现了对“工人阶级”（working class）一词的使用。

［23］关于这一概念的详细阐释，请参见：库恩．科学革命的结构．金吾伦，胡新和，译．北京：北京大学出版社，2012.

［24］总的概况请参见：Heinz D. Kurz, *Economic Thought: A Brief History* (New York: Columbia University Press, 2016)；也可参见本书第六章“剥削与异化”。

［25］同［5］.

［26］关于这部分内容的详细阐述，请参见：Manfred B. Steger (ed.), *Rethinking Globalism* (Lanham, MD: Rowman & Littlefield, 2004).

［27］关于这一问题的分析性讨论，请参见：Leo Panitch, “The Two Revolutionary Classes of the Manifesto”, in Carver and Farr (eds.), *Cambridge Companion to the Communist Manifesto*, pp. 122–133.

［28］请参见：http://www.theotherpages.org/alpha-r2.html；根据美国《纽约时报》（*The New York Times*）的评述，特朗普政府（the Trump administration）

被认为是美国历史上最富有的政府，请参见：https://www.nytimes.com/interactive/2017/04/01/us/politics/how-much-people-in-the-trump-administrationare-worth-financial-disclosure.html? _r=0.

[29] 弗里德里希·冯·哈耶克（Friedrich von Hayek）在其所出版的多部著作中详细地阐述了这一观点；这与马克思的观点相反，在马克思看来，民主制度中的财富和重商主义的重叠在本质上是可疑的（请参见本书第二章“阶级斗争与阶级妥协”）。

[30] 对于新古典主义的“均衡”（equilibrium）经济学，大致上有很多类似的批判，包括“新制度经济学”（new institutional economics）、“异端经济学”（heterodox economics）和“另类经济学”（alternative economics）等。

[31] 马克思. 资本论：第1卷//马克思，恩格斯. 马克思恩格斯文集：第5卷. 北京：人民出版社，2009：590－592.

[32] 关于使“资本”成为对当代社会主义政治的一种政治干预手段的阐述，请参见：Roberts，*Marx's Inferno*.

[33] 今天的大多数文本和翻译，都是在马克思逝世后恩格斯所重新编辑和注释的《资本论》第一卷德文第四版（1890）中获得的。

[34] 马克思. 马克思致恩格斯//马克思，恩格斯. 马克思恩格斯全集：第29卷. 北京：人民出版社，1972：208－209.

[35] [36] 同 [34] 209.

[37] 亚里士多德哲学意义上的“表现”（accident），即一个物体的非本质特征；这个词与“终极原因”（final cause）和“实质”（substance）一起出现在文中。

[38] 马克思. 英国的贸易危机//马克思，恩格斯. 马克思恩格斯全集：第12卷. 北京：人民出版社，1962：362.

[39] 相关探讨请参见：Carver，*Texts on Method*，pp. 134－135.

[40] 马克思. 资本论：第1卷//马克思，恩格斯. 马克思恩格斯文集：第5卷. 北京：人民出版社，2009：171－181.

[41] 同 [40] 180，182－205.

[42] “社会必要劳动时间是在现有的社会正常的生产条件下，在社会平均的劳动熟练程度和劳动强度下制造某种使用价值所需要的劳动时间。”（马克思. 资本论：第1卷//马克思，恩格斯. 马克思恩格斯文集：第5卷. 北京：人民出版社，2009：52.）；这样就避免了一个明显的矛盾，即缓慢而高效的工作时间会（以某种方式）创造出比高效工作更有价值的东西。

[43] 马克思. 资本论：第1卷//马克思，恩格斯. 马克思恩格斯文集：第5卷. 北京：人民出版社，2009：180，351－361；关于这部分内容的最新介绍和探讨，请参见：Ben Fine and Alfredo Saad-Filho，*Marx's 'Capital'* 6th edn（London：

Pluto, 2016 [1975]).

[44] 马克思. 资本论：第 1 卷//马克思，恩格斯. 马克思恩格斯文集：第 5 卷. 北京：人民出版社，2009：872－875；马克思所提出的解决方案——无产阶级革命——当然是一种表现形式的，即必须通过阶级政治来实现的现实。

[45] 探讨请参见：Panitch and Gindin, *Making of Global Capitalisme*, pp. 89－107.

[46] 请参见：马克思.《政治经济学批判》序言//马克思，恩格斯. 马克思恩格斯文集：第 2 卷. 北京：人民出版社，2009：591－592.

[47] 马克思，恩格斯. 共产党宣言//马克思，恩格斯. 马克思恩格斯文集：第 2 卷. 北京：人民出版社，2009：31.

[48] 马克思. 资本论：第 1 卷//马克思，恩格斯. 马克思恩格斯文集：第 5 卷. 北京：人民出版社，2009：427－580.

[49] 请参见本书第四章"民主与共产主义/社会主义"中对马克思关于巴黎公社观点的阐述。

[50] 马克思著作中的"拜物教"一词的德文原词来源于法国历史学家、语言学家查理斯·德布罗斯（Charles de Brosses）。在《波恩笔记》中，马克思对德布罗斯的《论物神崇拜》进行了摘录，其中包含了有关拜物教概念的详细摘录［刘召峰. 马克思的拜物教概念考辨. 南京大学学报：哲学·人文科学·社会科学，2012（1）.］。相关探讨请参见：Carver, *Texts on method*, p. 175 n.

[51] 相关探讨请参见：Carver, *Texts on Method*, pp. 175n. 9.

[52] 马克思明确承认，在发表一部对社会进行科学分析的著作（正如《资本论》第一卷中所做的那样）和现实地改变社会现实的社会实践（科学的分析使其变得非神秘化）之间存在的差距，是一种政治差距；请参见：马克思. 资本论：第 1 卷//马克思，恩格斯. 马克思恩格斯文集：第 5 卷. 北京：人民出版社，2009：92－93.

[53] 关于这部分内容的详细探讨，请参见：卡弗. 政治性写作：后现代视野中的马克思形象. 张秀琴，译. 北京：北京师范大学出版社，2009.

[54] 关于马克思有关"抽象"（abstracting）和预测性阅读策略（predictive reading strategies）的探讨，请参见本书第三章"历史与进步"。

[55] 马克思，恩格斯. 共产党宣言//马克思，恩格斯. 马克思恩格斯文集：第 2 卷. 北京：人民出版社，2009：43.

[56] 马克思.《黑格尔法哲学批判》导言//马克思，恩格斯. 马克思恩格斯全集：第 3 卷. 2 版. 北京：人民出版社，2002：214.（粗体字为原文所加）

[57] 马克思. 路易·波拿巴的雾月十八日//马克思，恩格斯. 马克思恩格斯文集：第 2 卷. 北京：人民出版社，2009：476－477.

[58] 同［57］479.（粗体字为原文所加）

[59] 马克思，恩格斯. 马克思恩格斯文集：第 2 卷. 北京：人民出版社，2009：479－480；也可参见本书第三章"历史与进步"。

[60] 同 [21].

[61] 马克思. 法兰西内战。国际工人协会总委员会宣言//马克思，恩格斯. 马克思恩格斯全集：第 17 卷. 北京：人民出版社，1963：379−380.

[62] 马克思，恩格斯. 巴黎消息//马克思，恩格斯. 马克思恩格斯全集：第 5 卷. 北京：人民出版社，1958：129.

[63] 同 [62] 135.（粗体字为原文所加）

[64] 马克思. 六月革命//马克思，恩格斯. 马克思恩格斯全集：第 5 卷. 北京：人民出版社，1958：153，157.（粗体字为原文所加）

[65] 马克思. 1848 年至 1850 年的法兰西阶级斗争//马克思，恩格斯. 马克思恩格斯全集：第 7 卷. 北京：人民出版社，1959：9−125.

第六章　剥削与异化

在当今的政治学中，剥削是一个颇具争议性的概念。而经济往往会主 138
导公共政策和辩论，或者（至少）像国家身份这样的主要问题，几乎也总是与一个国家的经济状况联系在一起的[1]。剥削的概念延伸，即使是在收入和财富不是直接争论点的公共政策领域，也不仅仅局限于工资水平、工作条件和雇主“福利”（或福利缺乏）这些关注点上。不平等的权力关系及其被经济精英所滥用的情况出现在与性别政治（sexual politics）和性实践（sexual practice）有关的争论中，它涉及环境政治中的滥用和不可持续性，也涉及某人或某事物被称为“利用”或“不公平”的情形。剥削是一种道德化（moralized）和道德教化（moralizing）的概念，但它经常受到公平和合理的客观评价的检验，尤其是在法律论述和司法判决中。如果权力关系变得平等，那么从定义上来讲，剥削就消失了。如果权力关系依旧不平等，则与之相反，剥削依然存在（正如在父母或其他关爱角色中一样），这种权力差异的存在是有其合理的理由的[2]。

剥削的概念有时被视为仅仅是道德教化（moralizing）的，没有客观的内容。基于此观点，剥削除了对讨论产生情感的冲击之外，并未增加任何其他的内容；而冷静的、清晰的头脑应该在不受这种观点影响的情况下，充分利用那些在正义范围内的概念和论据。在这种“程序性”的正义观
中，合法的财产转移（无论是对物品和金钱，还是对人身和劳动时间）都 139
是“公平的”，它的前提是要将武力和暴力排除在交易之外，并且使交易在各方知情同意的情况下进行。在此基础上，就权力和资源而言，不平等的结果是可以预见的，而且（事实上）这些结果代表了一种“自由”的和生产性的经济体系。因此，不平等意味着——在理想状况下——潜在的激励性措施和追溯性奖励。所以，在这种情形下，要么不平等的结果产生于“自由”转移，因而是“公平”的；要么如果转移真的是“不自由的”，那

么——也只有这样——其结果才是“不公平的”。从这种分析性的、与正义相联系的角度来看，激进分子对剥削这一概念的使用必然是可疑的，尤其是它可能暗示对马克思主义的一些认识。

马克思主义者是在一种明确定义的层面上使用剥削概念的，这一具体层面与上述程序性观点截然不同，同时，马克思主义者也以拒斥道德和道德教化为其鲜明的特征，并往往诉诸科学、理性和逻辑中的客观性，这些都被认为是一种更为清晰的政治指南，而非一种勉励性的言辞。马克思本人蔑视那些在特定框架内（如基督教）担任说教者，或起草其道德体系的其他激进分子。然而，作为一名激进分子，马克思本人并不过分关心如何为自己的政治推理提供学术上严谨的辩护，这样使得他在普通“道德”面前的立场——而不是简单拒绝这一“道德”——就能经得起严密的审查。无论是一种强义（strong sense）的还是弱义（weak sense）的马克思主义者，都对这种在学术上令人担忧的问题做了大量的努力：如果马克思（真的）拒斥道德化话语和普遍化原则，那么，他极具主观判断色彩地批判剥削概念的（合理性）基础是什么呢？

正如人们可能预期的那样，讨论结果通常被认为是不确定的：马克思拒绝了道德化的框架和政治诉求，但是，他使用了具有道德指称性的术语，因为他对阶级分化的社会制度有着非常强烈的意见。他认为，在阶级分化的社会制度下，有些人为了他人的利益而劳动，或深陷于贫苦之中备受煎熬（他们的孩子亦复如此），等等[3]。

无论从何种意义上而言，“剥削”一词在当今政治中无疑是流行的，但从上文所述的政治历史来看，它在某些方面也存在争议。比如，在当前
140 的阶级政治和性别政治的语境中，“剥削”是极具争议性的：在自由交换资源的情况下发生的是工资交易还是性关系？或者它们是否发生在因阶级权力或性别权力而产生的持续不平等的结构之下？如果是后一种情况，并且后一种情况是具有可延展性的，那么“剥削”一词是否正确地以事实术语或道德术语，或两者兼而有之，表达了这种情况[4]？是否对一种情况的道德描述，发现其在道德上有所欠缺，会许可道德化的活动？低薪、“零时工”（zero-hours）、“零工经济”（gig-economy）、“临时”或“兼职”工人是否受到剥削？家庭经济和儿童保育私有化，是否会造成女性受到剥削？或者，剥削在事实上是正确的，或者至少是可辩护的，甚至是政治上有用的提倡改良、改革、公平、正义、救济或革命的方法吗？

“社会问题”[5] 已经被构造为一个道德和政治问题。它的独特答案——或者完全不予理会——也同样被如此地构造。“做好一天的工作，就

希望获得一天应得的工资”，所有劳动都应获得“相应的回报”“公平交易”等，是当前政治生活中人人接受的原则，也是自马克思所处的时代以来，几代评论家、改革家和革命家所普遍认同的原则。马克思在学术上和实践上将这一“社会问题”作为一个关键问题来进行研究，并从政治的角度来进行考量。最终，他在学术上解决了这个问题，并使自己（以及某些其他人）感到满足。但是，在此过程中，与他自己的方法相反，马克思无意中（但也必要地）提出了他的概念论证的哲学基础和道德基础问题。因此，在任何有关完全剥削或不同程度剥削的讨论中，马克思本人的论述已成为争论的焦点。他在这些辩论中的存在本身，就已经成为他完全否定剥削这一概念的论据。或者，马克思在这些辩论中的存在，通常被认为是剥削至少具有一定有效性及政治“影响”的原因。所以，本章的论述有必要在此基础上展开。

一、革命的改造

从某些方面来看，马克思作为激进分子的政治立场是极其独特的。因此，在开始研究“社会问题”（及其解决方案）之前，我们有必要设定一种语境，因为这一问题似乎与剥削的概念有关，而不仅仅只是一种情感上的指责。从马克思在《莱茵报》编辑部接触到“物质利益”的第一天开始，他就（在某种意义上）选择了致力于让社会、公共或集体控制资源，
而不是个人在土地、劳动力和资本上拥有“私有财产”[6]。这既是对当时 141
社会环境进行理性思考后产生的假设，也是——在马克思看来——一个在当时的政治对抗中和通过政治对抗而发生的自我实现的过程（尽管在他所处时代的德国各州并非如此）。与经济结构方面的变化相比，哲学家在德国各州的“社会问题”中有着更进一步的觉醒。如前所述[7]，总的来说，马克思明确地规避了制度和具体权威。此外，他还讽刺了与共产主义有关的教化学说（moralizing doctrines）和救赎宗教（redemptive religions）[8]。这使得他缺乏其他人在民主化斗争中所使用的并大获成功的政治工具和修辞手段。通过这些工具和手段，宪政在中欧和东欧以及其他地区正得以实现。

此外，让事情变得愈加困难的是，马克思和恩格斯“从始至终”都坚持历史主义的研究方法，并致力于形成自己的“观点”或“概念”[9]。这意味着包括道德在内的所有学术现象，都应该只存在于人类在特定环境下生活的实际的社会语境，而非其他任何形式。但这并非声称或有力地证明，

道德原则是由"日常"习俗和实践中的社会经济活动所决定或推断出来的。相反，马克思和恩格斯所表达的是，这些通常被理解为普遍的道德原则，不能与人类的经验永恒"分离"。正如大多数人所声称的那样，这些原则不能构成一个——作为一种道德义务——人类所必须遵守的不可延展的（non-malleable）道德领域（无论神圣或超自然的制裁是否真的即将来临）。显然，这里的目标是宗教和超自然的存在，但也包括那些阐述"永恒"的真理，并对各式各样的改革者和"想法古怪的人"（cranks）进行道德教化的哲学家，尤其是那些自称"共产主义者"的人。对于马克思和恩格斯而言（正如《宣言》中所明确指出的那样），他们的立场代表了人类历史上一次巨大的解放，因为他们认为"脱离历史"的原则和"永恒"的真理只是一些人借以蒙骗和压迫他人的工具。然而，其必然的结果是，作为历史主义者，他们的立场必须同时代表个人和社会大众，才能在特定人群中传播并有效地引起变革。为了实现其思想的有效性并发挥作用，他们
142 的历史性"观点"还必须具备广泛的政治性，而不能仅仅成为个人信念或小众崇拜（minor cult）。这使得马克思和恩格斯萌生了实现民主政治的雄心壮志，或者确切地说是实现一种具有一定规模的民主政治（考虑到其广泛的目标）。但是，为了使一场连贯的运动合理产生，这种具有广泛规模和历史意义的政治，也必须建立在个人自主判断（与领袖权威超越个人的做法相对）的基础之上[10]。正如热情洋溢的马克思在 1844 年发表的一篇文章中所指出的那样，"批判的武器当然不能代替武器的批判，物质力量只能用物质力量来摧毁；但是理论一经掌握群众，也会变成物质力量"[11]。

当然，这种理性主义倾向在马克思的一生中，给他带来了相当大的挫折，这对于那些想要以传统领导者/追随者模式坚持马克思及其思想的人而言也同样如此。马克思与其说是代表了一个政党甚至是一个派系，不如说是代表了一种"倾向"；《宣言》为共产主义者同盟而写，而共产主义者同盟的光荣时刻仅可追溯到 25 年后，于 1872 年开始[12]，并伴随着德意志帝国一个群众社会党的组织和统一结构开始出现并不断发展壮大。马克思的政治是一种联合（的政治）[13]，但是对于那些想要与他"联合"的人来说，马克思并不是一个很受欢迎的联合者。马克思的剥削概念，实际上在他关于"资本主义生产方式"（capitalist mode of production，德文为 *kapitalistische Produktionsweise*）的理论中具有相当精确的定义，也被广为接受。但正如我们将在下文中所见到的那样，马克思的剥削概念需要进行专门的解读，以便掌握其具体的含义（而不仅仅是其道德基调）。

二、道德与正义

道德问题从马克思的地方性行动主义（local activisms）开始，就已经存在于他的生活和思想之中。但是，当他开始接触并解决“社会问题”时，他也开始批评社会正义。对马克思而言，这一问题变得十分尖锐。正义是改革者和革命者的一个重要口号。正义体现在工作、工资和福利待遇 143
的公平上，它也是一个具有较强凝聚力的团结呼声，而平等交换的道德原则和实践具体体现在市场交易中非强制性的、双方同意且互惠互利的价值转移上。这种道德原则和实践在日常说明和工资谈判中根基稳固并得以充分确立。马克思对这种假定的平等进行了更为缜密（在学术上更为精妙）的分析，对于许多人而言，这种分析在政治上是颇令人费解的，只有极少数人可以理解，甚至对马克思本人而言，他的这种分析最终要阐释清楚也是相当困难的。而这种分析恰好出现在《资本论》第一卷中，这大大限制了他的读者群体。尽管在国际行动主义（international activism）的背景下，马克思在国际工人协会中进行了一些半公开性的讲座和报告（这些报告的内容于马克思逝世后收录于《价值、价格和利润》[14]一书①中），但马克思所传达的信息中的政治“延伸”在这种材料和交战方式中被大大地缩减了，而这些说明性的叙述并没有以更为实际的方式出现在19世纪60年代后期马克思所追求的联合政治中。到目前为止，由于马克思这种为追求工人阶级的特殊利益，而在国际民主化政治上所做出的努力是独特的、有价值的和富有成效的，这就与他所构建的对政治经济的权威性批判的毕生追求有所偏离（至少在实践上如此，而不是在精神上）。

鉴于国际工人协会必然具有广泛性和联合性，尽管对其组织历史的大多数描述——尤其是那些聚焦于对马克思的论述——都强调了在辩论和私人书信中所发生的“宗派冲突”，但这种令人相当沮丧的立场显然还是会接踵而至。这些描述关注的只是以牺牲“妥协”协议和声明为代价而带来的利益，而这些协议和声明则是组织运转的基础[15]。马克思认为，他

① 这部著作是由马克思的女儿爱琳娜以《价值、价格和利润》（*Value, price and profit*）为题于1898年首次在伦敦发表的，并附有爱·艾威林写的序（马克思，恩格斯. 马克思恩格斯全集：第16卷. 北京：人民出版社，1964：733注释120）。

的（资本主义）批判是对资本主义生产关系实际运行的基础——例如，“公正的”价格、“公平的”交换和“生活的”工资——的普遍道德原则的彻底揭露。但是，国际工人协会并不是也不可能是马克思进行具体批判的工具。

通过对作为一种制度的资本主义的批判，马克思形成了其“社会问题”的解决方案，并且易于理解[16]。这意味着概念的抽象结构（也就是马克思理论推演的基础），并没有描述一系列“早已存在”的并作为研究对象的实践。相反，马克思著作中的抽象结构表明了这些实践本身是如何构成的（它们使研究者兼具普通人和思维警惕的批评家的视角），并且表明
144 它是如何借助当代政治经济学所提出并准确描述和解释的概念而构成的。因此，描述性概念之所以是描述性的，仅仅是因为这些概念已经构成了它们所需描述的内容。马克思对资本主义的“看法”也将研究者的批判视角融入研究对象，并进一步消除了客观描述和解释所要求的科学概念和日常概念之间的假定距离。因此，更准确地说，在马克思看来，政治经济学的专业概念要用我们日常所普遍使用的和易于观察的语言来进行表述，但这却没有马克思的“看法”中所假定的关键优势：日常用语和专业概念不只是简单地描述“是什么”，而更应该表明社会结构、社会关系和社会实践内在的延展性。或者简单地说，其他的以及完全不同的概念会在描述上和专业术语上都属实（如果我们通过自己所从事和理解的社会活动使其成为现实的话）。

马克思在权威批判方面的著作有（他自己挑选出来的）两个独特的和创新的方面，虽然其中一个基于另一个而产生。随之而来的方面——通常被称为剩余价值理论——比先前的概念上的“转移”（move），即从交换到生产的重点转移更广为人知。这是经济理论化重要的第一步，它被认为是其他人类社会活动产生的必要和重要的“调节”方式[17]。政治经济学（以及类似的现代经济学），通常从资源的个体化交换原则出发，通过一种卖/买的效用演算，对个人和相互的利益进行分析。显然，这种情况取决于生产的概念（无论是商品还是服务），否则交换就没有意义，因为必须——首先——假定这种效用是人类社会生活中所固有的东西。

马克思在逻辑和经验的基础上改变了这种历史的、为人所熟知的方法，并强烈主张从生产领域开始任何关于社会和政治的理论。他通过早期的青年黑格尔派的措辞和视角[18]，以及后来法国和英国官方的政治经济学措辞实现了这一点。法国和英国官方的政治经济学在马克思所处的时代被高度评价为“自然哲学”的经典著作，对治国方略产生了深远影响。然而，在

政治上，在封建所有制和专制君主制依然残存的德国各州，这种反宗教的、 145
外来的自由思想并不太受欢迎，而且被打上反动的烙印。这种思想未被广泛接受的原因在于政治经济学中互相交换的商业“普通人”模式与上帝/自然/人的基督教等级制度相对立，还在于它所关注的是与精神相对立的世俗的“物质”，即个人和国家财富创造和积累的价值。如果从政治经济学的视角来观察世界，我们就很容易将马克思与古往今来的法国革命者、反对教会/国家权威等级的激进分子，以及正在推动改变从中世纪开始的限制性法律和政治制度的“资产阶级”——赚钱的阶级（money-making classes）联系在一起。

尽管如此，马克思还增加了一些他自己的新改变（twist）：他的理论假定了在生产过程和社会关系中，人类的重要性和逻辑优先原则，无论这种生产过程和社会关系是何性质。也正是通过生产过程和社会关系，这些典型的“经济”过程才得以发生在这种观点同样适用于公认的狩猎者-采集者的社会，正如它适用于古典和当代奴隶制社会一样（关于奴隶社会，有更好的历史证据）。马克思尤其对《鲁滨孙漂流记》式的探险故事嗤之以鼻，即个体化的、微型社会生产和技术“发明”这一类的故事[19]。它还适用于贵族地主和封建农民租户，以及在德国各州迅速发展起来的、商业生产力更高的雇主-雇员之间的关系。这种“生产”的观点十分普遍（在马克思看来），它是更为有趣的交换关系等相关领域的前提。而交换关系则通常被认为是政治经济学和现代经济学的起点。

这一“转移”在政治上和理论上都具有十分重要的意义，并形成了后来马克思最具意义的创新性框架。假定平等的交换双方为（显然地）同等效力的计算者（calculators），并从最初的假设和对社会开创性的描述分析中有效地消除了权力关系中的不平等。如果社会是无财产的——至少在个人、“私人”所有制、平等主义和“集体”性质方面是如此——从而在生产能力上是有限的或自我限制的，那么，这种最初对平等个体的假设才有
一定的意义。然而，私有财产等资源在某些人手中的积累远远超过其他人 146
这样一种社会模式，出现在马克思的著作中，也同样出现在恩格斯早期的《国民经济学批判大纲》一书中，这是一条（对资本主义）尖锐的批判路线[20]。这种情况并非简单地不符合一般显而易见的经济事实或有关工作和回报的领域，也不符合产生于不同资源量的同样明显的权力差异，而且对于那些在市场交易和金融投资中积累资源的人来说，这也是一种过于方便的虚构。那些拥有极少资源，甚至除自身体力劳动之外没有其他任何资源的人——无论如何，他们也不可能找到买主——显然处于相对不利的地位。

仅仅指出这种差异——神话与现实之间的差异，以及道德平等与人类需求之间的差异——本身并不是一项巨大的创新，因为“社会问题”在很大程度上就是用这些术语来表述的[21]。考虑到历史的“私人”财产制度，以及封建时代平民的财产权和类似的共同使用权的结束（特别是在马克思所处时代的德国各州），马克思的创新是为了解决生产资源（也就是那些被物质或法律壁垒所“包围”的“私人”财产的物品）获取不平等的问题，亦即不平等交换的开端问题。马克思的方法使构成政治经济学的概念具有其历史意义和特定的语境，使其更像是在实际存在的市场和市场化的关系中的日常交流，尤其是在包括习惯性保税或契约式的服务，以及为“穷人”提供最少（且通常不人性化的）服务的劳动力市场中。在这个市场上同样独立的计算者之间进行互惠互利的效用（utilities）交换，比如，工人在市场上以某种伪装的方式与雇主见面，这看起来似乎是不太合理的；又比如，亚当·斯密以“野蛮人”用海狸交换鱼为例将经济概念化，而“野蛮人”这样做是为了（在显然永恒的并相当抽象“稀缺”的情形下）满足个人的消费偏好[22]。

政治经济学所进行的关键性的道德化论证是这样一种假设，即财产是独自获取的，因此，它在某些宗教或物质意义上（或两者兼而有之）是神圣的，并且对于劳动者个人而言是“私人”的财产。无论这是否被定义为
147 对上帝创造的自然经济的货物和服务的良性增加，还是作为对快乐消费的节制而使得劳动产生了相应的奖励，这都并不是特别重要的。马克思的经验论证是通过对工作条件和经济危机的细致参考而得到证实的，尤其是恩格斯早期著作中所叙述的内容。这些内容启发了马克思，马克思在其1859年的自传式序言（《〈政治经济学批判〉序言》）和《资本论》第一章中都有所提及[23]。他们的论点是，不平等会日益加剧，因此进一步的权力分化——作为对资源的控制——也必将接踵而至。货币交换所产生的私人财产的积累将会扩大权力差距，特别是当人们无法获得土地进行自给农业，且无法实现仅仅维持生活和生存的低效模式的时候。具有更高生产力水平的“工厂化农场”已经可以为当时创新的土地所有者所用，而接近自给自足水平的封建租佃式的生产方式显然对这些野心勃勃的土地所有者没有吸引力。

三、价值与利润

这些预设和这一分析思路，进一步引发了政治经济学家曾经遇到并分

析的价值对象之间平等互惠交换的利润问题[24]。在此，我注意到，他们的政治批评者是由许多对失业和高利贷感到不满的、传统的宗教秩序的维护者所构成的，因为他们也像激进派一样认为这个问题是“社会问题”的核心。事实上，无论是过去还是现在，反现代主义的宗教运动在政治上往往都非常成功，或者至少在某些时候非常具有影响力。也许相当愚蠢的是，大多数政治经济学家都持这样一种观点，即本该通过生产性劳动而获取并通过支持货币交换的私人财产体系得到保护的利润，（在某种程度上）也可以由平等交换和人类劳动产生。关于平等交换（equality-in-exchange）的问题，亚里士多德在很久以前就曾提出过这样一个可能的答案：如何用金钱交换可用的对象？他推断这必须有一个共同的标准，凭借这一标准，两个完全不同的对象可以实现相等。但是，亚里士多德随后否定了劳动——或者说实际上否定了在交换中任何必要的和基本的共同性（除了粗略的估算之外）[25]。

然而，这种亚里士多德式的充满不确定性和不明确的答案并没有被有
影响力的政治经济学家（他们也一直在寻找解决这一问题的方法）所接 148
受。同时，解决这一问题也将模仿——和教化——雇主/企业家/财产所有者和无地劳动者之间的交换关系，他们按年、日、小时，或者以计件的方式出售自己的劳动时间。这种道德化修辞中的关键要素当然是市场平等，其依据是自愿的和自然的交换。尽管如此，结果的不平等似乎是在嘲讽所谓的交换价值平等和公认的交换双方之间的权力平等。货币和权力在雇主/企业家/财产所有者手中快速积累，而在劳动阶级中积累的速度却要慢得多（尽管底层阶级向上层阶级的流动不同于封建时代那样在法律和道德上非常受限制）。所以，对于政治经济学家而言，如果交换和交换双方一开始就是平等的，那么造成结果差异的原因是什么呢？抑制当前消费或者承担风险当中的报酬，是否使业主当之无愧？或者说从某种相反的“不值得”的意义上来讲，是无财产的性质而不是节制或风险使他们的劳动获得更少的回报，并使他们的生活变得更不安全吗？

一些读者发现，政治经济学家给出的这些不同答案比其他答案更令人满意，但是这种混杂的接受态度只是将这个问题重申为一个更加普遍的政治问题。这种解决方式在交织的政治和道德术语中以多种方式构思出来，前者关注的是最广义上的权力，后者则涉及最广义上的对人类行为和活动的评价。马克思似乎在1847年的某个时候找到了解决利润问题的概念关键，至少是对其进行了粗略的概括[26]。尽管由于后来的革命事件给他带来了地理和财务上的恐慌，并且这种恐慌一直持续到19世纪50

年代，马克思没有多少时间发表其相关的评论，直到 19 世纪 60 年代末的 1857 年①他才真正开始进行（“政治经济学批判”的）研究。事实上——正如马克思在构建一项对资本主义生产关系的令人信服的理论性和彻底的历史性批判的宏伟计划②一样——他发表的第一部经济学著作——1859 年的《政治经济学批判》，篇幅不长，但主题明确，是其经济学巨著的第一册[27]。

然而，马克思对这一问题的探讨在很大程度上是在政治经济学的研究
149 领域中进行的，正如他以总结和概括的方式所构思的那样。从政治的角度来看，把具有政治影响力的政治经济学家“囚禁”在他们自己的领域中，这似乎是一个明智之举。马克思致力于以两种截然不同的方式将他们牢牢地牵绊住：在逻辑上作为自然哲学家，并在对自然界（物质）和人造（人类）现象的典型理解中进行工作。但马克思也看到了他们的双重身份，他们是为商业阶级利益服务的理论家，也是反对君主专制的反叛者，同时也背上了工人阶级压迫者的污名（因为他们主张通过市场关系实现商业化）。

马克思和恩格斯在《宣言》中多处提及并批判与道德教化有关的“资产阶级伪善”，但是，对财产所有权及其司法保护的排外性的抑制、风险承担和其他理由的一种自私的说明则是通过援引包括监禁和死刑在内的法律惩罚来实现的[28]。在他们看来，这种权力的系统性差异集中控制了精英手中的农业和制造业资源，因此，工人的生计只能依赖于他们明显的社会等级和事实上显而易见的财务条款的“改善”。在 19 世纪 40 年代中后期，马克思在很大程度上放弃了使用包含这种伪善的意识形态的语言，因为就这一点而言，该术语本身以方法论的方式，涉及马克思对某些自称为激进派的德国唯心主义哲学家的政治设想进行的批判性攻击[29]。意识形态概念背后的思想被理解为一种对“社会问题”的批判方法，虽然这种思想在《宣言》（及其政治攻击）中明显存在，但该文本存在的理由以及马克思和恩格斯实际所采用的思想，体现了它们最好的修辞方式之一，即讽刺(sarcasm)[30]。

---

① 1857 年 8 月，马克思开始系统地整理他搜集的材料，并着手写作经济学巨著（马克思，恩格斯．马克思恩格斯全集：第 13 卷．北京：人民出版社，1962：699 注释 1）。

② 马克思详细地拟订了其《政治经济学批判》写作的计划，并于 1858 年 4 月决定将整部著作分成六册来写：第一册打算考察资本，并在阐述资本之前先写若干绪论性的章节；第二册打算考察土地所有制；第三册打算考察雇佣劳动；第四册打算考察国家；第五册打算考察对外贸易；第六册打算考察世界市场（马克思，恩格斯．马克思恩格斯全集：第 13 卷．北京：人民出版社，1962：699 注释 1）。

马克思的批判策略至少受到两种无法预见的风险的影响。风险之一就是政治经济学——以及自然哲学的前提——不可能永远持续下去，事实上它们很快就被 19 世纪 70 年代末创造现代经济学的“边际革命”所席卷。而另一风险则是，他公开讽刺的政治特征——即使这种政治特征难以隐瞒并且只是偶尔明确表露——与之后的事实/价值区分相抵触。现代经济学作为一门自封的客观社会科学，通常从中受益。也就是说，马克思关于利润问题的概念与“社会问题”相联系，当采取他自己的假设前提时，这种概念才是最有意义的。但是，正如我们已经看到的那样[31]，随后的假设—— 150
直到现在都——使我们很难在马克思的论证推理中看到每个命题的确切相关性。尽管如此，我们仍然可以看到马克思的一些结论性的观点，并能在今天将其与我们的观点相融合，而无须过度担心为其所论证的每一个观点做辩护。

然而，简而言之，马克思的论点是，生产必然涉及人类劳动和物质对象[32]。劳动，从一开始就被理解为一种物理现象和一种个人财产。无论如何，劳动从原则上是按时间支出来进行衡量的；同时，它作为一种物质，是固定在或“物化”（materialized）在由之所产生的产品之中的。作为一种物质，劳动既存在于劳动者的潜力当中，也存在于劳动者所实际创造出来的产品当中。用马克思的话来说，正如自然哲学所理解的那样，在经过一种物理过程之后，物质对象通过生产在性质上发生变化，从而变成可用的产品。使用一种产品并对其效用进行评估，是一种纯粹的定性实践（qualitative exercises）。因此，传统观点认为，对产品的价值进行评估以换取不同性质的产品是一种纯粹的量化实践（quantitative exercise），即使其最终目标是定性的使用[33]。

马克思认为，如果采取相反但相互补充的方式（且仍以经典的传统术语来进行表述）的话，这种定量的评估方式（与其具体的使用和消费特性相比）本身就是抽象的。而且，至关重要的是，以这种抽象的视角看待交换带来了均等化的问题，就像亚里士多德提出的问题一样：一个产品如何能够交换另一个（在某种意义上）具有同等价值的产品？或者，反过来也有一种同样的疑问：当许多不同的交易进行时，如果（在某种意义上的）平等无法辨别，那么，交换是否会以一种明显稳定（非随机和自我调节）的方式继续进行？

如果上述论点（实际上是亚里士多德的结论）不成立的话，那么，它会带来令人不安的可能性。以货币价值概念为中介的整个物物交换体系，是建立在以完全不可知的物质作为标准量度的平等基础之上，还是建立在某种物质（这些物质仅为少数人所知，而在大部分人面前处于隐匿的状态）所特有的“欺骗行为”（cheating）的基础之上？正如上文所指出的那
151 样[34]，在现代经济学中，这些通常不是什么大问题，因为在价格和交易方面进行的市场交换通常被视为一种有意义的数据的来源，而不是一种有问题的现象。因此，为了揭露“隐匿着的”事实，需要进行“深入的”探究。

马克思认为，这个问题可以解释由货币所促成的交换中的假定平等和所谓平等交换中的必要平等，以及与直觉相反的结果之间的矛盾，即交换所产生的剩余是严格平等的，并随着时间的推移将整个系统视为一个整体。马克思所理解的结果是，利润产生于系统内部，因此整个系统产生的总货币价值要高于其运作的平等交易的总和。马克思对这种“表面”现象的“深层”解决方法是（像政治经济学家所做过的那样），深入研究生产过程，并坚持他们的假定和亚里士多德最初的假设，即只有人类劳动可以作为一个概念，并（从某种意义上说）作为一种物理现实，从而通过这一现实来构建一种答案，因为在目前任何产品的交换中，只有人类劳动是其单一的共同因素。当然，这一推论意味着，大多数产品（在大多数情况下）只能通过马克思所设想的生产过程才能出现。换言之，市场上产品的一般流通并不是简单地被完全形成，然后以这种方式被人运用的，而是只有在经历了包含人类劳动的质变之后，它才具有可用性（并为人所用）。

马克思的解决方案确实巧妙：他认为，作为一种物质，并且作为一种人类特殊性质的劳动，具有独特性。这种独特性在于，劳动的可消费产品产出多于生产产品所需的投入，这就使得工人能够维持其生计从而继续生产。这些投入/产出是可以衡量的——尽管是在高度抽象并且是准物理学意义上的“衡量”——随着时间的推移，劳动力的支出是劳动本身[35]的一个共同标准，也是其产品的共同标准。然而，马克思是从生产的个人和可观察到的制造实例到商品市场的一般及其社会层面上进行推理的，而并非从一个简单的——易测量的——物理标准中进行推理的。他的标准是“特定条件下”的“社会必要”劳动时间，这将随着时间和社会的不同而不同[36]。

对于马克思而言，由此而得出的结论是，用劳动时间（通过货币工资）平等交换生计产品（subsistence-products）而产生的这种价值盈余，可
152 能不是源于机器或任何其他技术，也不是源于生产过程中的原材料和非人类的能源资源。马克思所赋予劳动力的独特属性（至少从原则上讲是与量化相关的，因而是抽象的）在自然哲学的经典术语中被定义为“潜力”、

“力量”或“能力”（潜能），这些可以在消费时被实现。马克思认为，人类劳动力本身就具有一种力量，它可以通过“物化”的劳动时间获得更多的产出。无论随着时间的推移、社会的变迁，以及生存物质有多么的不同，这种产出总是多于重振这种力量所需的维持身体生存的投入。

如果人们接受最初的前提，那么，马克思的理论化使他能够产生一种强有力并且极具说服力的对资本主义统一详细的说明，这可以典型用剥削来定义。马克思的分析是动态的。他将个人的资本主义行为表现为作为一种实体的制度的产物，而不是个人选择的结果（道德或其他）。在《资本论》第一版序言中，他明确指出，“……这里涉及的人，只是经济范畴的人格化，是一定的阶级关系和利益的承担者。我的观点是把经济的社会形态的发展理解为一种自然史的过程。不管个人在主观上怎样超脱各种关系，他在社会意义上总是这些关系的产物。同其他任何观点比起来，我的观点是更不能要个人对这些关系负责的”[37]。制度运行的必然动力是对无限利润的追求，因此，财富在相互竞争的“资本”（在制度内非个性化的主体地位）中的积累，也受到这样一个事实的约束（正如马克思所论证的那样），产生利润的剩余价值只能来自人类劳动。因此，“资本”从两个方面不断地利用“劳动力”：延长工作日（或依照马克思的说法，迫使绝对剩余价值增殖），或者降低劳动力再生产所需的生计产品的成本（从“客体化”或“物化”劳动的方面着手）。这种成本的降低，可以通过机械化提高劳动生产率来实现（或者用马克思的话来说，得益于相对剩余价值的增殖）[38]。

在《资本论》第一卷中，马克思常常引用实证研究和议会议事记录（parliamentary reports）。这些研究和记录详细地描述了当时劳动者的工作和生活条件，这样就使得他相当枯燥的抽象论述在政治上能为读者所接受。也许不那么容易看到的是，更为抽象的经济问题——以及更加微妙的道德化观点——是马克思对作为一种制度的资本主义的控诉的核心之所在，也是其民主化解决“社会问题”这一修辞主张的核心。最近的一项研究简明 153
扼要地总结了这一点：“因此，与早期社会主义者的想法相反，资本家对劳动力的剥削既不是对封建主义的效仿，也不是对封建主义的复兴。资本主义剥削是一种新奇事物。它基于对市场的非个人支配，而不是地方垄断者的个人统治……资本主义剥削包含了与其他形式的剥削不相容的一种过度劳动的内在动力（immanent drive）。”[39] 这样，马克思就——以自己十分满意的方式——解决了政治经济学所产生的问题，并且依据政治经济学家所认为的有效条件做到了这一点。或者，政治经济学家将不得不绕过他们自己的假设，从而达到质疑马克思无可挑剔的推理的效果。在马克思看来，他们中产阶级当中的许多具有商业头脑的政治确定性（political certainties）和知识保障（intellectual securities）必然会因此而土崩瓦解。或者，如果政治经济学家拒绝马克思的推理，那么，他们将不得不寻找另一个基底来捍卫他们的赢利主义（commercialism）及其营利机构的主张，并合理解释作家在“社会问题”上所记载的严酷的劳动条件。这对于他们的伪善（hypocrisies）而言，会使他们的处境变得更加紧张。

当然，对于马克思而言，他在人类劳动本身中找到了一种独特的属性，因为劳动本身是由人类劳动者所付出和使用的。马克思的探寻方式将他的共产主义政治引领发展到一个新的高度，即与他的学术批判以及他在之后数十年中的积极宣传有明确关系。正如马克思在 1844 年所宣称的那样[40]，在共产主义政治中，工人阶级或无产阶级将成为革命的核心。虽然他的新闻报道中普遍缺乏这些高度抽象的论点，但这显然与他的政治评论及政治结论相一致。从总体而言，在 19 世纪 50 年代和 60 年代初期——至少是在 19 世纪 60 年代中期之前——这一段时间的生活中，马克思缺乏的是切实可行的联合政治和生产政治，以及参与针对煽动民主革命或改革的全国性运动和强调“社会问题”的批判。在 19 世纪 40 年代，马克思一直十分努力地参与到 1848 年席卷德国、奥匈帝国和其他许多国家和帝国的民主的革命的运动当中，并对其进行积极的干预。这些运动在 19 世纪 50 年代后的革命时期也产生了大量实质性的压迫和政治审判［包括他自己所缺席[41]（*in absentia*）的那场审判］。

四、经济学的政治化

154 尽管马克思在 19 世纪 60 年代后期以及整个 19 世纪 70 年代的所谓成熟批判中的抽象推理，在喧嚣的政治中的有效运用似乎有些深奥，但其中有一个词最能表达马克思和德国“马克思党”所能使用的联系，这个词早已众所周知：剥削［或者说是压榨（*Ausbeutung*）］。虽然之前对“社会问题”的批评通常仅局限于对工资过低或不公平交易的指控，这可能与特定群众或多或少的购买力有关，也取决于阶级的构成和个人的定位，但语言的作用也仅限于改善和调整——如为工人提供更高的工资、减少雇主的抵制，等等。这一原则是广泛流行的，并通常被视为一种真理，或者至少是某种有待实现的理想。市场交易以抽象的方式呈现，且具有政治上的合理性，并以此为基础进行推导，这就是我们在上文中所看到的当时的政治经济学家的做法。而社会主义者和乌托邦主义者——也就是当时非正统的政治经济学家——认为，有许多“劳动货币”（labour-money）或类似的“公平货币”（fair currency）体系可以替代现有的货币化市场交易体系。地方性的“交换”凭证或“货币”就属于这种政治经济类型，它通过这些凭证或“货币”来管理商品和劳动时间的“交换”[42]。

马克思试图概念化资本主义制度中（这必然涉及工薪阶层）市场交换的基本条款，而他的这一努力往往被评论家缩减为一种假设——然后是辩护，或者是攻击——马克思的讨论中出现的概念现在被认为是非正统的术语，因为自那以后现代经济学已成为一种正统。然而，马克思对资本主义经济所进行的政治化探讨［作为一种混合马克思主义经济学（hybrid Marxist economics］已经变得越来越具有影响力，尽管要使其在学术上得到广泛的认可仍需要更多的努力。传统的“边际主义”经济学中的科学客观性几乎完全排除了这一点（因为它显然具有政治性和政治化的特征），并且被认为是过时的问题和概念[43]。

正如我们所看到的那样，当今资本主义社会的阶级分化特征是一个可以进行证明和充分说明的事实，也是那些讨论当今政治生活中所存在的“社会问题”的人所采用的一种修辞策略。那种主张在国家经济和全球经 155
济体系下的国家和国际政治管理中，剥削可以被定义为资源和权力的整体生产和分配，则是另一种策略。在这种策略下，马克思严谨的逻辑抽象并不容易与现实和有争议的阶级斗争联系在一起。当前的这种政治批判通常是借助权力的差异——比如在《宣言》中——而不是借助马克思关于劳动、对象、价值和产品所使用的自然哲学原则——比如在《资本论》中的“理论”部分——来进行论证的。明显通过社会手段而获得的“私人”货币资源积累这一概念需要具体的和新的理由，并且这些积累对代议制政府机构内部及其公共政策具有明显的反民主效果。这一概念在目前具有相当大的描述力和政治购买力。

自马克思所处的时代以来，与他的著作联系得最紧密的就是国际“依附论”（dependency theory）。这种理论把阶级职位分配给国家，而不仅仅是个人，这种职位主要取决于人们在生产和管理贸易体系中的地位。所以，有人声称，这种体系有利于一些大国的利益，而使其他的“发展中国家”或“第三世界”国家处于明显的劣势。或者换句话说，贫穷的国家几乎没有“国际福利”，因为贫穷的个体有时会享有这种“国际福利”。而对于“穷人”和“发展中”国家来说，许多被认为是“福利”的东西［如政府的、非政府组织（NGO）的和慈善机构的“援助”]，从一开始就已经被批判为（对穷人不利的）维持和扩大权力差异过程的同谋[44]。

在一些“发达”或“富裕”的国家经济中，社会民主、福利-国家项目（welfare-state programmes）、“安全网”（safety-nets）诸如此类的东西仍然存在，而这些东西在大多数“北半球国家”（global north）社会中都有所减少。是否最好将公民视为消费者，参与代表其自身计算的效用功能的市场交换？或者，至少在人生的某些阶段，将他们视为工人［作为工人，他们除了接受大幅下降的实际工资和“福利”（例如养老金和医疗保健）的工资协议之外，似乎别无选择］会更好吗？

或许，马克思最有力的一个论点与可操作的社会民主概念有关，这一
156 论点依赖于剥削的概念（也就是一个可以用持续不平等地获取权力和资源来定义的术语）。而这一论点与马克思在19世纪40年代以革命术语所概括的联合政治，以及在《宣言》中所预先呈现的“需求”列表并无不同[45]。然而，正如马克思对1848年之后的选举以及法国1851年和1852年公民投票感到绝望一样，选民有时会把他们的支持票投给专制的政客（他们往往是自私的、近乎腐败的，甚至是更糟的）。

五、异化

具有讽刺意味的是，马克思所提出的剥削概念的前身，即异化，可能是当今流传得最为广泛的一个概念，尽管与那些对马克思感兴趣且关心“社会问题”的人相比，这一概念在马克思主义者中的传播可能没有那么广泛。对于马克思主义而言，这一概念并不正统——甚至不是已知的——因为它是从20世纪初发展而来的。直到20世纪50年代后期，当“1844年”（或“巴黎”或“早期”）手稿的法语和英语译本开始流行时，它才在与马克思有关的政治话语中被有效地传播开来。马克思早期的——和编辑制作的——《1844年经济学哲学手稿》[46]只在1932年以德语的编辑形式出版过（两个版本）。随后，这部“著作”逐渐进入学术界，最终使作为一个“人道主义者”（humanist）的马克思形象流传开来[47]。

人道主义不仅仅是读者在手稿中所看到的对“以人为本”的哲学化描述。这个文本实际上是从零散的书页和笔记本中摘录出来的，其中保留着
157 马克思有关古典政治经济学的摘录和注释。与恩格斯在19世纪70年代后期所构建的作为“唯物主义者”的马克思形象相反，作为“人道主义者”

的马克思的发现标志着一种差异（distinction）。马克思也被广泛地认为是在历史、社会科学和自然科学之间建立起独特的系统联系的作者。恩格斯在一篇广为流传的悼词——《在马克思墓前的讲话》中，以及在他独撰的论著和对马克思的介绍性论著中，都是以这种方式对马克思进行描绘和刻画的。他不遗余力地将马克思推崇为与近现代伟大的自然科学家查尔斯·达尔文（Charles Darwin，1809—1882）具有同等地位的社会科学家[48]。

新马克思（青年马克思）形象和这些《1844年经济学哲学手稿》的外在风格（对人类社会生活的"基本事实"和"持久价值"的哲学思考），对读者大众具有一定的吸引力，因为马克思与革命之间有着众所周知的关联。与这些著作相比，马克思为人所熟知的那些著作在词汇和风格方面的明显差异显然是有利的，它们是正统马克思主义经典中的经典书目。这些版本对讨论的抽象概括及其基本无语境的表述，标志着内容可以随时间和地点的推移而转移。简而言之，由于术语、预设和推理方法看起来和现代经济学有所不同，这些内容与其说是经济学的，不如说是哲学的。这时的马克思是一位年轻的、叛逆的、富有哲学思想、具有创新精神和世俗情怀的"人道主义者"，他不被正统的马克思主义者所承认和接受，但是，他在所有这些方面的洞见都是新颖的且有价值的（relevant）[49]。

更具有讽刺意味的是，马克思早年对政治经济学进行批判研究时所写的这些"个人笔记"不仅未被发表，而且——直到马克思成为一个学术偶像时——这些笔记已不宜被发表，特别是因为它们的实体情境（physical context）是文本摘录之间的交错讨论。事实上，这些评论有时被写成是对其所摘录的段落的直接评论，而这些"手稿"目前的版本并没有完整地将这些评论再现出来。此外，在具体的笔记本上写下这些想法的几个月内，马克思自己明确地否定了这些想法（或者至少否定了异化的概念）。马克思对政治经济学的研究已经进入了一个新的阶段，尤其是对他在英国（特别是在曼彻斯特）时所阅读到的经典著作的研究，以及他用理论和政治术 158
语解决"社会问题"时所使用的概念。但在19世纪40年代初期，这些术语主要是由他的同伴所设定的，他们是青年黑格尔派哲学激进派，有些也可能是德国民主化改革派人士，他们紧跟这些半秘密的（semi-clandestine）激进主义分子潮流。

到19世纪40年代中期，马克思的雄心壮志与其政治对话者相比又上升到另一个阶段，这些政治对话者是由当时鲜为人知的德国激进分子和改革派发展而来的。而且从那时起，这些激进分子和改革派所发表的言论在大多数情况下很少被提及，除了其中一些与作为重要历史人物的马克思有关联的评论之外。到 1846 年，马克思已经在德国之外的地方居住了 3 年，他在杂乱无章的手稿中嘲讽道，他使用“异化”一词只是为了让这些手稿在德国哲学家面前有明显的意义。这种说法颇具讽刺意味，因为他显然是在用否定的语言要求他们也应该进行否定[50]。关于这些哲学家——以及一般的哲学——马克思甚至更加不屑一顾。根据马克思的说法，他摆脱了将哲学伪装成政治激进主义的德国激进党人的束缚，并转而攻击了一个非常著名的法国激进分子，即蒲鲁东[51]。马克思攻击的重点是为了展示他对政治经济学理论概念的超凡把握，对社会变革可能性的彻底的历史化方法，以及他所声称的植根于解决“社会问题”的重点突出的激进主义。而解决的方式将是一个通过在社会生产中拥有平等的劳动责任而组织起来的无阶级的工业社会。

在这一点上，马克思关于异化的“早期著作”在“20 世纪 60 年代”的吸引力开始显现。在那个时代，把商业化社会划分为剥削者和被剥削者并不容易，而恩格斯在大约 120 年前（并且具有某种独创性）对工厂作业和不断恶化的危机进行尖锐的理论化也同样如此[52]。大多数读者，尤其是美国和西欧的读者，都是中等阶级；无论如何，这些地区的政府都在一定程度上致力于管理国家经济和福利制度。而在自鸣得意的意识形态终结的语境中，复兴马克思的预期（至少作为一种“粗鲁”的方式），具有一定的政治影响力。马克思从有些杂乱的笔记本中所概括出来的不受时间限制的讨论，将过去、现在和未来相融合，并且显然促成了“激进”的哲学和政治的无缝对接（当时一些立场相反的实证主义哲学家看到的却是与之相
159 反的一面）。通过这种方式进行构建和阅读，“马克思的异化理论”概述了一种以相当抽象但却颇具吸引力的术语来判断资本主义工业社会弊病的“人的哲学”（philosophy of man）。就如何克服当前存在的难以言喻的问题而言，它也提供了另一种同样抽象的视角。

《1844 年经济学哲学手稿》中的理论材料虽然有些零散且缺乏条理，但总的来说，它是由四个部分组成的。“男性”的哲学语言在 20 世纪 60 年代广为流传，尽管出于女权主义的原因这种语言在当时遭到质疑，所以在这里提出的“异化理论”的译文应忠实于当时的评论，忠实于原来的英文译文，也应忠实于“男性”哲学现在提出的有关女权主义批评的问题[53]：人同自己的劳动产品相异化，人同自己的生命活动相异化，人同人相异化，人同自己的类本质相异化[54]。大多数评论家认为，马克思使用“异化”（*Entfremdung*）和“疏离”（*Entäusserung*）这两个概念来表达类似的内容：“敌对、损害或不接受”，普遍的失落感、分离感及相异性，这些都可能源

自当时流行的黑格尔哲学中的概念。在早年刚从新闻工作中接触“社会问题”后，马克思接着又对商业社会中的贫穷进行了短暂反思，发现这种贫穷可能具有更为抽象的意味。因此，他所做的笔记并不是关于实际个体可能（或不可能）对其自身状况的心理学或社会学的描述，而是对一种经济体制的描述性和批判性的说明，尽管这种说明具有较高的哲学抽象性。在当时雇佣劳动不断发展的条件下，“人”（一个普通的雇佣工人）正在失去先前他在工艺制造和行会制度下的生活，即他本人与产品和工艺之间不再具有亲密的、密切的和直接的联系。所以，在以市场交换为目的的商品生产的体系之下，只有通过这些手段才能获得工资工作，曾经直接的人际关系和个人关系变成了非个人的关系，消除了“人与人之间的联系”。虽然
这听起来像是一种回归历史的邀请，从现代制造的商品和蒸汽动力工厂的 *160*
生产（在内容上和形式上）回到中世纪，但可以肯定的是，马克思的分析——以及他毕生对历史进步的看法——不会朝着那种落后的和浪漫的方向发展。

相反，某种形式的黑格尔式的发展超越性［“扬弃”（sublation 或 *Aufhebung*）——异化研究中一个十分普遍的术语］出现在马克思的视野当中，主要是因为他反思的主旨（tenor）之一是日益加剧的世界历史性矛盾，而不仅仅是经验上的贫困与匮乏。现代的这种痛苦经历与人类未来的潜能（完全不同甚至相反的发展道路）之间的一个使人感兴趣（intriguing）的差异是将这一切加以遮蔽。据说“人”同“人的”类本质（*Gattungswesen*——马克思所处时代的另一个流行的哲学术语）相异化，这一概念与人类创造力的无限自由和解放形成对比。这种对人类能力的溢美之词，与仅仅满足需求相比（无论是与动物物种相比，还是与对“人类”的还原经济主义的观点相比），暗示了“人道主义”的道德和反资本主义政治[55]。在政治上，这种“简化的马克思主义”（Marxism lite）使许多“左倾”（left-leaning）激进主义分子——无论是有意的还是无知的——在最近出版的但被先前的各种马克思主义者所普遍否认的文本中接受了一种“人本主义”的马克思形象。因此，这种“新马克思主义”排除了迄今为止各种马克思主义中的教条主义元素和领导方式。

当然，这种对“异化”的简单描述与处于政治经济批判核心的劳动和劳动者、通过贫穷经济解决“社会问题”的共产主义，或者可能与作为这条路线上一个中间站（way-station）的社会主义之间，都暗含着一定的联系。它为前共产主义社会制度中的剥削问题提供了一个讨论的空间，并且预示了后来《资本论》第一卷中的“商品拜物教”部分的内容，更准确地

说：人类的社会创造——通过货币化市场关系成为有用产品的商品——以单独的和共同的方式控制着人类自身[56]。在马克思后来的理论中，将人类力量赋予无生命物体的这种拜物教，是通过“事物之间的社会关系”的隐喻来指明的，也就是说，在一个奇怪的异化或“另一种”世界里，商
161 品——作为人类创造物——似乎有一种内部的语言（市场定价），这种语言是一种支配着商品创造者（人类）的“社会”关系（市场力量）[57]。

20 世纪 60 年代末和 70 年代的一些评论家开始在马克思“早期”思想的理论化、“中期”《政治经济学批判大纲》写作（从不同笔记本中摘取并被汇编成一部“著作”）[58] 时的理论化发展，以及马克思 19 世纪 70 年代所撰写的有关“商品拜物教”的篇章（也就是他自己对《资本论》第一卷的修订）这三者之间建立起联系。但是，大多数评论家都致力于阐明马克思所言的确切构架和基本原则，以重建这种“人的哲学”的连贯性[59]。作为一种用于自我弄清问题的笔记（手稿），马克思的《1844 年经济学哲学手稿》既没有严谨的一致性，也没有完整的内容，更没有那些让 20 世纪中期的评论家产生浓厚兴趣的他所精确定义过的术语（考虑到他当时的思考和思想正在发生变化）。马克思的批判性和高度政治化的思想摆脱了各式各样的原始资料的束缚，当他在阅读的过程中灵感突发时，他会将自己的想法作为对文本的摘录和简单的评论记录下来。

在 20 世纪中叶的评论当中，异化（alienation）或疏离（estrangement）、异化［alien（*fremd*）］对象和外化［externalization（*Entässerung*）］都被大量地进行讨论和评注，以便从中找到这些术语之间的明确区别（如果确实存在一致性的话）。类似地，类本质（*Gattungswesen*）被诠释为劳动者之间的一种社会关系，这很容易与马克思后来在《资本论》第一卷中对“最蹩脚的建筑师”和“最灵巧的蜜蜂”[60] 的评论相吻合。然而，大多数评论家都很庆幸自己没有涉足马克思著作中那些更加深奥、更具有争议性、更人迹罕至的领域，而那些通常自称为马克思主义者和有党派认同的马克思主义者通过对马克思代表作的研究，已经在这些领域中有所建树。这种不参与是由“哲学”语言的吸引力造成的，这显然使得哲学家和历史学家更容易接触到马克思的“早期著作”，因为当时大多数人对马克思所处时代的政治经济学都不甚了解。《1844 年经济学哲学手稿》理论内容的不完整性，也必然会激发有哲学头脑的人从理论上（偶尔也从经验上）对其加以充实。

上段中所提到的后一种方式通常是指工人的合作运动，特别是在前南斯拉夫联邦（former Yugoslavian federation）的合作运动。事实上，在这些

背景下流传的马克思的“早期著作”，其非正统性和陌生性又在政治上极具吸引力，因此构成了当时的“实践”（praxis）运动的组成部分[61]。 162

在一个完全不同的语境中，拉美哲学和社会运动的“解放神学”（liberation theology）在很大程度上受到马克思“异化理论”的启发，即使马克思政治理论中的无神论和反宗教性质是罗马天主教徒众所周知的，这些教徒与许多激进主义团体和基于当地的“生活实验”（experiments in living）有着密切联系。对“新马克思”的“野蛮”呼吁再一次证明了这一点：天主教会内部的叛乱，目的在于以基本的方式对其进行改革和更新。他对资本主义社会的“工人主义”（workerist）批判，以及他对“人类”的明显同情，意味着整个人类象征性地被视为在社会上彼此相关的工人。考虑到《1844年经济学哲学手稿》缺乏一定的语境，但却具备有用的抽象特征，无神论和反宗教的马克思思想可以安全地投射到正统的马克思主义者身上，而“人道主义的”马克思则可以以接受度更高的世俗化和表面上更宽容的术语让人理解。这些运动包容了社会上贫穷的工人和农业工人，并以这种方式反对地主和资本主义精英。这些人常被认为是通过伪善的民主和独裁主义的手段执政，且不加批判地受到（大多数）教会等级制度的支持。考虑到马克思评论的简洁明了性以及这些评论在工业化社会中相对较新的起源，马克思将“人”作为“工人”进行哲学化的研究，为基督教福音的重新解读提供了一个框架[62]。

异化是现在被广泛接受的马克思思想中的一个重要组成部分，它代表着一种流行的、可理解的，有时甚至是平民主义者或工人主义者了解马克思思想的“入口”。那些更能代表马克思对当时的政治进行理论干预的文本和观点需要在解释上下更多工夫，因为它们的语境更为具体（如《宣言》），或者它们的叙述方式更为抽象（如《资本论》第一卷）。马克思反哲学的干预主义（anti-philosophical interventionism）、马克思主义的文本和概念正统学说（orthodoxies），以及年轻的（现在已经不再年轻的）反叛和 163
抗议政治之间的紧张关系，将确保已经多次再版过的《1844年经济学哲学手稿》的持续重新出版。

20世纪后半叶，在整个资本主义社会中，大学教育不再触不可及，它可以造福更多的人。并且，资本主义社会的阶级结构在总体上（虽然并非总是如此，也并不总是随处可见）呈逐步扩大的趋势，现在正向上延伸至“高资产净值人士”（high net worth individuals）这一难以想象的领域。事实上，通过全球化的进程，越来越多的国家和社会已经吸纳或自觉选择了资本主义的生产、分配、消费和金融关系。在这些地区，随着经济的发展和人均 GDP 的提高，劳动本身也逐渐以服务为导向，而实际的工厂工作已经被转移到国家内部的边缘地区以及媒体实况调查难以渗透的国家。在这个世界上，关于“人类创造”（*homo faber*）的抽象哲学幻想（“人”作为“劳动者”）代表了一个空间，通过这个空间我们可以消除对“社会问题”的焦虑并解决这个问题（如果不是从原则上的话，那么至少是在人性化的同情方面解决该问题）。因此，马克思提出的“异化理论”意在对更好的个人之间的关系进行理论化。这些个人之间的共同社会劳动活动，可以是和平合作和相互满足的[63]。

六、“人”与“人性”

考虑到马克思将“人”作为“劳动者”进行哲学化研究的抽象性特征，他的这一思路（毫无疑问）在英语世界里引发了一场哲学争论：马克思是否有关于“人性”的理论或概念（无论是明确的还是隐含的）。这个争论主要源于马克思和恩格斯的“观点”，因为他们主张人类社会、关系、思想和道德——实际上是法律、宗教和文化现象——从头至尾、自上而下的历史化[64]。是否因为马克思关于“人”的哲学太过于抽象，以至于没有历史依据，所以它与后来《宣言》中的历史化言论相矛盾？或者恰恰相反，这些抽象化的言论是否仍然与马克思的“历史理论”保持某种程度上的一致性，正如他在《宣言》和其他著作中所阐释的那样（尽管人们声称
164 道德体系总是与当时的生产技术和社会关系有关）？这些争论大多是学术性的，但在对马克思研究的各种学术方法中也是政治性的。其中一些观点与各种马克思主义的正统学说相一致，并为之辩护；而另一些观点则与这些正统学说相抵触，或者对完全按照他们的术语参与研究毫无兴趣。

马克思是否有关于人性的理论或概念？除了现存的争论可能与那些关心阶级和斗争的人遥相呼应之外，这个问题本身对当时几乎没有什么直接的影响。正如争论本身所揭示的那样（如果从广泛而抽象的层面来看），马克思早期著作对人性的概括在与劳动相关的方面，具有十分普遍的意义。然而，马克思在这一时期更为引人注目的观点——由于人类社会改变了生产体系和关系，人类甚至在身体和感官知觉等方面改造了人自身——变成了一个更有趣且最终更占主导地位的观点。其结果（upshot）是，（研究者们）试图用人性的概念来将马克思固化，使历史以可预见的方式在人性这一概念层面上展开，并将过多的本质主义（essentialism）——无论是亚里士多德式的唯物主义者还是黑格尔式的唯心主义者——投射到本质上非常简略的手稿笔记上。尽管如此，这表明评论家决心要与一个不为人知的、年轻的、新的马克思打交道并使其“重获新生”的非凡毅力[65]。

尽管《宣言》以对异化、唯物主义、唯心主义、辩证法、黑格尔、哲学乃至意识形态等这些特定的概念没有提出任何看法而闻名，但——正如马克思和恩格斯在1872年所说的那样——由于时间间隔太久远以及实际情况多变，除非写作一部全新的“宣言”，否则（1848年出版的。——译者注）《宣言》的内容难以更新①。《资本论》第一卷提出了（我们在上文中所提及的）政治经济学世界与我们现代经济学世界之间几乎不可逾越的转化（translation）问题（这也是马克思在构建其批判时所试图实现的），尽管其中许多概念仍存在于现代资本主义社会的“日常”生活之中，如商品、价值、货币、资本、劳动力等。因此，奇怪的是，一部包含“异化”和“类本质”等一系列不明确的术语，以及一些对人类创造（“人”作为“创造者”）的暗示性但未经修改的思考，且在当代没有明显的对话者和特定的政治地位，因而是可被替代和不可出版的“著作”，本应该像《1844年经济学哲学手稿》那样拥有广泛的读者受众和国际吸引力甚至流行文化 *165*
地位，但实际上却没有。然而，这些情况也表明了抽象的可转换性和它在发展政治运动和可能性中的作用，以及纯粹好奇心在形成一种不太可能的联系方面的力量。

七、回到未来

或者至少这些联系是在几代人之前的活动中所形成的。参与“占领运动”的人并不太关心诸如异化之类的抽象概念（更不用说人性了），他们更关心的是具体的社会阶层、生活前景、财产和财富分配以及企业利益（正如人们所声称的那样）对民主制度的攫取。马克思著作中有关异化的后继理论——商品拜物教——似乎更容易出现，尽管其简单的版本往往与文本不相符合。这种不准确的版本只不过声称，人们对购买——尤其是作为一种流通“符号”或地位象征的——商品的过分关注，并不足以在商品

① 马克思，恩格斯．1872年德文版序言//马克思，恩格斯．马克思恩格斯文集：第2卷．北京：人民出版社，2009：5-6.

生产社会中改变或革命性地实现资源更为公平的供给。

反全球化的社会运动和煽动媒体的反资本主义抗议活动，有效地将这一论点引入了国际政府和跨国公司的权力结构中，在那里，普遍的剥削概念比在“发达”的环境中更为适用。在发达地区，工人没有（至少目前没有）像恩格斯所描述的那样处于明显的贫困和挨饿状况。这些贫困和挨饿状况也没有像他和马克思所预测的那样越来越多。这些具有全球意义的激进主义运动，使得国际企业利益与其在国家政府中的支持者之间在权力上的巨大差异（discrepancies），在面临严酷现实的“欠发达”国家（这些“欠发达”国家依赖于低价值的初级产品，尤其是农产品；也同样依赖于低价值的流水线生产，特别是高科技、高价值的产品）面前清晰可见。

马克思认为，理论化应该从生产开始，即从生产过程和生产关系开始。这与现代经济学理论所认为的（理论化）应该从消费和交换开始不同。令人难忘的是，马克思生动地将其观点渲染（dramatizes）成一种在与现如今
166 关于如何解决“社会问题”的持续冲突中所产生的强烈共鸣，并把“自由市场”讽刺地写成想象中的田园诗：“劳动力的买和卖是在流通领域或商品交换领域的界限以内进行的，这个领域确实是天赋人权的真正伊甸园。那里占统治地位的只是自由、平等、所有权……自由！因为商品例如劳动力的买者和卖者，只取决于自己的自由意志。他们是作为自由的、在法律上平等的人缔结契约的。契约是他们的意志借以得到共同的法律表现的最后结果。平等！因为他们彼此只是作为商品占有者发生关系，用等价物交换等价物。所有权！因为每一个人都只支配自己的东西……使他们连在一起并发生关系的唯一力量，是他们的利己心，是他们的特殊利益，是他们的私人利益……完成着互惠互利、共同有益、全体有利的事业。”[66] 但是，当进入生产领域（工作、工资、就业、“福利”，等等）时，情况就会突然发生变化：“一离开这个简单流通领域或商品交换领域，——庸俗的自由贸易论者用来判断资本和雇佣劳动的社会的那些观点、概念和标准就是从这个领域得出的，——就会看到，我们的剧中人的面貌已经起了某些变化。原来的货币占有者作为资本家，昂首前行；劳动力占有者作为他的工人，尾随于后。一个笑容满面，雄心勃勃；一个战战兢兢，畏缩不前，像在市场上出卖了自己的皮一样，只有一个前途——让人家来鞣。”[67] 同马克思所处的时代一样，这是财产与权力之间的关系——理论与实践、理论与现实、改革与革命、头脑风暴与乌托邦的交汇点。而关于“社会问题”，马克思过去和现在都是“我们中的一员”，且毋庸置疑的是，他将还有更多的东西可以提供给我们。

注释

［1］请参见本书第四章“民主与共产主义/社会主义”及第五章“资本主义与革命”。

［2］相关探讨请参见：Roberts，*Marx's Inferno*，pp. 142－144.

［3］关于这一问题的概述和进一步的阅读材料，请参见：Marshall Cohen（ed.），*Marx*，*Justice and History*：*A ‘Philosophy and Public Affairs’ Reader*（Princeton：Princeton University Press，2016）；Rodney G. Peffer，*Marxism*，*Morality and Social Justice*（Princeton：Princeton University Press，2014）；也可参见本书第二章“阶级斗争与阶级妥协”。

［4］请注意，“两者兼而有之”的选项否定了一种既古板又具有争议的观点，即事实可以灵巧地、分析性地从价值中分离，或是目标可以从规范声明中进行分离。

［5］请参见本书第一章“使马克思成为马克思”。

［6］请参见本书第二章“阶级斗争与阶级妥协”。

［7］请参见本书第三章“历史与进步”。

［8］马克思，恩格斯．共产党宣言//马克思，恩格斯．马克思恩格斯文集：第2卷．北京：人民出版社，2009：54－64；也可参见本书第二章“阶级斗争与阶级妥协”。

［9］同［7］.

［10］有关实现这一民主政治过程的“基本框架”，请参阅《宣言》第四部分“共产党人对各种反对党派的态度”（马克思，恩格斯．共产党宣言//马克思，恩格斯．马克思恩格斯文集：第2卷．北京：人民出版社，2009：65－66）。

［11］马克思．《黑格尔法哲学批判》导言//马克思，恩格斯．马克思恩格斯全集：第3卷．2版．北京：人民出版社，2002：207.

［12］同［5］.

［13］请参见本书第四章“民主与共产主义/社会主义”。

［14］马克思．工资、价格和利润//马克思，恩格斯．马克思恩格斯全集：第16卷．北京：人民出版社，1964：111－169.

［15］同［13］.

［16］请参见本书第五章“资本主义与革命”。

［17］“物质生活的生产方式制约着整个社会生活、政治生活和精神生活的过程。”（马克思．《政治经济学批判》序言//马克思，恩格斯．马克思恩格斯文集：第2卷．北京：人民出版社，2009：591.）

［18］同［6］.

［19］相关探讨请参见：Carver，*Texts on Method*，pp. 89－97.

［20］同［16］.

[21] 同 [6].

[22] 读者也可能受到激励，从而去设想鲁滨孙式的“单人”(one-man) 经济，即海狸和鱼被捕捉和运输的工具也是由两个交换者自己制造的。

[23] 马克思.《政治经济学批判》序言//马克思，恩格斯. 马克思恩格斯文集：第2卷. 北京：人民出版社，2009：592-593；马克思. 资本论：第1卷//马克思，恩格斯. 马克思恩格斯文集：第2卷. 北京：人民出版社，2009：多处.

[24] 同 [16].

[25] 亚里士多德. 尼各马可伦理学. 廖申白，译. 北京：商务印书馆，2003：143-144.

[26] 马克思. 工资//马克思，恩格斯. 马克思恩格斯全集：第6卷. 北京：人民出版社，1961：645-646.

[27] 马克思. 政治经济学批判//马克思，恩格斯. 马克思恩格斯全集：第13卷. 北京：人民出版社，1962：3-177.

[28] Karl Marx, *Later Political Writings*, edited and translated by Terrell Carver, Cambridge: Cambridge University Press, 1996, pp. 13-19；马克思，恩格斯. 共产党宣言//马克思，恩格斯. 马克思恩格斯文集：第2卷. 北京：人民出版社，2009：44-51.

[29] 同 [13].

[30] 马克思，恩格斯. 共产党宣言//马克思，恩格斯. 马克思恩格斯文集：第2卷. 北京：人民出版社，2009：50-51；后来，恩格斯将“意识形态”改为与唯物主义相联系的概念，与19世纪60年代的物理学和其他自然科学联系；相关讨论请参见：Carver, *Engels*, ch. 7；也可参见本书第三章“历史与进步”。

[31] 同 [5].

[32] 下文的阐述来自《资本论》第一卷；请参见：马克思. 资本论：第1卷//马克思，恩格斯. 马克思恩格斯文集：第5卷. 北京：人民出版社，2009：47-231；也可参见：卡弗. 政治性写作：后现代视野中的马克思形象. 张秀琴，译. 北京：北京师范大学出版社，2009.

[33] 马克思对本杰明·富兰克林 (Benjamin Franklin) 关于该问题的观点的引用通常是不充分的和天真的，“因为一般说来贸易无非是一种劳动同另一种劳动的交换，所以一切物的价值用劳动来估计是最正确的”。(马克思. 资本论：第1卷//马克思，恩格斯. 马克思恩格斯文集：第5卷. 北京：人民出版社，2009：65.)

[34] 同 [16].

[35] 这种劳动通过技能将其规定为常规倍数；请注意，马克思的这一举动假设了抽象层面上的人类劳动的均等化 (equalization) 是劳动力 (labour-power)，是一种市场上的商品 (commodity-on-the market)，而不是人类社会存在的具体身体和情感；马克思. 资本论：第1卷//马克思，恩格斯. 马克思恩格斯文集：第5卷.

北京：人民出版社，2009：54-60.

［36］相关探讨请参见：David Harvey，*A Companion to Marx's Capital*（London：Verso，2010）.（中文版请参见：哈维．跟大卫·哈维读《资本论》．刘英，译．上海：上海译文出版社，2014）

［37］马克思．资本论：第1卷//马克思，恩格斯．马克思恩格斯文集：第5卷．北京：人民出版社，2009：10.

［38］同［37］207-611.

［39］请参见：Roberts，*Marx's Inferno*，pp. 132-133.

［40］马克思．《黑格尔法哲学批判》导言//马克思，恩格斯．马克思恩格斯全集：第3卷．2版．北京：人民出版社，2002：213-214.

［41］Stedman Jones，*Karl Marx*，pp. 302-303.

［42］请参见：the "Bristol pound"；http://bristolpound.org/.

［43］比如资本主义经济体系中著名的从价值向价格的"转变问题"。

［44］相关探讨请参见：Dimitris Stevis and Terry Boswell，*Globalization and Labor：Democratizing Global Governance*（Lanham，MD：Rowman & Littlefield，2007）.

［45］Karl Marx，*Later Political Writings*，edited and translated by Terrell Carver，Cambridge：Cambridge University Press，1996，pp. 19-20；马克思，恩格斯．共产党宣言//马克思，恩格斯．马克思恩格斯文集：第2卷．北京：人民出版社，2009：52.

［46］马克思．1844年经济学哲学手稿//马克思，恩格斯．马克思恩格斯全集：第3卷．2版．北京：人民出版社，2002：217-365.

［47］关于这些"手稿"的出现和形成的过程，请参见：罗扬．理论的诞生：以1844年笔记为例．赵玉兰，译．马克思主义与现实，2012（2）.

［48］请参见：恩格斯．在马克思墓前的讲话//马克思，恩格斯．马克思恩格斯文集：第3卷．北京：人民出版社，2009：601-603；也可参见：Carver，*Engels*，chs 6-7.

［49］相关探讨请参见：Carver，"McLellan's Marx".

［50］马克思，恩格斯．德意志意识形态//马克思，恩格斯．马克思恩格斯全集：第3卷．北京：人民出版社，1960：38.

［51］请参见：本书第一章"使马克思成为马克思"和第四章"民主与共产主义/社会主义"；马克思．哲学的贫困。答蒲鲁东先生的"贫困的哲学"//马克思，恩格斯．马克思恩格斯全集：第4卷．北京：人民出版社，1958：71-198.

［52］恩格斯．英国工人阶级状况。根据亲身观察和可靠材料//马克思，恩格斯．马克思恩格斯全集：第2卷．北京：人民出版社，1957：269-587.

［53］相关探讨请参见：卡弗．政治性写作：后现代视野中的马克思形象．张秀琴，译．北京：北京师范大学出版社，2009.

[54] 马克思. 1844 年经济学哲学手稿//马克思，恩格斯. 马克思恩格斯全集：第 3 卷. 2 版. 北京：人民出版社，2002：266−280；对于马克思的“异化”概念的详细探讨，请参见：Allen W. Wood，*Karl Marx*，2nd edn（Milton Park：Routledge，2012 [1981]）.

[55] 关于这些概念的详细介绍，请参见：Holt，*Social Thought of Karl Marx*，pp. 67−80.

[56] 请参见本书第五章“资本主义与革命”；也可参见：Moishe Postone，*Time，Labor，and Social Domination：A Reinterpretation of Marx's Critical Theory*（Cambridge：Cambridge University Press，1993），pp. 158−166.

[57] 马克思. 资本论：第 1 卷//马克思，恩格斯. 马克思恩格斯文集：第 5 卷. 北京：人民出版社，2009：88−102；也可参见：Roberts，*Marx's Inferno*，pp. 82−93.

[58] 详细探讨请参见：Musto，*Karl Marx's Grundrisse*，pp. 3−32，149−161.

[59] 麦克莱伦. 青年黑格尔派与马克思. 夏威仪，陈启伟，金海民，译. 北京：商务印书馆，1982；麦克莱伦. 马克思主义以前的马克思. 李兴国，等译. 北京：社会科学文献出版社，1992；利奥波德. 青年马克思：德国哲学、当代政治与人类繁荣. 刘同舫，万小磊，译. 广州：中山大学出版社，2017.

[60] 同 [37] 208.

[61] 关于这方面内容的最新论述，请参见：Richard Wolff，*Democracy at Work：A Cure for Capitalism*（Chicago：Haymarket，2012）.

[62] 详细探讨请参见：Christopher Rowland（ed.），*The Cambridge Companion to Liberation Theology*，2nd edn（Cambridge：Cambridge University Press，2007）.

[63] 沃尔夫. 当今为什么还要研读马克思. 段忠桥，译. 北京：高等教育出版社，2006.

[64] 同 [7].

[65] 这类作品的经典之作，请参见：Norman Geras，*Marx and Human Nature：Refutation of a Legend*（London：Verso，2016 [1983]）.

[66] 同 [37] 204−205.

[67] 同 [37] 205.

跋

马克思与我们之间的关系体现在何处呢？正如本书所阐述的那样，这 167
种关系可以被多种方式所构建，而且——考虑到马克思稳固的国际声誉以及大量的可用材料——我们没有理由认为这一过程已经结束，甚至倒退了（情况恰恰相反）。但是，为什么会出现这种情况呢？

本书从政治的视角探讨了这一问题，即马克思所提出的一些概念和所探讨的一些问题是与我们这个时代相一致的。这种一致性体现在“社会问题”这一概念上。它不仅仅被理解为个人之间的不平等（以及个人行动产生的不平等），而且更多地被理解为一种根深蒂固的“社会阶级”（一种持续存在的结构，通过这种结构，个人往往受到“他们的地位”的限制）。个人可能会喜欢（或不喜欢）和接受（或不接受）自身所处的社会地位，但如果在这些情况下采取“不”的立场，那么，他们可能会反抗并可能改变他们的个人处境，或者——正如马克思所热切希望的那样——集体反抗权力结构，为个人争取生存空间和机遇。

马克思的政治学抵制了这样一种观念，即未来必须与现在所假定的确定性相同，因此，他的阶级观念具有述行性——它是必须被创造出来的，而不仅仅是被识别出来的。并且，它是分析性的——它产生于商品化生产的特殊性质，并通过这些特殊性质进行交换，其中包括人类劳动“投入”的再生产。在我看来，这似乎是在追踪目前的所有政治运动、立
场和论点，并使我们对所有争论点、对抗，甚至是革命行为和武装起义 168
的爆发都有“看法”。但毫无疑问，这种对阶级的政治定位并不能描述所有地方的所有冲突，因为马克思行动主义的要点是制造“看起来像那样”的冲突。同样，这种政治定位也不是解决任何冲突的简单药方（prescription）。如果从这个角度来看的话，也许马克思的（思想）遗产更像是一

种激励，而不是一种注释性的重负。也正因为如此，阶级斗争、阶级分析和阶级理论为马克思关于历史、进步、民主、社会主义/共产主义、资本主义、革命、剥削和异化的论述奠定了基础——这也正是本书的基本架构。

此外，也没有任何法律禁止将马克思作为一位哲学家、社会学家、政治学家或经济学家来进行阅读，在这种情况下，仅有略微不同的几部“基础性”著作中的经典才能轻易吸引教师和学生这些“读者”。与上文所述的政治观点一样（但是以一种截然不同的方式），这种学术方法产生了一些或多或少与目的相称的“众多的马克思”，产生了一些棘手的难题和或多或少鼓舞人心的学术探索。这样的解释在马克思逝世后就已经开始了，这可以从他与哲学唯物主义、唯心主义、黑格尔辩证法、特定的历史理论（particular histories）等等的关系（当然还有批判）中，以及他从政治的角度关于唯物主义者、唯心主义者、黑格尔学派、辩证学家（dialecticians）和历史变化的观点中推断出来。这同样也适用于他后来关于阶级、阶级政治、国家、革命和共产主义的“理论”架构，以及他在价值、剩余价值、劳动力、货币、资本、市场和价格、租金、生产力和危机等方面所进行的错综复杂的研究。毫无疑问，马克思是一个很有趣的人，就像其他许多作家一样，人们可以通过研究作为教师和同行（colleagues）的他们而使其重新焕发活力（即使他们距离现在已有成百上千年的历史）。此外，他的论证性分析和从个人出发的批判，都是以一种令人难忘的复杂而又巧妙地进行的修辞方式。

本书在“引入”各种“众多的马克思”时非常具有选择性，以便让读者对他的（思想）遗产有一个当代看法（他的实际遗嘱和遗愿相当简单，尽管他的遗稿保管者——恩格斯以上述方式利用了幸存下来的材料）。列宁主义者、斯大林主义者和毛主义者并没有参与到这一介绍性的研究当中，
169 但是“唯物主义历史理论”的建构确实存在，因为从恩格斯开始到现在，这种理论一直作为一种学术的和政治的产物存在着。同样，其他的规范性概念，如资产阶级和无产阶级、革命性变革、无产阶级专政、价值和剩余价值，共产主义（如果粗略地说）在这里也是“基础性”的。现在普遍存在的“基础和上层建筑”的隐喻，是在讨论历史变化时出现的，这也树立了马克思颇具吸引力的形象。马克思指出，“使用一般历史哲学理论这一把万能钥匙，那是永远达不到这种目的的，这种历史哲学理论的最大长处就在于它是超历史的”[1]。这再次被证明是一个极具有吸引力的想法，这一想法由恩格斯进行充分发展，并且一直为一些杰出的（和一些非常平庸

的）哲学家所追求。

马克思可能在某些特定方面对我们没有什么启发。但是，考虑到他作为学术上和政治上参照标准（reference point）的地位，人们总是试图让他对这些问题发表看法，尽管结果往往有点“言过其实”（a stretch）。马克思并没有积极地参与到“女性问题”的讨论中，但这在19世纪70年代后期的社会主义圈子里引起了公开的斗争和争议。所以可以预见的是，从那时起“马克思”就被建构起来了，以便对这个问题，以及（他所设想的）与阶级等级（class-hierarchy）相关的性别等级（gender-hierarchy）制度进行探讨。如上所述，这种结构涉及“挖掘”文档（archive）中的片段和引文，因为实际上女性（尽管在性别的描述中不是男性）在不同的语境中不时地扮演着不同的角色，尽管她们作为手头事务的附属品[2]。

民族主义、种族/民族性和后殖民主义政治的观点同样致力于将马克思的“思想”定位于持续进行的（包括实践方面和学术方面的）政治关注和计划之中。众所周知，《宣言》对民族主义不屑一顾，并认为民族主义是强大而持久的政治运动（“工人没有祖国”），尽管《宣言》的第四部分涉及国家背景下的社会主义政党，而这些政党必然涉及联合政治[3]。马克思所从事的新闻工作绝不是对国家和民族主义运动的蔑视，因为他明确地从经济和政治的角度参与过对帝国征服、国家建设和民族主义叛乱的讨论。正如人们所期望的那样，他在阶级斗争和工人阶级解放的问题 170
上广泛倡导一种国际的视角，尽管他（实际上我们自己也经常如此）在某种程度上被简单的分析和简单的答案所困[4]。尽管他倾向于与今天被认为带有种族主义色彩的随意表述保持一致，但他无疑是站在反奴隶制运动一边的（尽管他在阶级结构社会中对种族等级的其他方面口风很紧）。建构一种“马克思”（主义）来探讨这些问题，特别是殖民主义对资本主义及其“内在逻辑”的中心性（而非边缘性）问题，并非特别容易——但现在的学者很少发现这些问题的直截了当性（即使从概念上来讲也是如此）[5]。

但在许多方面马克思是不同的。虽然并非所有西方白人学术界的“伟大人物”都脱离了他们的政治环境，甚至有时也脱离了自我意识的干预，但马克思作为政治的动物，即便不是政治家，也异乎寻常地是始终如一的。在与他同时代的人中，没有一个人像他那样如此的坚持，大多数人都默默无闻，甚至放弃了他们年轻时的激情，而其中有些人确实是在值得尊敬的社会主义政党政治中崛起的。相比之下，柏拉图学派、亚里士多德学派、康德学派、黑格尔学派、李嘉图学派、韦伯学派都没有在世界舞台上以这种方式出现过，而他们各自的导师也并没有像马克思那样成为高度政治化的化身。

在本书中，从政治（学）的角度对马克思的解读，迄今为止并没有（在“众多的马克思”形象中）产生任何一种新的马克思形象，也没有树立一种适用于“一切时代”的“马克思”形象。但是，我认为，这（种解读）是一种力量，即使它不是作者——而是主题本身的力量。

注释

［1］马克思．给《祖国纪事》杂志编辑部的信//马克思，恩格斯．马克思恩格斯文集：第3卷．北京：人民出版社，2009：467.

［2］关于这部分内容的详细探讨，请参见：卡弗．政治性写作：后现代视野中的马克思形象．张秀琴，译．北京：北京师范大学出版社，2009；Joan Tronto, “Hunting for Women, Haunted by Gender: The Rhetorical Limits of the Manifesto”, in Carver and Farr (eds), *Cambridge Companion to The Communist Manifesto*, pp. 134–152.

［3］马克思，恩格斯．共产党宣言//马克思，恩格斯．马克思恩格斯文集：第2卷．北京：人民出版社，2009：50，65–66.

［4］相关探讨请参见：Erica Benner, *Really Existing Nationalisms: A Post-Communist View from Marx and Engels* (Oxford: Clarendon Press, 1995); Kevin B. Anderson, *Marx at the Margins: On Nationalism, Ethnicity, and Non-Western Societies*, new edn (Chicago: University of Chicago Press, 2016).

［5］关于马克思在后殖民时代的研究，请参见：Robbie Shilliam, “Decolonizing the Manifesto: Communism and the Slave Analogy”, in Carver and Farr (eds), *Cambridge Companion to The Communist Manifesto*, pp. 195–213.

附录　关于全集和经典形成的注释

文献编纂看起来可能只是一个枯燥乏味的主题，它只是一个整理显 171
而易见的东西（书籍）的过程。经典形成的过程也大抵如此——伟大的著作就是这样达成的，而较少的著作会水到渠成。然而，无论如何，对于马克思而言，情况远非如此（其中的政治历史是相当复杂的）。接下来将要阐述的“注释”（note）来自我在本书开篇的讨论，旨在告诉读者“使马克思成为马克思”是一个涉及文献编纂和经典形成的过程，并同时给出了一些“基础知识”（basics）。这里的阐述是一个更为详细（虽然不是完整）的说明，它更像是一个有关时代背景和社会现状的指南。

早在19世纪50年代初，马克思就曾考虑将他的著作结集出版，而在当时复杂的协商进程结束后——考虑到那时他和他的同伴在1852年末的“共产党人审判案”遭受质疑——他的论文集［《卡尔·马克思文集》(*Gesammelte Aufsätze von Karl Marx*)[1]］第一分册于1851年4月在科隆出版（这个版本在现在看来已是相当罕见了）。这一分册文集收录了两篇文章①（一篇是完整收录的，另一篇只收录了其中的一部分），它们可以追溯到1842年他的自由主义/激进的新闻工作时期[2]。19世纪50年代的政治环境表明，随着文集出版工作的推进，他评论革命时期和紧接着的后革命时期的政治新闻成为主要而又有特色的报道。因为正是在这个时候（1850年），马克思和恩格斯也在同一位瑞士出版商交涉，以便继续出版他们以汉堡为
基地的《新莱茵报。政治经济评论》[3]。这是他们革命性的《新莱茵报》 172

① 这两篇文章分别是《评普鲁士最近的书报检查令》和《第六届莱茵省议会的辩论》的一部分（马克思，恩格斯．马克思恩格斯全集：第48卷．2版．北京：人民出版社，2007：541注释207）。

（已经在 1849 年被勒令停刊）的后继者[4]。在仅仅出版了 6 期的《新莱茵报。政治经济评论》中，两位作者/编辑回顾了法国和其他地区当时发生的阶级斗争事件及进展[5]。

尽管马克思确实有意去完成自己的手稿作品（或者至少整理好它们），但是为了弄清问题并阐明自己思想而写下的大量手稿，似乎不太可能在这一出版过程中占据重要地位。也许马克思早已完成《黑格尔法哲学批判》[6] 的初稿，或者从他的“摘录笔记”中提炼出他对“异化”[7] 的看法——这其中夹杂着他对政治经济学家观点的引用和他自己对这些政治经济学家的第一次批判性反思——但这看起来有些牵强[8]。在 19 世纪 50 年代，马克思一直致力于对在革命后比以往更重要的作家和概念进行认真的创新性研究——不过这并不表明他的早期思想与其后期思想毫无关系。但总的来说，他无意对散乱的书稿中所蕴含的思想进行有意识的“挖掘”或再利用。事实上，多年来，他更愿意进行“全新的开始”，而不是重审和修改之前的写作手稿，而且还经常有意识地改变自己的详细写作计划。

马克思在 19 世纪 40 年代闲置的手稿，大体上都——以某种方式——针对他的政敌和一种自 19 世纪 50 年代起就不再流行的政治理论。他编纂论文集的计划，与其说是一次回顾性、有点自我陶醉的活动，倒不如说，这个计划看起来更像是为了再次传播那些会引发争议问题——例如新闻出版自由和代议制政府——的内容，因为这些内容是一种政治趋势，而且目前仍存在争议。与收集自己的著作相关，就个人形象而言，马克思是一个（社会）活动家兼新闻工作者。他自己界定的“经典”正是这一形象的反映。

写作马克思传记的第一人——梅林，对马克思和恩格斯生前未发表的遗作（也就是其档案遗产）做了整理工作。但是，他生前并没有考虑过要出版关于马克思（和恩格斯）著作集的事情（收集整理并出版马克思生前发表过的为数不多的论著）。在经历了 1911—1913 年不成功的起步阶段之后[9]，这一收集整理并出版马克思和恩格斯著作集的出版项目于 20 世纪 20 年代初由 D. B. 梁赞诺夫（1870—1938）（与一个由苏联和德国的学者和活动家组成的团队合作）着手展开[10]。虽然这一编纂工作在第二次世界大战初期他的继任者手中被中断了，但这一努力最终还是形成了 11 卷本的《马克思恩格斯全集》[11]（*Marx-Engels-Gesamtausgabe*）历史考证版第一版（尽管不完整），即 MEGA[1]。

173 不像上文所提及的 19 世纪 50 年代的《卡尔·马克思文集》，以梁赞诺夫为院长的马克思-恩格斯研究院（及其在德国的合作企业），在学术上衍生出一种以科学为导向的原则来继续这一马克思和恩格斯著作集的编纂工作。他们的编纂模式力图使其在历史还原准确度、文本方法的细致性和客观严谨性等方面都成为编纂著作集的典范，这些都是在一个整体政治——而且是高度政治化——的意图（尽管印数很少，并且是由令人敬畏的学术机构所运作的）之下完成的[12]。尽管后来在20世纪70年代再度进行的《马克思恩格斯全集》历史考证版第二版的出版工作（以$MEGA^2$之名为人所知[13]，而且目前仍在编辑和出版当中）在某种程度上偏离了梁赞诺夫的计划和方法论，但其整体轮廓和构想还是非常相似的。而我希望进一步探讨并进行批判性评论的，正是这些相似之处的其中一部分。这些学术性的丰碑是为了向“伟人”致敬而构建的，但反过来却又赋予并证实了这种（著作集）特殊的结构。

梁赞诺夫的计划所涉及的不仅仅是对马克思和恩格斯的著作按照年份顺序进行编纂并授权，更是对二人的著作进行区分并按照层次结构进行的归类：第一个系列是著作类（编辑者对其进行分类，这一系列并没有收录《资本论》这一著作，而是将其囊括在著作集的普及版之中），第二个系列是“经济学”手稿（由编辑者对其进行遴选），第三个系列是马克思和恩格斯二人的书信集[14]。《马克思恩格斯全集》历史考证版第二版（$MEGA^2$）的编纂情况与之类似：第一个系列是著作，《资本论》除外；第二个系列是始于1857—1858年的“经济学”手稿及著作，其中包含《资本论》；第三个系列是书信集，除马克思和恩格斯之间的通信外，还包含他们二人与其他人之间的通信；第四个系列是各类笔记，包括笔记摘录和其他批注[15]。

尽管已出版的书籍和发表过的文章很容易被收集到，但那些仅仅在出版计划中（以各种方式）列出，而实际上并未出版的著作手稿却很快给他们出了道难题。事实上，梁赞诺夫在开始这一编纂项目时确实希望“开辟”一“章”给一部“计划好了的”著作。这部著作将会被单独编辑为一“卷”，这一章也有一个明确的标题——《德意志意识形态》的“费尔巴哈章”[16]。然而，一个很明显——但很少被人察觉到——（并怒视着我们）的问题是，一些或已出版或未曾出版的著作被归至“经济学”类别（而非“哲学”?）。或许，这也反映了当时已经存在的非常明显的专业知识和劳动技术分工的分野[17]（在现在编纂《马克思恩格斯全集》历史考证版第二版团队的内部，情况依然是如此：《资本论》派的学者普遍和其他专家之间存在隔阂）。

或许，从编纂者拟订的标题来看，1932年出版的《1844年经济学哲学

174 手稿》——这一从马克思的手稿、笔记本中提炼出来的文本——生动地体现了两个独立的不同的学科类别，即使它是这两个不同学科类别的结合[18]。这显然是编纂者对马克思“用于自我阅读的笔记”[19] 的再加工，它需要进行学术上的解释和说明，因为当时作者本人并没有使用这一标题；它同时也会遭受质疑：因为马克思当时政治斗争的对象主要是哲学家，准确地说，正是因为他们“仅仅是”哲学家，马克思才要批判他们。他当时甚至还以一名具有政治动机的批判者的身份去研究政治经济学（不要与现代“经济学”[20] 相混淆）。

但是，这一带有编辑选择性并具有倾向性架构的处理方式对马克思的“思想”有怎样的影响呢？同时，当一种“思想”被赋予马克思的时候——并且贯穿于他的所有著作之中——尤其是，对这种思想的复原支配着对他著作（作为一个整体）的理解的时候，马克思本人所自我认定的形象会发生怎样的变化呢？梁赞诺夫在 1914 年特别清楚地说明了这一点：“……（出版一部）关于马克思和恩格斯的科学传记被视为现代史学最重要和最吸引人的任务之一……它描绘了他们各个不同阶段的世界观及其发展，这同时也成为国际社会民主的主流理论。”[21] 当然，历史和政治的语境化可以融入其中，并嵌入各种不同的内容之中，但这确实涉及对政治意图、日常活动甚至当代学术语境的低估。在阅读马克思和恩格斯的著作时，我们经常会读到他们对与其观点（无论是关于思想的还是关于策略的）相左的人的评论或批判，但我们却很少直接阅读他们所评论或批判的人的著作。即使是从 19 世纪 80 年代恩格斯的表述开始，（人们）对于 19 世纪 40 年代的论战也会感到乏味。对于现代读者，即使是那些具备必要的语言技能和学术研究图书馆访问权限的读者而言，他们也几乎没有动力把被马克思批判的这些“小”人物当回事，甚至以此去把握马克思的真正思想，以及他为什么要这么做的原因[22]。实际上，对马克思来说，重要的东西在很大程度上被遮蔽了，这正是那些已经决定将他解读为一位“哲学家”或“社会学家”或“经济学家”的人有意为之的。这不仅仅是对落败者施暴
175 的胜利者的历史；如果对于是什么使他们的斗争变得有意义——对他们而言极其重要——我们不能够提供一个合理的说法的话，那么，胜利者本身的历史就会给他们带来暴力。

将不同的著作划分为不同的类型（和随之而来的层次结构），将全部著作有意识地统一呈现出来，从而为读者阅读提供极大的便利。或许，这是一种不同寻常的见解。就著作集的出版而言，借助于压缩胶片（facsimile）的收集行为可能显得很疯狂，但从数字成像的角度来看，我们可能会从中

读到更为丰富的原始手稿的内容。给课堂或演讲听众派发《宣言》手稿的影印复制本，让他们进行阅读，是极具教育意义的；它的外观和给人的感觉都不一样，它的潦草笔迹会令人想起一个斗争的世界。但是，其糟糕的版面设计（以及哥特式字体，甚至对那些能读懂德语的人来说）也成了它（进一步传播）的阻碍。

我的疑问是，当所有不同类型的著作不仅仅被称为包含一种“思想”的“著作”，而且被制作成从页面上看都一样的时候，会发生什么？这会使我们很容易将马克思理解为一位传递“思想”内容（这通常需要同他所写的“并不重要的”散文，尤其是他与其他人的书信区分开来）的“思想家”。如果他的手稿材料（与他的已经被“普遍接受”的“思想”）相一致，就会得到珍视；如果不一致或显得不一致，就会引起特别关注。借助于索引［就像在英文版《马克思恩格斯全集》（*Collecetd Works*）的每一卷中那样］，我们从这里、那里和其他任何地方引用马克思的话就变得很容易了，这就好像总是同一作者在同一媒介、同一文本（尽管编辑的语境也存在着差异）中为同一受众进行写作一样。

这一论点也可以用另一种方式来解释，正如我在被问及对马克思关于“经济危机”（这在 2008 年之后的政治局面中并不罕见）的思考的研究时所发现的那样。当许多同行、“经济学”手稿研究专家都不假思索地去研究“经济学卷”时，我所做的工作——我自行提出的——是在一个真实的经济危机状况，即 1857—1858 年“世界”的崩溃中，重构马克思的“思考”（thinking）［而不是“思想”（thought）］[23]。这就需要（几乎每天）努力梳理他的分析、著作和出版物——包括新闻稿和书信——的尝试，并在这一过程中，弄清他的真实想法是什么，以及他想利用它们做什么（而不只是单纯地从中提炼他的“理论”，即使是在“早期”的时候，就好像 176
这只是一些单一的概念构思）。

这是否为一种有价值的方法，以及它是否真的会成功，仍然是一个见仁见智的问题。我认为，将马克思的著作按照不同类型进行学术性的划分的倾向，其后果是：如果那些单纯地把马克思视为一个活动家/新闻工作者的人，为了将其著作和他的生活经历联系在一起，想要在日常的研究中找到一种（研究马克思的）方式（在英文版《马克思恩格斯全集》或德文原版 MEGA^2 中）是极不方便的。通过对各种卷次分散的“著作”的追踪，然后对各种修订版中哪些是或者哪些不是“经济学”手稿进行猜想，并把所有这些文献与书信（其中分别基于相关的马克思和恩格斯的信件，列出了第三方的发信和回信）进行协调梳理，这确实需要花费巨大的努力。如果这些内容没有被收集、转录、介绍和引注，那将存在更多的困难。但是，正如这里所主张的那样，“收集的著作”类型以及这些特定著作集被组织起来的方式都会产生某种后果，需要对其进行清算。

追踪那些使马克思发展成为马克思的重要地方，不在于传记叙事本身，而在于传记作者制作或再现的对文献书目的选择、列表及评价。对于思想家（大多数画家或作曲家也同样如此）而言，一部著作——甚至是手稿，未完成的或初稿“作品”——的主要或次要地位的归属，代表了一部传记以一种全面的按照时间顺序进行的叙述方式。或许，纵向的年代序列和横向的文献学之间这种立体式交互作用关系最为明显的文献是阿多拉茨基（V. Adoratskij，1875—1945）的标志性著作——《卡尔·马克思：详细编年史式的生平传记》（*Karl Marx：Chronik seines Lebens in Einzeldaten*）[24]，以及随后使用相同体系的一系列类似著作。虽然日记式的结构形式似乎是在重述日常生活，即发生在某个特定日子的某些特定的事情（通常是在书信中），但令人备受鼓舞的显然是伟大著作本身的故事（已经为编年史家的编年史所知），因为读者对每天都会发生的事情鲜有兴趣。这样的日常细节并不能构成作为那样一位“思想家”的生平，尽管少量涉及这些“人类”所接触的日常——即使是在枯燥的年表中——是必要的[25]。

正如我们所看到的那样，为了向读者展示其自身形象，马克思对其著作的筛选和排序——在仅有的几个文本中——与后来的解读者对其著作的筛选和排序有着惊人的不同，并且同他逝世后的130年左右的时间里人们对其著
177 作的重构也不相同[26]。这里的结论并不是说，在这一点上，他是正确的而其他人是错误的，或者其他任何一个人都比另一个人“更正确”。我的结论是，经典形成的过程有另外一个维度，这一维度需要进行批判性的探索。

不仅在重新出版（或重新构建和新近出版）的个人著作中可以观察到马克思经典著作的形成过程，而且在马克思逝世后，恩格斯所积极追求的（此后快速发展的）策略中也可以观察到[27]。自20世纪30年代以来，在普遍制作和全球流传的各种版本的选集和全集（无论是完整的、完成的，还是摘录的）中，马克思经典著作的形成也没有被固化。而在20世纪20年代，通过被收录到“全集”或多卷本的“主要著作集”中，马克思经典著作的形成发生了重要的转折，实现了升级。这是一个独特的过程，它持续存在，但作为一个神秘的、以学者为中心的学术活动，它超出了考察的范围。

现在大量的书籍将马克思的全部著作（文献编纂者所界定的）以原始语言（不限于德语）和规格一致的翻译形式传播给世界各地的读者。这些著作集包含了编纂者的主观判断和其对文献的主次排序，这与马克思为了

阐述他的事业而写作的日常语境形成了鲜明的对比。实际上，即使是这类书籍的印制所展现的外在特质（或当前的在线阅读技术）也不利于将马克思的日常政治活动与读者的观念这两种解释视域融会贯通。简而言之，在出版著作集的同时，马克思——尽管被致敬为“伟人与斗士”[28]——在图书馆书架上的阅读书目中，变成了与其自身不同的另一位伟大的作家、思想家，甚至是哲学家。在那里，虽然他也许不幸地被范式化（assimilated）了，但他的著作与亚里士多德（公元前385—前323）、莱布尼茨（1646—1716）、康德（1724—1804）、黑格尔（1770—1831）等人的，或任何其他的著作在最终的学术流派——全集、通信集和“论文”集，在编辑和再版的合理性原则、精美的印刷和统一的装帧，以及“有序的”编号（即使其中某些体系是图书管理员和读者的痛苦之源）等方面是一样的。流派具有属性，属性具有归属。

将文献学（bibliographical science）的原理应用于出版马克思的著作之中也有得失之处，以这种方式呈现他的生平——虽然含蓄——能最好地理解最权威的学者所确定的写作其传记的方式。换句话说，完整的著作是一种类型，形式（在一定程度上）决定内容，并且阅读是一种路径相依。这并不是说，拥有30卷或50卷（或近150卷）马克思（和恩格斯）的著作是件坏事，但可能会有得有失。当然，得失都是相对于读者及其正在从事 178
的工作而言的，我确信并非所有人都同意我对这种情况的“看法”。然而，我们的目标是要求更深入的考察，而不是简单地从表面价值入手去接受一个产品，即使是一种学术产品。上述观点并不是说出版著作集不应该发生，也不应该进行。作者已经向读者和子孙后代广泛地公开了他们的文本（以及他们经历过的所谓的“生平”），而且没有限制读者（和那些超越于低俗专家之上的为了使受众感兴趣而——至少有时候——工作的学者）对其文本的阐释。把马克思当作一位哲学家（他当然对此相当熟练），更能吸引那些对哲学感兴趣的受众，这同样也适用于那些对非正统的经济学（他对此也是相当熟练）感兴趣的受众。著作集努力地使这些更深层次的内涵和更丰富的经验，不时地呈现在电视和社交媒体上。

然而，即使——正如我在上文所述——有人试图对这些著作重新进行语境化，并从本质上将其确定为直接的政治著作，也就是说，考虑到其特定的目标受众和所要表达的内容，这一著作集的经典本身的层次结构重新确立了这一点。这种层次结构通常基于著作的类型被区分为主要著作和次要著作。因此，报刊文章也被包括其中，但因为仅仅是新闻报道，所以它们很少被学者采用。相反，未发表的手稿和笔记，包括那些从未打算出版或只是未经校正而被遗弃的手稿和笔记，它们更容易被提升到经典著作的地位，并吸引学者对其进行学术研究，其原因正是在于，它们（本身就）是——或者被视为——“著作”（而非纯粹的新闻报道），而且通常被视为对各种不解之谜的回答（例如“唯物主义历史观”这一准确的术语），或者一种“全新的”或“未知的”马克思（例如“人道主义的马克思”）的（文献）来源。在某些情况下，有一个“著作提升和推广”的过程，在此过程中，一部篇幅很短的著作［例如，仓促写成的（半卷著作中的）一篇序言］可以变得像一本书一样重要[29]，或者一本小册子可以被重新出版为非常薄的一卷书，然后像书一样再加上参考书目等[30]。

写作传记是一种事后回顾的活动，文献编纂是一种构筑经典的活动。
179 它们都是知识生产的技术，而且是一种穿越时间即时性（immediacy）的复原。但是，为了实现这种“即时性”（和随之而来的“真实效应”），这些高度复杂的技术力图消除它们自身，以避免影响读者的观感[31]。在学术著作的编纂过程中，这种类似于遗留在透明窗户上的技术污迹通常会被放入脚注和附录中，以便读者可以在那里查阅到档案的“来源”和“二手的”编注。在通俗读物当中，这些学术建构的痕迹则被消除或被排除于尾注之外[32]。然而，马克思的自传和其他关于马克思的传记都有其各自的历史和方法论，每一本著作本身也各有其创作语境和目的。马克思不可能拥有同样的“生平和思想”，也不可能为任何时期的任何人（无论他们是谁，也无论他们身在何处），列出（他所）依序排列好的“伟大作品”。但是，“权威性”的学术传记潜藏着一种作为柏拉图式的理想（或韦伯式的理想类型），这是研究马克思的学者理应树立的目标[33]。

目的论（teleology）和影射论的问题在很大程度上也适用于研究我们所认为的马克思的样子：关于他的最早图像可以追溯到他十几岁/20岁的时候，但不管是在当时还是在现在，（在没有提示的情况下）几乎没有人（除了他的直系亲属外）能认出这个穿着制服的年轻学生。直到关于他的第一张真实的照片（拍摄于他40岁左右的时候，蓄着浓密的胡须）出现之前，这两张照片之间还有相当大的差距。但直到50多岁时，他才被认为是我们（以爱或者恨的方式）所认识的马克思（形象）[34]。那种威严的甚至有点威权主义的（authoritarian）“表情”被范式化为一种传记式的人物形象，这种形象把我们所熟知的马克思形象推后了大约十年。而那张蓄着灰白胡须的脸，已经以一种永恒的方式镌刻在了海格特公墓（Highgate Cemetery）的墓碑上，并成为马克思的经典形象[35]。

正式的摄影肖像照本身就是标志性的，但前提是有恰当的知名度——

在这种情况下类似于圣徒传（hagiography）和魔鬼论（demonology）——为了同其相一致而进行互文性建构。即使经过权威认证的图像无法保存（或从未被制造过），我们也会用比其本身更伟岸的图像，或者以它们所“希望”的方式来排列众神像（pantheons）[36]。它们的背景——无论是作为建筑中的户外纪念碑，还是在书本封面上——都告诉我们，它们是“伟大的”。呈现在封面上的肖像已经告诉我们，这本书是一本传记（除极少数是作为一本关于“无人”的书之外）。多年来，几乎没有传记作家提醒我们——除了附带——“无人”的形象，这些形象更接近那些撰写未知（或鲜为人知的）著作的人。

这些“伟大”的基本要素——细致的参考书目、精心策划的经典范式 *180*
和偶像化的形象——已成为以各种方式构建马克思的“生平和思想”的学术传记的重要里程碑。本书旨在表明，我们或许可以暂停片刻并思考另一种观点，然后提出另一个问题：当马克思想要在政治上“有所作为”，从而创造他本人日常的和非偶像化的“马克思”形象时，他对（我们目前所拥有的）他自己的著作做了些什么？

注释

［1］［2］马克思，恩格斯．马克思恩格斯全集：第 48 卷．2 版．北京：人民出版社，2007：541 注释 207.

［3］［政治经济评论］.

［4］请参见：Franz Mehring, *Karl Marx*: *The Story of His Life*, trans. Edward Fitzgerald (London: George Allen & Unwin, 1951 [1936]), p. 209.

［5］马克思，恩格斯．“新莱茵报。政治经济评论”出版启事//马克思，恩格斯．马克思恩格斯全集：第 7 卷．北京：人民出版社，1959：3−4.

［6］［*Kritik der Hegelschen Rechtsphilosophie*］.

［7］罗扬．理论的诞生：以 1844 年笔记为例．赵玉兰，译．马克思主义与现实，2012（2）.

［8］请参见本书第六章“剥削与异化”。

［9］马克思著作的版权于 1913 年失效；请参见：Yulan Zhao, “The Historical Birth of the First Historical-Critical Edition of Marx-Engels-Gesamtausgabe [Part 1]”, *Critique*: *Journal of Socialist Theory* 41: 3 (2013), P. 325.

［10］请参见：Yulan Zhao, “The Historical Birth of the First Historical-Critical Edition of Marx-Engels-Gesamtausgabe, Part 3”, *Critique*: *Journal of Socialist Theory* 42: 1 (2014): 12−24.

［11］［*Complete Works*］.

[12] 同 [10] 16—18.

[13] 关于计划的相关情况，请参见：http://mega. bbaw. de/.

[14] 同 [10] 21.

[15] 请参见：http://mega. bbaw. de/struktur.

[16] 请参见：Carver and Blank，*Political History*，chs 2 and 3.

[17] 请参见：Yulan Zhao，"The Historical Birth of the First Historical-Critical Edition of Marx-Engels-Gesamtausgabe，Part 2"，*Critique：Journal of Socialist Theory* 41 (4) (2013)：491—494. 该文详细探讨了梁赞诺夫的研究所所使用的理智的和有形的"外壳"(cabinets)，包括理论和历史、哲学和经济学以及其他各种学科分类的区别。

[18] 马克思. 1844年经济学哲学手稿//马克思，恩格斯. 马克思恩格斯全集：第3卷. 2版. 北京：人民出版社，2002：217—365；罗扬. 理论的诞生：以1844年笔记为例. 赵玉兰，译. 马克思主义与现实，2012 (2).

[19] 事实上，尤根·罗扬指出，被不同编辑者们所忽视的《1844年经济学哲学手稿》中马克思的摘录、总结和各类笔记，其实比那些编辑者们从各种松散的页面中所收集到的马克思的相对更具有连续性的零散著作（有些甚至还被编入马克思的"手稿"之中），对于我们更好地理解马克思思想的内容和马克思思想的发展更有意义。[罗扬. 理论的诞生：以1844年笔记为例. 赵玉兰，译. 马克思主义与现实，2012 (2).]

[20] 请参见本书第五章"资本主义与革命"。

[21] 同 [10] 14.

[22] 大卫·利奥波德和戴维·麦克莱伦是这一普遍趋向的杰出例外。请参见：利奥波德. 青年马克思：德国哲学、当代政治与人类繁荣. 刘同舫，万小磊，译. 广州：中山大学出版社，2017；麦克莱伦. 青年黑格尔派与马克思. 夏威仪，陈启伟，金海民，译. 北京：商务印书馆，1982.

[23] 请参见本书第二章"阶级斗争与阶级妥协"和第五章"资本主义与革命"。

[24] 请参见：[*Karl Marx：Chronicle of his Life Ordered by Date*]；Moscow：Marx-Engels-Lenin Institut，1934.

[25] 韦恩显然是试图通过《重新发现卡尔·马克思其人》来改变这种方法论，但在他关于马克思的传记中，他只是通过去除马克思实际"日常"中已发表和未发表的著作中的思想和活动，而颠倒了对于马克思的"思想"的普遍关注。

[26] 对于马克思（思想）和经典形成的一种开拓性研究，请参见：Paul Thomas，"Critical Reception：Marx Then and Now"，in *The Cambridge Companion to Marx*，ed. Terrell Carver (Cambridge：Cambridge University Press，1991)，pp. 23—54；也可参见本书导言和第一章"使马克思成为马克思"。

[27] 详情请参见：Terrell Carver，Engels：A Very Short Introduction，Oxford：Oxford University Press，2003，Chapter 5.

[28] Nicolaievsky 和 Maenchen-Helfen 的一部早期学术传记的副标题，请参见：Nicolaievsky and Maenchen-Helfen，*Karl Marx*：*Man and Fighter*.

[29] 例如，马克思的 1859 年《〈政治经济学批判〉序言》；Karl Marx，Later Political Writings，edited and translated by Terrell Carver，Cambridge：Cambridge University Press，1996，pp. 158－162；马克思. 《政治经济学批判》序言//马克思，恩格斯. 马克思恩格斯文集：第 2 卷. 北京：人民出版社，2009：588－594.

[30] 例如，马克思和恩格斯合著的《共产党宣言》；Karl Marx，Later Political Writings，edited and translated by Terrell Carver，Cambridge：Cambridge University Press，1996，pp. 1－30；马克思，恩格斯. 共产党宣言//马克思，恩格斯. 马克思恩格斯文集：第 2 卷. 北京：人民出版社，2009：3－67.

[31] 我在此要感谢辛西娅·韦伯（Cynthia Weber）在《作为全球传播的流行视觉语言：联合航空公司 93 号航班的修复工作》中对“修复”和“实际效应”所做的探讨，请参见：Cynthia Weber，“Popular Visual Language as Global Communication：The Remediation of United Airlines Flight 93”，*Review of International Studies* 34：S1（2008）：137－153.

[32] 请参见：Francis Wheen，*Karl Marx*（London：Fourth Estate，1999）.

[33] 关于这种类型的新近出版的学术传记，请参见：斯珀伯. 卡尔·马克思：一个 19 世纪的人. 邓峰，译. 北京：中信出版社，2014；Stedman Jones，*Karl Marx*.

[34] 关于一个经过认证的图像库，请参见：http://www. marxists. org/archive/marx/photo/marx/index. htm.

[35] 对于这些和其他一些关于马克思的图像，其中有一部分是人们臆造出来的，请参见：http://images. google. com.

[36] 用于刺激视觉和图像的方法，请参见：W. J. T. Mitchell，*What Do Pictures Want*?（Chicago：University of Chicago Press，2005）.

参考文献

一、著作论文类

[1] Adoratskij, V., *Karl Marx: Chronik seines Lebens in Einzeldaten*. Moscow: Marx-Engels-Lenin Institut, 1934.

[2] Anderson, Kevin B., *Marx at the Margins: On Nationalism, Ethnicity, and Non-Western Societies*, new edn. Chicago: University of Chicago Press, 2016.

[3] Atkinson, Will. *Class*. Cambridge: Polity, 2015.

[4] Bell, Duncan. *Reordering the World: Essays on Liberalism and Empire*. Princeton: Princeton University Press, 2016.

[5] Belsey, Catherine, *Poststructuralism: A Very Short Introduction*. Oxford: Oxford University Press, 2002.

[6] Benner, Erica, *Really Existing Nationalisms: A Post-Communist View from Marx and Engels*. Oxford: Clarendon Press, 1995.

[7] Boswell, Terry and Dimitris Stevis, *Globalization and Labor: Democratizing Global Governance*. Lanham, MD: Rowman & Littlefield, 2008.

[8] Bronner, Stephen Eric, *Critical Theory: A Very Short Introduction*. Oxford: Oxford University Press, 2011.

[9] Brosses, Charles de, *Du Culte des dieux fétiches*. Paris, 1760.

[10] Carr, E. H., *Karl Marx: A Study in Fanaticism*. London: J. M. Dent, 1938.

[11] Carver, Terrell, 'Making Marx Marx', *Journal of Classical Sociology*

17: 1 (2017): 10—27.

[12] Carver, Terrell, 'Marx - and Engels's "Outlines of a Critique of Political Economy" ', *History of Political Thought* 4: 2 (1983): 357—65.

[13] Carver, Terrell, 'Marx's *Eighteenth Brumaire of Louis Bonaparte*: Democracy, Dictatorship, and the Politics of Class Struggle', in *Dictatorship in History and Theory: Bonapartism, Caesarism, and Totalitarianism*, ed., Peter Baehr and Melvin Richter. Cambridge: Cambridge University Press, 2004, pp. 103—28.

[14] Carver, Terrell, 'McLellan's Marx: Interpreting Thought, Changing Life', in *Marxism, Religion and Ideology: Themes from David McLellan*, eds. David Bates, Iain Mackenzie and Sean Sayers. Milton Park: Routledge, 2016, pp. 32—45.

[15] Carver, Terrell, 'The *Manifesto* in Marx's and Engels's Lifetimes', in *The Cambridge Companion to The Communist Manifesto*, eds. Terrell Carver and James Farr. Cambridge: Cambridge University Press, 2014, pp. 68—72.

[16] Carver, Terrell, *Engels: A Very Short Introduction*. Oxford: Oxford University Press, 2003.

[17] Carver, Terrell, *Friedrich Engels: His Life and Thought*. London: Macmillan, 1989.

[18] Carver, Terrell, *Marx and Engels: The Intellectual Relationship*. Brighton: Harvester, 1983.

[19] Carver, Terrell, *Marx's Social Theory*. Oxford: Oxford University Press, 1983.

[20] Carver , Terrell, *The Postmodern Marx*. Manchester: Manchester University Press, 1998.

[21] Carver, Terrell and Daniel Blank, *A Political History of the Editions of Marx and Engels's 'German Ideology Manuscripts'*. New York: Palgrave Macmillan, 2014.

[22] Carver, Terrell and Daniel Blank, *Marx and Engels's 'German Ideology' Manuscripts: Presentation and Analysis of the 'Feuerbach Chapter'*. London: Palgrave Macmillan, 2014.

[23] Carver, Terrell and James Farr (eds), *The Cambridge Companion to The Communist Manifesto*. Cambridge: Cambridge University Press, 2015.

[24] Carver, Terrell and Paul Thomas (eds), *Rational Choice Marxism*. Basingstoke: Palgrave, 1995.

[25] Cohen, G. A., *History, Labour, and Freedom: Themes from Marx*. Oxford: Clarendon Press, 1988.

[26] Cohen, G. A., *If You're an Egalitarian, How Come You're so Rich?* Cambridge, MA: Harvard University Press, 2009.

[27] Cohen, G. A. *Karl Marx's Theory of History: A Defence*. Princeton: Princeton University Press, 1978.

[28] Cohen, Marshall (ed.), *Marx, Justice and History: A 'Philosophy and Public Affairs' Reader*. Princeton: Princeton University Press, 2016.

[29] Dean, Jodi, *The Communist Horizon*. London: Verso, 2012.

[30] Derrida, Jacques, *Specters of Marx*, trans. Peggy Kamuf. Milton Park: Routledge, 2006 [1994].

[31] Doyle, William, *The French Revolution: A Very Short Introduction*. Oxford: Oxford University Press, 2001.

[32] Draper, Hal, *The Adventures of the Communist Manifesto*. Berkeley, CA: Center for Socialist History, 1994.

[33] Edwards, Michael (ed.), *The Oxford Handbook of Civil Society*. Oxford: Oxford University Press, 2013.

[34] Eggers, Dave, *The Circle*. San Francisco, CA: McSweeny's, 2013.

[35] Ehrenreich, Barbara, *Nickel and Dimed: On Getting By in America*. New York: Henry Holt, 2001.

[36] Elster, Jon, *Making Sense of Marx*. Cambridge: Cambridge University Press, 1985.

[37] Fine, Ben and Alfredo Saad-Filho, *Marx's 'Capital'*, 6 th edn. London: Pluto, 2016 [1975].

[38] Foster, John Bellamy., *Marx's Ecology: Materialism and Nature*. New York: Monthly Review Press, 2000.

[39] Gabriel, Mary, *Love and Capital: Karl and Jenny Marx and the Birth of a Revolution*. New York: Little, Brown, 2011.

[40] Geras, Norman., *Marx and Human Nature: Refutation of a Legend*. London: Verso, 2016 [1983].

[41] Gilbert, Alan, *Marx's Politics: Communists and Citizens*. Oxford: Martin Robertson, 1981.

[42] Harvey, David, *A Companion to Marx's Capital*. London: Verso, 2010.

[43] Hoffman, John and Paul Graham, *Introduction to Political Theory*, 3rd edn. Harlow: Pearson, 2015.

[44] Holt, Justin P., *The Social Thought of Karl Marx*. Los Angeles, CA: Sage, 2015.

[45] Hunt, Richard N., *The Political Ideas of Marx and Engels*, vol. 1: *Marxism and Totalitarian Democracy*, 1818–1850. London: Macmillan, 1975.

[46] Huntington, Samuel P., *The Clash of Civilizations and the Remaking of the World Order*. New York: Simon & Schuster, 1996.

[47] Kohn, Margaret, *The Death and Life of the Urban Commonwealth*. Oxford: Oxford University Press, 2016.

[48] Kolakowski, Leszek, *Main Currents of Marxism*, trans. P. S. Falla, 3 vols. Oxford: Oxford University Press, 1978.

[49] Kuhn, Thomas S. *The Structure of Scientific Revolutions*, 4th edn. Chicago: University of Chicago Press, 2012 [1962].

[50] Kurz, Heinz D., *Economic Thought: A Brief History*. New York: Columbia University Press, 2016.

[51] Laclau, Ernesto and Chantal Mouffe, *Hegemony and Socialist Strategy: Towards a Radical Democratic Politics*. Milton Park: Routledge, 2014 [1985].

[52] Leopold, David, 'Marx, Engels and Other Socialisms', in *Cambridge Companion to The Communist Manifesto*, eds. Carver and Farr. pp. 32–49.

[53] Leopold, David, *The Young Karl Marx: German Philosophy, Modern Politics and Human Flourishing*. Cambridge: Cambridge University Press, 2007.

[54] Locke, John, '*Second Treatise*', in *Two Treatises of Civil Government*, ed. Peter Laslett. Cambridge: Cambridge University Press, 1988.

[55] Lopes, Anne and Gary Roth, *Men's Feminism: August Bebel and the German Socialist Movement*. Amherst, NY: Humanity Books, 2000.

[56] Losurdo, Domenico, *Class Struggle*. New York: Palgrave, 2016 [2013].

[57] Lubasz, Heinz, 'Marx's Initial Problematic: The Problem of Poverty', *Political Studies* 24: 1 (1976): 24–42.

[58] Martin, James, 'The Rhetoric of the Manifesto', in *The Cambridge Companion to The Communist Manifesto*, eds. Terrell Carver and James Farr. Cambridge: Cambridge University Press, 2014, pp. 50–66.

[59] Martin, James, *Politics and Rhetoric: A Critical Introduction.* Milton Park: Routledge, 2014.

[60] Marx, Karl, *Grundrisse: Foundations of the Critique of Political Economy*, trans. Martin Nicolaus. Harmondsworth: Penguin, 1993 [1973].

[61] Marx, Karl, *Pre-Capitalist Economic Formations*, trans. Jack Cohen, ed. Eric Hobsbawm. London: Lawrence & Wishart, 1964.

[62] Marx, Karl, *Texts on Method*, ed. and trans. Terrell Carver. Oxford: Blackwell, 1975.

[63] McLellan, David, *Karl Marx: His Life and Thought.* London: Macmillan, 1973.

[64] McLellan, David, *Marx Before Marxism.* London: Macmillan, 1970.

[65] McLellan, David, *The Young Hegelians and Karl Marx.* London: Macmillan, 1969.

[66] Mehring, Franz, *Karl Marx: The Story of His Life*, trans. Edward Fitzgerald. London: George Allen & Unwin, 1951 [1936].

[67] Mehring, Franz (ed.), 'Aus dem literarischen Nachlass von Karl Marx, Friedrich Engels und Ferdinand Lassalle', in *Gesammelte Schriften von Karl Marx und Friedrich Engels* 1841 – 1850, vol. 2. Stuttgart: J. H. W. Dietz Nachfolger, 1902.

[68] Mitchell, W. J. T., *What Do Pictures Want?* Chicago : University of Chicago Press, 2005.

[69] Musto, Marcello (ed.), *Karl Marx's Grundrisse: Foundations of the Critique of Political Economy after* 150 *Years.* Milton Park: Routledge, 2010.

[70] Musto, Marcello (ed.), *Workers Unite! The International* 150 *Years Later.* London: Bloomsbury, 2014.

[71] Nicolaevsky, Boris and Otto Maenchen-Helfen, *Karl Marx: Man and Fighter.* London: Methuen, 1936.

[72] Ollman, Bertell. *Dance of the Dialectic: Steps in Marx's Method.* Urbana- Champaign: University Illinois Press, 2003.

[73] Panitch, Leo, 'The Two Revolutionary Classes of the Manifesto', in *Cambridge Companion to the Communist Manifesto*, eds. Carver and Farr. pp. 122–33.

[74] Panitch, Leo and Sam Gindin, *The Making of Global Capitalism: The Political Economy of American Empire.* London: Verso, 2012.

[75] Patriquin, Larry (ed.), *The Ellen Meiksins Wood Reader*. Chicago: Haymarket, 2013.

[76] Payne, Robert, *Marx: A Biography*. London: W. H. Allen, 1968.

[77] Peffer, Rodney G., *Marxism, Morality and Social Justice*. Princeton: Princeton University Press, 2014.

[78] Pickett, Kate and Richard G. Wilkinson, *The Spirit Level: Why Equality is Better for Everyone*. London: Allen Lane, 2009.

[79] Postone, Moishe, *Time, Labor, and Social Domination: A Reinterpretation of Marx's Critical Theory*. Cambridge: Cambridge University Press, 1993.

[80] Prescott, William H., *A History of the Conquest of Peru*. New York, 1847.

[81] Prescott, William H., *The History of the Conquest of Mexico*. New York, 1843.

[82] Rigby, S. H., *Engels and the Formation of Marxism: History, Dialectics and Revolution*. Manchester: Manchester University Press, 1992.

[83] Roberts, William Clare, *Marx's Inferno: The Political Theory of Capital*. Princeton: Princeton University Press, 2017.

[84] Rojahn, Jürgen, 'The Emergence of a Theory: The Importance of Marx's Notebooks Exemplified in Those from 1844', *Rethinking Marxism: A Journal of Economics, Culture and Society* 14: 4 (2006): 29–46.

[85] Rose, David, *Hegel's Philosophy of Right*. London: Continuum, 2011.

[86] Rowland, Christopher (ed.), *The Cambridge Companion to Liberation Theology*, 2nd edn. Cambridge: Cambridge University Press, 2007.

[87] Saito, Kohei, *Karl Marx and Ecosocialism: Capital, Nature and the Unfinished Critique of Political Economy*. New York: Monthly Review Press, forthcoming 2017.

[88] Sayers, Sean, *Marxism and Human Nature*. Milton Park: Routledge, 2007 [1998].

[89] Schlosser, Eric, *Fast Food Nation: The Dark Side of the All-American Meal*. Boston: Houghton Mifflin, 2001.

[90] Shilliam, Robbie, 'Decolonizing the Manifesto: Communism and the Slave Analogy', in Carver and Farr (eds), *Cambridge Companion to The Communist Manifesto*, pp. 195–213.

[91] Smith, Adam, *The Wealth of Nations*. Harmondsworth: Penguin, 1970.

[92] Sperber, Jonathan , *Karl Marx: A Nineteenth-Century Life*. New York: Liveright, 2013.

[93] Stedman Jones, Gareth, *Karl Marx: Greatness and Illusion*. Cambridge, MA: Harvard University Press, 2016.

[94] Steger, Manfred B. (ed.), *Rethinking Globalism*. Lanham, MD: Rowman & Littlefield, 2004.

[95] Steger, Manfred B., *Globalization: A Very Short Introduction*, 3rd edn. Oxford: Oxford University Press, 2013.

[96] Steger, Manfred B. and Ravi K. Roy, *Neoliberalism: A Very Short Introduction*. Oxford: Oxford University Press, 2010.

[97] Stevis, Dimitris and Terry Boswell, *Globalization and Labor: Democratizing Global Governance*. Lanham, MD: Rowman & Littlefield, 2007.

[98] Sztompka, Piotr, 'The Focus on Everyday Life: A New Turn in Sociology', *European Review* 16 (2008): 1–15.

[99] Thomas, Paul, 'Critical Reception: Marx Then and Now', in *The Cambridge Companion to Marx*, ed. Terrell Carver. Cambridge: Cambridge University Press, 1991, pp. 23–54.

[100] Thomas, Paul, *Karl Marx*. London: Reaktion, 2012.

[101] Thomas, Paul, *Karl Marx and the Anarchists*. London: Routledge & Kegan Paul, 1980.

[102] Tronto, Joan, 'Hunting for Women, Haunted by Gender: The Rhetorical Limits of the Manifesto', in Carver and Farr (eds), *Cambridge Companion to The Communist Manifesto*, pp. 134–52.

[103] Weber, Cynthia, 'Popular Visual Language as Global Communication: The Remediation of United Airlines Flight 93', *Review of International Studies* 34: S1 (2008): 137–53.

[104] Wheen, Francis, *Karl Marx*. London: Fourth Estate, 1999.

[105] White, James D., *The Intellectual Origins of Dialectical Materialism*. Basingstoke: Palgrave Macmillan, 1996.

[106] Wolff, Jonathan, *Why Read Marx Today?* Oxford: Oxford University Press, 2003.

[107] Wolff, Richard, *Democracy at Work: A Cure for Capitalism*. Chicago: Haymarket, 2012.

[108] Wood, Allen W., *Karl Marx*, 2nd edn. Milton Park: Routledge,

2012 [1981].

[109] Zhao, Yulan, 'The Historical Birth of the First Historical-Critical Edition of Marx-Engels-Gesamtausgabe [Part 1] ', *Critique: Journal of Socialist Theory* 41: 3 (2013): 317–37.

[110] Zhao, Yulan, 'The Historical Birth of the First Historical-Critical Edition of Marx-Engels-Gesamtausgabe, Part 2', *Critique: Journal of Socialist Theory* 41 (4) (2013): 491–4.

[111] Zhao, Yulan, 'The Historical Birth of the First Historical-Critical Edition of Marx-Engels-Gesamtausgabe, Part 3', *Critique: Journal of Socialist Theory* 42: 1 (2014): 12–24.

二、网络资源类

[1] 2017 Index of Economic Freedom http://www.heritage.org/index/about

[2] Bristol Pound: Our City, Our Money http://bristolpound.org/

[3] British Museum, 'A History of the World in 100 Objects' (2010) https://www.britishmuseum.org/explore/a_history_of_the_world.aspx

[4] Communist Manifestoon https://www.youtube.com/watch?v=NbTIJ9_bLP4

[5] Constitution of the United States of America http://constitutionus.com/

[6] *The Guardian*, 5 April 2016. 'What are the Panama Papers?' https://www.theguardian.com/news/2016/apr/03/what-you-need-to-know-about-the-panama-papers

[7] How Much People in the Trump Administration are Worth https://www.nytimes.com/interactive/2017/04/01/us/politics/how-much-people-in-the-trump-administration-are-worth-financial-disclosure.html?_r=0

[8] List of Occupy Movement Protest Locations https://en.wikipedia.org/wiki/List_of_Occupy_movement_protest_locations

[9] Marx-Engels Archive https://www.marxists.org/archive/marx/index.htm

[10] Marx-Engels Image Library, Karl Marx https://www.marxists.org/archive/marx/photo/marx/index.htm

[11] NYC General Assembly #Occupy Wall Street, Declaration of the Occu-

pation of New York City http://www. nycga. net/resources/documents/declaration/

[12] Quotations 'R' http://www. theotherpages. org/alpha-r2. html

[13] Rousseau, Jean-Jacques, 'Discourse on the Origin of Inequality', https://www. aub. edu. lb/fas/cvsp/Documents/DiscourseonInequality. pdf879500092. pdf

索 引

（页码为原书页码）

Adoratskij, V. 176

agriculture 19, 46, 74, 86, 96, 107

see also farming

alienation 199n54

Capital 162－163

The Communist Manifesto 162－163

development of theory 14－15, 157, 158, 183n34

and exploitation 137

externalization 161

Hegel 159

labour 160

philosophy of man 159

American Civil War 50, 58, 60

American Revolution 34

anti-capitalist ideas 58, 160, 165

anti-democratic movements 90

Anti-Dühring (Engels) 29－30

anti-globalization social movements 165

anti-slavery 170

anti-Soviet movements 62, 162

Aristotle

accident 128, 196n37

exchange 150, 151

labour 129, 147

and Marx 177
materialism 164
republican rule 89
usury 116, 122
artefactual approach 75, 76, 78, 80
Austrian Empire 23
authoritarianism 13–14, 18, 60, 99–100, 101
authority 32–34, 36, 39, 74
autobiography 17, 24–26, 43

Bakunin, Mikhail 52
banks 107, 127
base/superstructure 64, 68, 169
Bauer, Bruno 20, 70
Bebel, August 27, 28
Belgium 21, 52, 102, 105–106
see also Brussels
Berlin, Isaiah 49–55
Bernays, Ferdinand Coelistin 19
bibliography
canon-formation 171, 178–179
gains/losses 177–178
journalism 25, 37
selections 176–177
biography
early 18
hindsight 178
Mehring 24
biography (cont.)
social question 93–94
timeline ix-xi 10–11
Blank, Daniel 183n35
Bonaparte, Louis 81, 111
bourgeoisie

bourgeois society 114—115, 120
capitalists 47
class struggle 46
The Communist Manifesto 123, 149
Hegel 114—115
industrialization 87
material interests 117
and proletariat 169, 195n22
reforms 135
as term 186n44, 191—192n67, 195n22
and working-classes 56
see also commercial classes
British millworkers 60
Brussels 20, 51, 52
Brussels Democratic Association 105

Cabet, Étienne 98
canon-formation 16, 171, 177, 178—179, 180, 201n26
capital 118, 129
Capital: Critique of Political Economy (Marx) 3, 152, 181n6
alienation 162—163
capitalist mode of production 119, 120, 163, 186n46
editions and translations 28, 29, 126, 184n53
equality 143
exploitation 14—15, 106, 152
fetishism of commodities 160—161
and journalism 127
natural philosophy 155
political activism 106, 162
on political economy 129, 131, 164
Riazanov 173
species-being 161
stylistic inaccessibility 29, 125—126, 128, 133
on working conditions 147, 152—153

capitalism 79, 113—114
class 47—48, 154—145
critiqued 143—144
exploitation 14—15, 142, 152, 153
free riders 124
free trade 105
globalization 163
inner logic 126, 127, 131—132
institutions 124—125
and journalism 127
liberal democracy 124
money 125
production mode 119, 120, 163, 186n46
revolution 14
Carver, Terrell 181n7, 181n8, 183n35
Catholic Church 161—162
censorship 19, 20, 38, 42, 65, 69, 94
charity 38—39, 92, 93
Chartism 55—56, 70—71, 95, 118, 137
Chinese revolution 160
Christianity 92, 139, 144—145, 161—162
civil rights legislation 50, 57
civil society 114, 120
'The Civil War in France' (Marx) 28, 107—108, 110, 135—136, 184n46
The Clash of Civilizations (Huntington) 190n39
class
capitalism 47—48, 154—155
compromise 12, 31, 49—55
as concept 31, 43—44
economically constructed 107
exploitation 48, 54, 105, 139—140
identification by 45, 48
performative 167—168
political activism 48, 51

post-feudal 34
production 91
class structure 44—45, 115—116, 162—163, 169
class struggle
activism/thought 44—45, 60
bourgeoisie 46
The Communist Manifesto 74, 78, 132
and compromise 12, 31, 43—44
dictatorship of proletariat 91
France 172
global 87
history of 3, 46—47
human nature 164
industrial productivity 46
performative 133
popular sovereignty 111—112
revolutionary democratization 109
rights 107—108
social question 12, 21, 47, 60, 167
The Class Struggles in France (Engels) 137
classless society 91, 102
climate change 87, 132, 190n34
coalition building 55, 58, 143, 156
Cohen, G. A. 68—69
Cold War 1, 6, 50
Collected Essays (Marx) 172
Collected Works (Marx and Engels) 9—10, 171, 175, 176
commercial classes 149, 186n44, 191—192n67, 195n22
see also bourgeoisie
commercialism
democracy 102
elites 101
human liberation 103
industrialization 77

market-relationships 149
rise of 124—125
wealth accumulation 116—117
working conditions 153
commodification 79, 125
commodities
capital 129
fetishism of 160—161, 165
labour 130
labour-time 196n42
market-exchanges 159—160
wealth accumulation 112
communism 20, 186—187n50, 194n1
abolition of money 102
Feuerbach 53
international 26
political judgements 71
practical 108
private property 98, 117
progressive 48—49
religion 141
social question 71, 74, 160
and socialism 13—14, 55, 59, 71—72
spectre of 48, 49, 186—187n50
The Communist Manifesto (Marx and Engels)
alienation 162—163
bourgeoisie 123, 149
class structure 44—45
class struggle 74, 78, 132
coalition building 55, 156
demands 106
exploitation 54
facsimile edition 175
globalization 123—124

historicizing approach 141–142, 163–165
on history 62, 63, 64–65
importation of gold 79
and 'Inaugural Address' 58–60
industrialization 56, 74–75
nationalism 169
performativity 81
power disparity 155
Preface (1872) 27–28, 46, 48, 73–74
progress 86–88
proletariat 54, 96–97, 109
republication 28–29
revolution to come 134
The Communist Manifesto (Marx and Engels) (cont.)
translation of terms 186n44
updating of 46–47
'Communist Manifestoon' 190n38
Communist Party 26, 58
competition 105, 106
compromise 12, 31, 49–57
The Condition of the Working Class in England (Engels) 71
consumerism 155
consumption 13, 73, 74, 131
A Contribution to the Critique of Political Economy (Marx) 23–24, 148

cooperative movement 59
correspondence 8, 52–54, 55, 57, 97, 175
counter-revolutions 90
'Critique of Hegel's Philosophy of Right' (Marx) 95, 96–99, 100–101, 134, 172
'Critique of the Gotha Programme' (Marx) 194n64
Crusoe, Robinson 117, 129, 198n22
Cult of the Fetish Gods (De Brosses) 133, 197n50

Daily Tribune 127—128
Darwin, Charles 156, 191n59
De Brosses, Charles 133, 197n50
de-colonization 2, 74
democracy 55, 89—90, 102, 109—110, 192n4
  see also liberal democracy; social democracy
democratization
  Chartists 56
  corrupt 36
  monarchy 101
  political activism 91
  political economy 100
  post-authoritarianism 13—14, 32
  radicalism 44
  revolution 95—96, 109
  social question 86, 100, 153
  working-classes 51, 143
dependency theory 155—156
Derrida, Jacques 186—187n50
determinism 13, 83, 86, 190n43, 191n66
Deutsche-Brüsseler Zeitung 20, 103, 105
Deutsch-Französische Jahrbücher 19, 24, 96—97, 116
The Development of Monist View of History (Plekhanov) 65
development thesis 68
dialectical materialism 65, 67
dialectics 65, 66, 167—168, 169
dictatorship of the proletariat 91, 109, 169
'Discourse on Free Trade' (Marx) 25, 103, 105

Early Political Writings (Marx) 9, 183n35
'Economic and Philosophical Manuscripts of 1844' (Marx)
  audience for 162, 164—165
  as editorial fabrication 24, 156, 159, 161, 162—163, 174
  and notebooks 117, 183n36, 195n14, 201n19

economic crises: *see* financial crises economics 94, 154–156, 174, 178
see also modern economics; political economy
education 107
egalitarianism 33, 132, 138, 143, 145
The Eighteenth Brumaire of Louis Bonaparte (Marx) 81–82, 110–111, 134–135, 194n68
elites 89, 99, 101, 138
employment 32, 101, 104, 166, 194n55
see also unemployment
Engels: A Very Short Introduction (Carver) 181n8
Engels, Friedrich ix-xi 10, 29
Barmen and Elberfeld meetings 53
book review 63–64, 65
and Chartism 70–71, 118
compromise 52, 55–56
on Darwinism 191n59
in *Deutsche-Brüsseler Zeitung* 103–104
on dialectic materialism 65
as economic radical 51
family background 93–94
Fourier's works 54–55
as historicist 141–142
on ideology 198n30
journalism 72, 193n31
as literary executor 168, 169, 177
and Marx 6, 9, 23, 29–30, 43, 63–64, 65
materialist interpretation, 63, 69–70, 83–84, 85, 156, 157, 181n8
on political economy 116, 117
social question 93, 94–95, 117
working conditions 158
works 7, 19, 29–30
Anti-Dühring 29–30
The Class Struggles in France 137
Collected Works 9–10, 171, 175, 176

The Condition of the Working Class in England 71
'Free Trade Congress at Brussels' 103–104
The German Ideology 24, 173
'Graveside Speech' xi 29–30, 156
The Holy Family 20, 24
Ludwig Feuerbach and the End of Classical German Philosophy 29–30
The Origin of the Family, Private Property and the State 29–30
'Outlines of a Critique of Political Economy' 79, 95, 127, 146, 147
The Peasant War in Germany 85
Socialism: Utopian and Scientific 29–30
see also The Communist Manifesto
Engels and the Formation of Marxism (Rigby) 181n7
Enlightenment values 3, 17–18, 66
Entäusserung (estrangement) 159
Entfremdung (alienation) 159
equality 31–32, 39, 40, 143
equalizing strategies 32, 33, 35, 150
estates of the realm 38–39, 45, 193n27
ethno-nationalism 101
Eurocentrism charge 87
everyday approach 80, 176, 180, 189n33, 190n41, 190n42, 201n25
see also lived experience
Ewerbeck, August 52
exchange 79, 144–145, 148, 150–151
exchange relations 13, 145–146, 148
exchange value 118, 122
exploitation
alienation 137
Capital 14–15, 106, 152
capitalism 14–15, 142, 152, 153
class 48, 54, 105, 139–140
The Communist Manifesto 54
cosmopolitan 106
gender politics 139–140

labour 132, 139, 140, 152
morality 139, 140
public policy 138
social question 140, 153, 154
expropriation of land 107

facsimile collections 175
factories 107, 162, 163
fairness 32, 138, 140, 142, 143—144, 154
see also equality
farming 145, 147
see also agriculture
feminist critiques 159
fetishism 7, 133
fetishism of commodities 160—161, 165
'The Fetishism of Commodities and the Secret Thereof' (Marx), 133
feudalism 38—40, 86
Feuerbach, Ludwig 53
financial crises 55, 124, 127, 128, 175—176
Fourier, Charles 54—55
France
class struggles 172
Paris stay 19—20, 51, 135
Second Republic 22, 110
see also French Revolution; Paris Commune
franchise 102—103, 111
Franklin, Benjamin 198n33
free market 101, 166
free riders 124
free trade 101, 103—104, 105, 118—19, 166
'Free Trade Congress at Brussels' (Engels) 103—104
freedom of expression 40—41, 93
freedom of the press 40—41, 43, 126, 172
French Revolution 34—35, 42, 44, 93, 102

Friedrich Wilhelm IV 97

gender hierarchy 169, 184n2, 200n2
gender politics 139—140
genre divisions 175, 176, 178
The German Ideology (Marx and Engels) 24, 173
German states
  bureaucracies 115
  censorship 19
  exiled from 102, 158
  feudal property/monarchy 93, 144—145
  intellectuals 69
  middle classes 100
  popular sovereignty 70
  private property 146
  radical liberals 20
  repression 19, 113
  social question 141
  toleration 26
Gesammelte Aufsätze von Karl Marx (Marx) 171
gig economy 193n51
Gigot, Philippe 53—54
globalization 190n37
  capitalism 163
  class struggle 87
  The Communist Manifesto 123—124
  critics 124
  employment 194n55
  and Marx 2
  production/consumption 74
gold 79, 132
Gouge, Olympe de 185n24
'Graveside Speech' (Engels) xi 29—30, 156
Great Reform Bill 56, 103

Grün, Karl 21, 22, 54
Grundrisse (Marx) 25, 161, 183n41
guilds 38, 103
Gülich, Gustav von 104

Hallische Jahrbücher (Ruge) 96
haunting concept 186—187n50
  see also communism, spectre of
Hayek, Friedrich von 196n29
Hegel, G. W. F.
  alienation 159
  bourgeois society 114—115
  class structure 115—116
  dialectics 65, 167—168
  idealism 164
  and Marx 18, 95, 126, 177
  Philosophy of Right 24, 95, 116
  and Proudhon 22
  sublation 160
  transcendence 160
Hegel's Philosophy of Right (Rose) 195n8
Heine, Heinrich 19
hereditary principle 33—35, 36
Herwegh, Georg 19
Hess, Moses 19, 54—55
high technology 193n51, 194n56
historical change
  artefactual approach 190n4
  awareness of 66
  base/superstructure 169
  determinism 68
  epic 124
  nature of 72—73, 75, 85
  as political process 132

historical materialism 68, 188n3
historicism 82–84, 124–125, 141–142, 163–165
historiography 66, 78–79, 80–81, 174
history
approaches of 73, 76–77
The Communist Manifesto 62, 63, 64–65
contingency 13, 16, 80, 85
discussions about 69–70
materialist interpretation 63–64, 80
and political activism 61, 65
and politics 116–117
revisioning 69, 75
rhetoric 78
theory of 62
The Holy Family (Marx and Engels) 20, 24
homo faber 163, 164–165
Hugo, Victor 81
human condition 77–78, 83
human nature 79, 124–125, 163–165, 191n48
Huntington, Samuel P. 190n39

idealism 126, 156–157, 164, 189n17
ideology, theory of 190n40
immiseration 41, 58, 101, 160
see also poverty
'Inaugural Address of the International Working Men's Association' (Marx) 58–60
indentured service 146
industrial productivity 46, 73–74
industrialization
bourgeoisie 87
class structures 45–46
commercialism 77
The Communist Manifesto 56, 74–75
pollution 132

proletariat 100
working-classes 45—46
inequality 14, 32, 33, 35, 124, 146, 147
injustice 33, 35
insurrection 57, 135—137
IWMA (International Working Men's Association)
decline of 29
lectures by Marx 143
Marx's role 3, 46, 51, 57—58, 88, 107
organization of 108
and Proudhon 183n22

Jacoby, Johann 19
Jones, Ernest 55—56
journalism
and capitalism 127
Chartist 118
Engels 72, 193n31
in hierarchy of texts 8, 24, 25, 37, 64, 127, 171—172, 178
international perspective 169—170
liberal/radical 96, 171
political activism 22, 26, 172, 176
political ideas 18—19, 20, 37—38, 81—82, 115, 153, 169—170
justice and morality 142—147
see also procedural justice

Kant, Immanuel 177
Das Kapital: see Capital
Karl Marx: Chronik seines Lebens in Einzeldaten (Adoratskij) 176
Kautsky, Karl 30
Kuhn, Thomas 195n23

labour
alienation 160

Aristotle 129, 147
capital 118
as commodity 130
emancipation of 110
equal obligation to 107
exchange relations 146, 148
exploitation 132, 139, 140, 152
inputs/outputs 151
marketization of 100—101, 146
minimum wages 105
natural philosophy 152
production 106, 150
profit 121—122, 123, 129, 147, 148—149
service-oriented 163
surplus-value 130
value 129
waged/un-waged 34
see also wage-labour
labour division 41, 73, 106
labour-money chits 154
labour-power 186n46, 198n35
labour-time 129—130, 139, 151—152, 196n42
Labriola, Antonio 30
Later Political Writings (Marx) 9
Latin America 162
Leibniz, Gottfried 177
liberal democracy 111, 113, 124
liberalism 13—14, 18, 49—50, 99—100
liberation theology 162
libertarianism 102
Liebknecht, Wilhelm 27, 28
List, Friedrich 100, 104
lived experience 2, 3, 5, 11, 16—17, 76, 176
see also everyday approach

London period x, xi 23, 26, 51, 108, 127, 179
Louis Philippe, King of France 135
Lubasz, Heinz 38, 40
Ludwig, Karl: *see* Bernays, Ferdinand Coelistin
Ludwig Feuerbach and the End of Classical German Philosophy (Engels) 29—30

Malthus, Thomas Robert 77
'The Manifesto of the Communist Party' (Marx and Engels) 25, 27
  see also The Communist Manifesto,
manufacturing 74, 96, 105
marginal utility 125, 129
marginalists 123, 149—150, 154
market forces 41, 42, 124, 161
market-exchanges 133, 148—149, 151, 154, 155, 159—160, 166
marketized relationships 100—101, 133, 146, 149
Marx, Karl 2—3, 9, 15
  academic standing 1—3, 14—15
  British press on 108
  constructions of 11—12, 16, 62
  as economic radical 51
  and Engels 6, 9, 23, 29—30, 43, 63—64, 65
  and Hegel 18, 95, 126, 177
  as history theorist 63—64, 65, 66, 141—142
  humanist 4, 156—157, 160, 162, 178
  as icon 26—27
  images of 179—180, 202n34, 202n35
  IWMA 3, 46, 51, 57—58, 88, 107
  letter to King Leopold 52
  materialism 63—64
    'new' 57, 160, 162, 164
  and Occupy Wall Street 90
  as philosopher/economist/sociologist 178
  political activism 4—5, 6, 7, 10, 12
  reputation 4—5, 6, 13, 88

timeline ix—xi 10
works 4, 7, 19, 173—174
'The Civil War in France' 28, 107—108, 110, 135—136, 184n46
Collected Essays 172
Collected Works 9—10, 171, 175, 176
A Contribution to the Critique of Political Economy 23—24, 148
'Critique of Hegel's Philosophy of Right' 95, 96—99, 100—101, 134, 172
'Critique of the Gotha Programme' 194n64
'Discourse on Free Trade' 25, 103, 105
Early Political Writings 9, 183n35
'Economic and Philosophical Manuscripts of 1844' 24, 117, 156, 159, 161, 162—163, 164—165, 174, 183n36, 195n14, 201n19
The Eighteenth Brumaire of Louis Bonaparte 81—82, 110—111, 134—135, 194n68
'The Fetishism of Commodities and the Secret Thereof' 13
The German Ideology 24, 173
Gesammelte Aufsätze von Karl Marx (Marx) 171
Grundrisse 25, 161, 183n41
The Holy Family 20, 24
'Inaugural Address of the International Working Men's Association' 58—60
Later Political Writings 9
'On the Theft of Wood' 39
The Poverty of Philosophy 21, 25, 126
'Summary of Frederick Engels' Article' 117—118
'Theses on Feuerbach' 189n17
Value, Price and Profit 143
see also Capital; *The Communist Manifesto*
Marx and Engels: The Intellectual Relationship (Carver) 181n7
Marx-Engels-Gesamtausgabe (MEGA), (MEGA) 172, 173, 176
Marx-Engels-Institute 173, 201n17
Marxian thinking
capitalism/liberal democracy 113, 124
historical change 132—133
marketized relationships 133

pervasiveness 36–37
political strategy 51–52
production 165–166
Marxism 1, 9
analytical 67–69
economics 120, 123
emergence of 30
exploitation 139
Marx on 29
mass demonstrations 157
materialism
Aristotle 164
bourgeoisie 117
dialectical 65, 67
economics 94
historical 68, 188n3
humanism 156–157
and idealism 189n17
Marx 63–64
matter-in-motion 188–189n13
natural philosophy 150
Plekhanov 65, 66–67
Rheinische Zeitung 94, 115, 140
'The Materialist Conception of History' (Plekhanov) 65
materialist interpretation
Engels 63, 69–70, 83–84, 85, 156, 157, 181n8
history 63–64, 80
theory 64, 168–169
mechanization 46, 101, 152
MEGA (*Marx-Engels-Gesamtausgabe*), MEGA 172, 173, 176
Mehring, Franz 24, 30, 172
methodological historicism 82–84
Mill, John Stuart 49–55, 125
minimum wages 105

modern economics 14—15, 22, 119—122, 174
monarchy 89—90, 91—92, 101, 193n27
money 32—33, 102, 125, 128—129, 150, 151
money market 127
morality
  Christianity 139
  exploitation 139, 140
  justice 142—147
  market-equality 148
  political economy 146—147
  social question 146
  social relations 163—164
Mosel peasants 41—42, 43

NAFTA (North American Free Trade Association) 193n49
Napoleon III 81, 111
national identity 138
nationalism 60, 90, 101, 104, 106, 169
natural philosophy 121, 144, 149, 150, 152, 155
Neue Rheinische Zeitung 22, 25, 136, 171—172
New-York Daily Tribune 25
Nicholas I of Russia 185n11
North American Free Trade Association (NAFTA) 193n49
Notes to the People (Chartist) 137
Occupy Wall Street (OWS) 35—36, 98, 165
  activisms 61—63
  compromise 56—57
  market/state 41
  and Marx 39, 42, 60, 119
  social media 42
O'Malley, Joseph 183n35
'On the Theft of Wood' (Marx) 39
The Origin of the Family, Private Property and the State (Engels) 29—30
'Outlines of a Critique of Political Economy' (Engels) 79, 95, 127, 146, 147

ownership rights 33
  see also private property
OWS: *see* Occupy Wall Street, OWS

Panama papers 33, 185n3
Paris Commune 26, 28, 107, 108–109, 136, 197n49
parody and satire 131, 133
  see also sarcasm
The Peasant War in Germany (Engels) 85
personhood rights 35
philosophy 18, 95–96, 99, 134, 178
  see also natural philosophy
philosophy of man 159, 163–165
Philosophy of Right (Hegel) 24, 95, 116
photographs 179–180
Pickett, Kate 33
Pierre le Pesant 116
Pietism 93
Plekhanov, Georgi 30, 65–67
Poland 60
political activism
  Brussels 52
  Capital 106, 162
  class interests 48, 51
  compromise 56–57
  and criticism 99
  democratization 91
  and history 61, 65
  journalism 22, 26, 172, 176
  and political economy 129, 131, 164
  rationalist 142
  revolutionary 137, 140–141
  throughout life 4–5, 6, 7, 10–11, 37, 170
  working-classes 59

writings 85, 126—127
political economy
commercial classes 149
democratization 100
Engels on 116, 117
financial crises 128
French and British 115—116
modern economics 14—15, 22, 119—122, 125, 174
morality 146—147
and political activism 129, 131, 164
practical encounters 115—119
radicalism 145
science of 117, 118, 130, 144
as statecraft 118—119, 121
politics
and historicism 141—142
and history 116—117
and journalism 18—19, 20, 37—38, 81—82, 115, 153, 169—170
and philosophy 99
Politisch-Ökonomische Revue 171—172
pollution 87, 132, 190n34
popular sovereignty 35, 38, 49, 55, 70, 90, 92—93, 110—112
post-colonialism 2, 169, 193—194n54, 200n5
poverty 38—39, 115, 124, 159
see also immiseration
The Poverty of Philosophy (Marx) 21, 25, 126
power
The Communist Manifesto 155
dependency theory 155—156
private property 166
unequal 138
wealth 32—34, 74
see also authority
primacy of productive forces thesis 68

private interest/public good 42
private property
collectivism 140—141
communism 98, 117
inequality 14, 146, 147
power 166
production 64
rights 35
state 41—42, 98
trade 117—118
procedural justice 33, 138—139
production
amateurism 190n34
capitalism 119, 120, 163, 186n46
class 91
and consumption 73, 74, 131
exchange 79, 144—145
guilds 103
labour 106, 150
Marxian thinking 165—166
modes of 67—68, 79, 84, 85, 120
profit 14
property 64
social relationships 145
surplus 75—76, 123
trade 86
profit
capital 118
labour 121—122, 123, 129, 147, 148—149
labour-time 130
production 14
social question 147, 149—150
and value 147—153
wealth accumulation 152

progress 13, 84—88, 123
proletarian revolution 68, 96—97, 134
proletariat
  and bourgeoisie 169, 195n22
  The Communist Manifesto 54, 96—97, 109
proletariat (cont.)
  dictatorship of 91, 109, 169
  industrialization 100
  Paris 135
  performative 100
  and philosophy 134
  social question 96
  as term 47, 96, 186n44, 195n22
  united 60
property 64, 98, 117, 146
  see also private property
property owners 109—110, 112, 119
protectionism 103, 104, 106
Proudhon, Pierre-Joseph
  attacks on 126, 158, 183n22
  and Hegel 22
  IWMA 183n22
  letter to 53
  Marx on 21—22, 23, 70
  philosophical economics 66
  System of Economic Contradictions 21
Prussia 38—40, 41—42, 45, 99
public good 42, 92

race/ethnicity 169
radicalism
  change 49
  current 6
  democratization 44

economic 51
egalitarian 38
government hostility 18—19
political economy 145
revolutionary 153
Rawls, John 49—55
red scares 11, 42, 48—49, 50, 56, 135, 187n51
redistributive policies 32, 33, 35, 93, 109
religion 12, 66, 72, 83, 93, 123, 133, 141
see also Christianity
rent 121, 168
representation 97—98, 101, 172
reproductive rights 92
republicanism 18, 89, 93, 135
revisioning of history 69, 75
revolution
capitalism 14
to come 134, 136
democratization 95—96, 109
failed 134—135, 137
progress 86
proletarian 68, 96—97, 134
radical 153
and reform 133
and representation 101
social question 106
Rheinische Zeitung
backers 103
closure of 95
contributions 19, 94
editorial collective 21, 38, 51, 115—116
material interests 94, 115, 140
on poverty 39
protests to king 43

social question 115—116
Riazanov, D. B. 172, 173, 174, 201n17
Ricardo, David 23, 131
Rigby, S. H. 181n7
rights 18, 35, 39, 40, 92, 107—108
'Rights of Man and the Citizen' 42,
'The Rights of Woman and the Female Citizen' (De Gouge) 185n24
Rogers, Will 124
Rojahn, Jürgen 201n19
Roman history 32—33, 34, 89, 90
Rose, David 195n8
Rousseau, Jean-Jacques 72, 77
Ruge, Arnold 19, 96, 97, 118
Russia 60
Russian revolution 160

sarcasm 136, 149, 193—194n54
satire 131, 133
Say, Jean-Baptiste 116
sequentialism 61, 62, 77
serfdom abolished 34
Smith, Adam 23, 95, 116, 117, 146
social democracy 74, 92, 106, 107, 155, 156, 174
social media 42, 178
Social Movements in France and Belgium (Grün) 54
social practice 119, 197n52
social question
biographers 93—94
class struggle 12, 21, 47, 60, 167
coalition-building 58
communism 71, 74, 160
democratization 86, 100, 153
economics/politics 90—95, 104—105, 114
Engels 93, 94—95, 117

exploitation 140, 153, 154
free market 166
free trade 105
German states 141
justice 142—143
mechanization 101
morality 146
popular sovereignty 70
poverty 159
profit 147, 149—150
progress 86
proletariat 96
public interest 92
representation 97—98
revolution 106
Rheinische Zeitung 38, 115—116
rights of man and the citizen 92
social relationships 145, 161, 163—164
socialism and communism 13—14, 55, 59, 71—72
democracy 55
international 5
market exchanges 154
Marx as icon 26—27
see also utopian socialism
Socialism: Utopian and Scientific (Engels) 29—30
sociology 100, 159, 168, 174, 178
species-being 160, 161
The Spirit Level: Why Equality is Better for Everyone (Wilkinson and Pickett) 33
state 41—42, 98, 115
statecraft 118—119, 121, 144
steam power 74—75
Steuart, James 116
sublation, Hegel 160
suffrage

Great Reform Bill 56
property requirements 35
universal male 39, 56, 57, 110–111
'Summary of Frederick Engels' Article' (Marx) 117–118
superstructure/base 64, 68, 169
surplus production 75–76, 123
surplus-value 130, 144, 152, 169
System of Economic Contradictions (Proudhon) 21
tariffs on trade 104
taxation 33, 92, 107
technology 87, 178–179
see also high technology
Ten Hours Bill 59
'Theses on Feuerbach' (Marx) 189n17
time-line ix–xi
Tito, Josip Broz 162
totalitarianism 49, 50
trade
barriers removed 103
conquest 74
private property 117–118
production 86
tariffs 104
wealth accumulation 116–117
trades unions 57
translations 177, 186n44, 195n22
transport centralized 107
Trier'sche Zeitung 20
Trump, Donald 36

UN Charter 31
UN General Assembly 31
unemployment 124, 132
US Bill of Rights 42–43

US Constitution 50, 185n25
usury 116, 122
utility value 118
utopian socialism 54–55, 154, 182n19, 187n69

value
  exchange 148, 150–151
  exchange-value 118, 122
  labour 129
  price 199n43
  and profit 147–153
  surplus-value 130, 144, 152, 169
  utility-value 118
Value, Price and Profit (Marx) 143
vine-growers 41–42, 43
Vormärz 18, 23
Vorwärts! 52

wage-bargaining 143, 155
wage-labour 47, 119, 123, 159
'We are the 99%' 36
wealth accumulation
  authority 32–34, 36, 74
  commercialism 116–117
  commodity production 112
  corporate 32–33
  inequality 124
  from land/labour 121–122
  private 155
  profits 152
  trade 116–117
The Wealth of Nations (Smith) 95, 117
Weber, Cynthia 202n31
Weerth, Georg 104

welfare states 155
Wheen, Francis 201n25
Wilkinson, Richard 33
women
exploitation of 140
gender hierarchy 169, 184n2, 200n2
history of 76, 190n42
participation 107, 113
wood-gathering 43
workers' cooperatives 161–162
working conditions 147, 152–153, 158
working-classes
and bourgeoisie 56
call to action 47–48
democratization 51, 143
industrialization 45–46
organizations 57–58
political activism 59
solidarity 58, 59
tariffs on trade 104
as term 186n44, 195n22
see also proletariat

Young Hegelians 96, 126, 131, 144, 158
Yugoslavia 161–162

译后记

本书作者特瑞尔·卡弗（Terrell Carver，1946— ）教授是一位国际著名的马克思恩格斯学者，国际马克思恩格斯基金会（IMES）、《马克思恩格斯全集》历史考证版（$MEGA^2$）编委会委员。他先后毕业于美国哥伦比亚大学（1968年）和英国牛津大学，1974年在约翰·普拉门纳兹（John Plamenatz）和莱泽克·科拉科夫斯基（Leszek Kolakowski）的共同指导下完成论文《马克思的方法论研究——以〈政治经济学批判大纲〉为例》（A Study of Marx's Methodology with Special Reference to the *Grundrisse*），并获政治学博士学位。他于1974年9月1日至1980年1月1日，任利物浦大学（University of Liverpool）政治学系讲师；1980年1月1日至1990年8月1日，先后任布里斯托大学（University of Bristol）政治学系讲师（Lecturer）、准教授（Reader）①；1995年8月1日至今，任布里斯托大学政治学系教授（Professor）。他曾多次赴美国、加拿大、德国、澳大利亚、日本、中国等多国知名大学和科研机构参加学术会议、进行学术访问和讲学活动。卡弗教授是一位极其多产的学者，其多部论著②被译成多国文字③，在国际学术

---

① Reader是指英国大学中仅次于教授（Professor）职称的教师，其中文含义可被理解为高级讲师/普通教授/准教授等。

② 卡弗教授的主要代表作包括：《马克思的社会理论》（*Marx's Social Theory*）、《政治理论中的人》（*Men in Political Theory*）、《马克思与恩格斯：学术思想关系》（*Marx & Engels: The Intellectual Relationship*）、《政治性写作：后现代视野中的马克思形象》（*The Postmodern Marx*）、《恩格斯小传》（*Engels: A Very Short Introduction*）、《马克思和恩格斯的〈德意志意识形态〉手稿诸版本的政治史》（*A Political History of the Editions of Marx and Engels's "German Ideology" Manuscripts*）和《马克思和恩格斯的〈德意志意识形态〉手稿："费尔巴哈章"的呈现与分析》（*Marx and Engels's "German Ideology" Manuscripts: Presentation and Analysis of the "Feuerbach chapter"*）等。

③ 其中包括中文、德文、法文、日文等。

界产生了广泛的影响。

本书是卡弗教授 2017 年完成的作品，于 2018 年 1 月由政治出版社出版。本书的翻译工作由刘建江和王晶合作完成，具体分工如下：刘建江完成了本书的导言、第一章至第四章、跋和附录的翻译工作；王晶完成了本书马克思–恩格斯年表和第五章、第六章的翻译工作，并完成了对本书所有引文和注释的校对工作。全书最后由刘建江校译定稿。

在本书即将付梓之际，我要衷心地感谢卡弗教授，感谢他对我的信任，感谢他不厌其烦地回答和解决我在翻译本书的过程中所遇到的各种问题与疑惑；我要特别地感谢我的授业恩师武汉大学哲学学院的汪信砚教授，感谢他对我的严格要求，感谢他为我联系出版社并积极地促成本书的出版；我还要感谢中国人民大学出版社的牛晋芳女士和责任编辑朱晓霞女士为本书的出版所付出的辛勤劳动！

由于译者水平有限，书中不免存在一些错谬和欠推敲之处，敬请读者批评指正！

刘建江

2018 年 10 月 31 日于武昌珞珈山

马克思主义研究译丛·典藏版

从戈尔巴乔夫到普京的俄罗斯道路：苏联体制的终结和新俄罗斯　　［美］大卫·M. 科兹　弗雷德·威尔
非理性主义：卢卡奇与马克思主义理性观　　［美/法］汤姆·洛克莫尔
马克思与黑格尔的对话　　［美］诺曼·莱文
马克思主义理论的新起点　［美］斯蒂芬·A. 雷斯尼克　理查德·D. 沃尔夫
资本主义的起源：学术史视域下的长篇综述　［加］埃伦·米克辛斯·伍德
大同世界　　［美］迈克尔·哈特　［意］安东尼奥·奈格里
平等与自由：捍卫激进平等主义　　［加］凯·尼尔森
马克思社会发展理论新解　　［美］罗伯特·布伦纳
革命的马克思主义与20世纪社会现实　　［比利时］欧内斯特·曼德尔
超越后殖民理论　　［美］小埃·圣胡安
民主化的进程　　［匈］捷尔吉·卢卡奇
马克思的《大纲》：《政治经济学批判大纲》150年　［意］马塞罗·默斯托
理解马克思　　［美］乔恩·埃尔斯特
中国辩证法：从《易经》到马克思主义　　［美］田辰山
马克思传（第4版）　　［英］戴维·麦克莱伦
苏联的马克思主义：一种批判的分析　　［美］赫伯特·马尔库塞
全球动荡的经济学　　［美］罗伯特·布伦纳
马克思的幽灵：债务国家、哀悼活动和新国际　　［法］雅克·德里达
马克思以后的马克思主义（第3版）　　［英］戴维·麦克莱伦
反对资本主义　　［美］戴维·施韦卡特
马克思的复仇——资本主义的复苏和苏联集权社会主义的灭亡　　［英］梅格纳德·德赛
激进民主　　［美］道格拉斯·拉米斯
马克思思想导论（第3版）　　［英］戴维·麦克莱伦
马克思与恩格斯：学术思想关系　　［英］特瑞尔·卡弗
新帝国主义　　［美］戴维·哈维
新自由资本主义的兴衰成败　　［美］大卫·M. 科兹
马克思　　［英］特瑞尔·卡弗

Translated from Marx by Terrell Carver

9781509518173

图书在版编目（CIP）数据

马克思/（英）特瑞尔·卡弗著；刘建江，王晶译．—北京：中国人民大学出版社，2020.2
（马克思主义研究译丛：典藏版）
ISBN 978-7-300-27654-0

Ⅰ．①马…　Ⅱ．①特…　②刘…　③王…　Ⅲ．①马克思（Marx，Karl 1818－1883)-传记　Ⅳ．①A711

中国版本图书馆 CIP 数据核字（2019）第 254312 号

“十三五”国家重点出版物出版规划项目
马克思主义研究译丛·典藏版
马克思
［英］特瑞尔·卡弗（Terrell Carver）　著
刘建江　王　晶　译
Makesi

出版发行	中国人民大学出版社		
社　　址	北京中关村大街31号	邮政编码	100080
电　　话	010－62511242（总编室）		010－62511770（质管部）
	010－82501766（邮购部）		010－62514148（门市部）
	010－62515195（发行公司）		010－62515275（盗版举报）
网　　址	http://www.crup.com.cn		
经　　销	新华书店		
印　　刷	涿州市星河印刷有限公司		
开　　本	720 mm×1000 mm　1/16	版　　次	2020 年 2 月第 1 版
印　　张	16 插页 3	印　　次	2024 年 3 月第 2 次印刷
字　　数	270 000	定　　价	69.00 元